〖明文 中國正史大系〗

原文 註釋 國譯

漢書(十五)

藝文志

後漢 班 固 著

淸 王先謙 補注

陳起煥 譯註

明文堂

머리말

後漢(東漢) 班固(반고, 字는 孟堅. 서기 32-92)의 《漢書》는 紀傳體(기전체) 斷代史의 典範(전범)이다. 《漢書》는 〈12紀〉와 〈8表〉, 그리고 〈10志〉와 〈70傳〉으로, 총 100권, 80만 자의 대작으로 前漢 高祖 원년(前 206)부터 王莽(왕망) 新朝의 멸망(서기 23)과 光武帝 즉위(서기 25) 이전까지 230년의 역사를 서술하였다.

《漢書 十志》는 《史記 八書》의 기초 위에 발전 성립하였는데, 《漢書》 이름에 '書'가 쓰였기에 《漢書》에서는 志로 명칭을 바꿨다.

《史記》 外, 중국 正史書의 體制는 모두 斷代史이고 그 단대사의 시작과 모범은 《漢書》이다. 거기에 '《漢書》의 精華(정화)는 十志이다.'라는 말을 많은 사람들이 수긍하고 있다.

陳壽(진수)의 正史 《三國志》처럼 本紀(본기)와 列傳(열전) 체제만 있고 表나 書가 없는 正史가 있다. 正史에 따라 志의 명칭이나 내용이 약간씩 차이가 있지만, 전체적으로 《漢書 十志》의 범위를 벗어나지는 않는다. 그만큼 《漢書 十志》는 중요한 비중에 큰 명성을 누리고 있다.

《漢書 十志》는 국가 政事에 관한 종합기록이다.

政治에 禮樂이 중요하고, 律曆은 단순한 음악과 역법이 아닌 통치 이념의 기본으로 상당히 중요한 의의가 있다. 刑法이나 食貨(經濟), 郊祀(교사), 天文, 五行, 地理와 水利事業은 백성의 생활과 직결된다. 그리고 나라를 운영하는 여러 圖書(도서)와 典籍(전적)의 관리-이 또한 매우 중요하였기에 十志는 治國과 濟民(제민)의 핵심 분야였으며 正史 서술의 중요 내용이 되었다. 따라서 이와 관련하여 관리나 학자는 목숨을 걸고 논쟁하였다.

〈十志〉의 각 영역은 漢代에 가장 중요한 학문 영역이었고 科學이었으니, 당시 최고의 專門書였다. 이는 政論文이나 역사, 문학, 思想의 전문서와는 다른 특별한 지식 분야이었다.

譯者는 明文堂 中國正史大系의 일환으로《漢書》紀傳 부분의 원문을 수록하고 주석, 국역하여, 全 10권을 2016~2017년에 걸쳐 출간하였다. 이후 南朝 劉宋 范曄(범엽)의《後漢書》(全 10권), 西晉 陳壽(진수)의 正史《三國志》(全 6권)을 완역 출간하였다. 이러한 中國正史의 완역은 文史哲을 공부하고 연구하는 후학을 위한 필수 과업이라고 생각했다.

明文堂의 中國正史大系가 간행되는 기간에 전국에서《漢書 十志》의 완역을 바라는 많은 요청이 있었다. 그러나 역자는 이 부분의 공부가 부족하여 선뜻 응할 수가 없었다. 단순히 문자를 해독할 수 있다 하여 번역에 나설 수는 없었다. 이 각 분야에 해박한 지식을 가진 분의 완역을 역자도 기다렸다.

그러나 八表도 그러하지만 十志의 번역은 시간과 체력과 끈기의 싸움이었다. 우선 원문 입력부터 난관에 부딪친다. 僻字(벽자)와 古字를 옥편이나 사전에서 찾아 확인하더라도, 植字(식자)와 달리 컴퓨터 입력이라는 난관에 봉착한다. 古字 하나 해득과 입력에 1, 20분은 우습게 지나가니, 이 과정 자체가 시간과 체력의 소모 과정이었다. 원고지 1만 장에 해당하는 이 방대하고 험난한 완역을 누가 감당해야 하는가?

역자는 明文堂 金東求 사장의 열성과 사명감을 외면할 수 없었다. '中國正史大系' 의 3종 26권의 출간 자체가 이미 경영에서 분명한 손실이었다. 그런 出血을 감당하고서도 《漢書 八表》와 《漢書 十志》를 출간해야 한다며 필자에게 요청했다. 이는 그분의 숭고한 召命(소명)이며 직업 의식이라 생각했다.

역자는 능력을 완비했기에 수락하고 착수하지는 않았다. 다만 다른 사람이 나서지 않기에, 後學을 위해서라면 나의 신념과 정력을 모두 쏟을만한 필생의 과업이라 생각했다.

착수하면서 한편으로는 크게 걱정하였지만, 그러면서 도전하고 싶었다. 끝까지 나의 최선을 다할 뿐! 그야말로 精神一到하고, 專心全力해야 한다. 물론 내 번역이 완전하지는 않을 것이다. 그러나 내 번역이 맨 아래 첫 계단의 돌이 된다면, 다음 두 번째, 세 번째 계단은 아마 쉽게 만들어질 것이다.

江湖 諸賢과 關聯 分野 여러분의 叱責(질책)과 輔導(보도)를 기다릴 뿐이다.

2021년 5월

陶硯 陳起煥

1. 明文堂 中國正史大系로 이미 《漢書》의 紀傳 부분 全 10권과 南朝 劉宋 范曄(범엽)의 《後漢書》 全 10권과 西晉 陳壽의 正史 《三國志》 全 6권은 역자의 完譯으로 이미 출간되었다. 그간 미루었던 《漢書 八表》와 《漢書 十志》는 이번에 《漢書》 11권~15권으로 출간된다.

2. 《漢書》 11권에는 《漢書 八表》의 각 서문을 역주하였고, 각각의 表 원문을 입력하였다. 특히 〈百官公卿表 上〉은 漢代의 관직은 물론 중국 史書의 관직 이해를 위한 매우 중요한 자료이다. 전문을 완역했다.
   《漢書》 12권에는 《漢書 十志》 중, 〈律曆志 上, 下〉와 〈禮樂志〉, 〈刑法志〉와 〈食貨志 上, 下〉의 원문을 수록하고 역주하였다.
   《漢書》 13권에는 〈郊祀志 上, 下〉, 〈天文志〉와 〈五行志 上, 中, 下〉 5권 중 上과 中까지(3권) 원문을 수록하고 역주하였다.
   《漢書》 14권에는 〈五行志 下〉 (4, 5권)과 〈地理志 上, 下〉 그리고 〈溝洫志(구혁지)〉의 원문을 수록 역주하였다.
   《漢書》 15권에는 〈藝文志〉를 수록 완역하였다. 〈藝文志〉는 도서 목록이기에 그 본문의 분량은 많지 않으나, 저자와 저서 내용에 대한 이해를 돕기 위하여, 역자는 심혈을 기울여 아주 상세한 주석을 달았다.

3. 본서의 기본 텍스트는 清 王先謙(왕선겸)이 주석한 《漢書補注》 (全 12卷)이다. 이는 上海師範大學古籍整理硏究所에서 교정을 보아 2008년 上海古籍出版社에서 간행했다.

4. 《漢書 十志》는 전문 분야에 관한 그 당시 학문 수준을 증명하는 중요한 史料이다. 물론 그 용어나 내용에 관한 이해 또한 쉽지 않다.
   〈八表〉나 〈十志〉의 번역에서 필자는 중국에서 나온 각종 사료를 종합하여 우리 독자가 번역 내용을 읽으면서 '무슨 뜻인지 모르겠다'는 말을 하지 않도록, 곧 文理가 통하도록 번역하며, 이해를 돕기 위한 상세한 주석을 달았다.

그러다 보니 쉬운 한자는 音訓없이 그대로 기록했다. 인명, 지명, 書名, 황제 묘호나 연호는 한자로 표기하였고, 전문용어 또한 한자를 그대로 표기했고 음훈을 보충했다. 이런 전문서에서 한글전용은 내용 이해에 도움이 되지 않을 것이다.

5. 班固는 〈十志〉의 서술에서 내용의 분량에 따라 上, 下卷의 구분은 있지만, 그 내용에 따라 제목을 붙인 것은 〈律曆志〉의 일부분과 〈藝文志〉의 큰 분류가 있을 뿐이다. 사실 서술 내용이 달라지면, 그에 따른 명확한 구분이나 소제목이 있어야 주제 파악이 용이하다.

   原 〈律曆志〉는 분량에 따라 上, 下卷의 구분이 있다. 上卷에는 班固의 序文이 있다. 이어진 내용은 音律에 관한 서술로 備數, 和聲, 審度, 嘉量, 權衡의 작은 영역은 순차적으로 체계 있게 짜여있다. 그 音律에 관한 설명에 이어 曆法에 대한 설명은 古代의 曆法, 漢代의 曆法, 三統曆에 대한 설명으로 구분할 수 있으나, 原書에는 아무런 소제목이나 구분 없이 서술이 계속된다.

   이를 구분하고 소제목을 붙여주면 그 내용 파악도 쉽고, 또 저자 반고가 체계를 세워 저술했음을 확실하게 알 수 있다. 본 〈十志〉의 소제목이나 구분은 역자에 의한 것이다. 특히 〈地理志〉의 구분과 소제목은 역자에 의한 구분이다.

6. 이 외의 일러두기 내용은 明文堂 中國正史大系 《漢書》 (一)과 같다.

참고도서

《漢書補注》全 12卷; 漢 班固 撰, 清 王先謙 補注, 上海師範大學古籍整理研究所 整理. 上海古籍出版社, 2008.

《漢書今注》; 漢 班固 撰, 王繼如 主編, 鳳凰出版社, 2013.

《漢書辭典》; 倉修良 主編, 山東教育出版社, 1996.

《漢書》全 12卷; 漢 班固 撰, 唐 顔師古 註, 中華書局, 1992.

《中國歷史地圖集》2册(秦, 西漢, 後漢); 中國社會科學院, 譚其讓 主編, 中國地圖出版社, 1982.

《史記 漢書 比較研究》; 朴宰雨 著, 中國文學出版社, 1994. (저자, 한국외국어대학교 교수).

《漢書 研究》; 陳其泰, 張愛芳 分卷 主編, 中國大百科全書出版社.

《漢書地理志匯釋》; 譚其驤 著, 安徽教育出版社, 2006.

《漢書藝文志注釋彙編》; 陳國慶 編, 中華書局, 2011. 3刷.

《漢書·藝文志註解》; 오만종 외, 전남대학교, 2005.

《漢書地理志 / 溝洫志》; 李容遠 解譯, 자유문고, 2007.

차례

藝文志

〈藝文志〉 소개

班固(반고)의 《漢書 藝文志》는 우선 先秦에서 前漢에 이르는 학문의 대략을 먼저 서술한 뒤에 6略(략) 38類(류)로 나누어 596家, 13,269권의 서적 이름을 수록하였다.

이는 중국 최초의 분류된 도서목록인 셈이다. 우리는 춘추시대 이후 諸子百家를 보통 '九流十家'라 하는데, 이는 〈藝文志 諸子略序〉에서 나온 말이다.

班固는 《漢書 藝文志》의 〈諸子略序〉에서 여러 사상을 十家로 분류하였다. 곧 九流十家는 司馬談(사마담)이 정리한 〈論六家要旨〉의 道家, 儒家, 墨家, 名家, 法家, 陰陽家에 縱橫家(종횡가), 雜家(잡가), 農家, 小說家를 보태어 十家로 분류하였고, 각 家의 연원이 어디에서 유래되었는가를 밝혔다. 이는 상당히 중요한 분류이고 인식인데, 이를 도표로 정리하면 다음과 같다.

十家	原 出處	特長
道家	出於 史官	史官은 紀錄典籍을 관장.
儒家	出於 司徒之官	司徒는 教育을 담당.
墨家	出於 清廟之守	清廟之守는 제사를 관장.
名家	出於 禮官	禮官은 의례, 행사 담당.
法家	出於 理官	理官은 刑法을 관장.
陰陽家	出於 羲和之官	羲和(희화)는 星曆을 관장.
縱橫家	出於 行人之官	行人은 朝覲(조근)과 聘問(빙문)을 관장.
雜家	出於 議官	議官 諫官 議郎之屬.
農家	出於 農稷之官	神農氏와 后稷(후직)은 농사를(稼穡, 가색) 담당.
小說家	出於 稗官	稗官(패관)은 小官.

《漢書 · 藝文志》에서는 모든 사상의 출발이 국가 업무 담당기관에서 유래되었다고 보았으며(王官論), '九流十家' 의 九流는 三教九流의 九流와 相同하다고 보았다. 이는 반고의 주관이 따른 설명이며, 객관이 부족하다는 주석도 있다.

班固는《漢書 序傳 下》에서 〈藝文志〉의 대략을 아래와 같이 설명하였다.

「虙羲氏(복희씨)가 八卦(팔괘)를 그렸고 文字는 그 뒤에 만들어졌는데, 舜(순)과 夏(하), 商(상) 나라를 지나 周에 이르러 孔子가 그간의 성취를 모아 여러 경전을 편찬하였다.

《書經》을 편찬하고(纂書, 찬서), 《詩經》을 다듬었으며(刪詩, 산시), 《禮記》를 엮고(綴禮, 철예), 《樂經》을 바로잡았으며(正樂), 〈彖辭, 단사〉를 지어 《易經》을 보충하였고(彖繫大易), 《春秋》를 지어 義法으로 확립하였다(因史立法). 이렇게 六藝의 학문이 완성되었지만 혼란한 시대에 크게 일어나지 못했고 여러 주장이 紛亂(분란)하고 諸子들은 서로 다투었다. 秦人이 학문을 없앤 뒤에, 漢에서는 그 학문과 서적을 보완하고 수집하였는데, 劉向(유향)이 典籍(전적)을 맡아 九流로 大別하였다(九流以別). 여기에 그 목록을 실었고 大業을 약술하였다(略序洪烈). 이에 〈藝文志〉 第十을 서술하였다.」

이《漢書 藝文志》는 後代 正史書 〈藝文志(經籍志)〉의 始祖이며, 중국 학문의 총체적 체계인 〈九流十家〉를 분류, 서술한 최초의 저술이었다.

《漢書》는《史記》에 〈刑法志〉, 〈五行志〉, 〈地理志〉, 〈藝文志〉의 4개 志目을 추가하였다. 〈藝文志〉는 劉歆(유흠)의《七略》을 바탕으로 '六分法'의 방식에 의거 당시 존재하던 서적 목록을 수록하였다. (《七略》은 ㅇ 集略 ㅇ 六藝略 ㅇ 諸子略 ㅇ 詩賦略 ㅇ 兵書略 ㅇ 術數略 ㅇ 方技略)

班固의 〈藝文志〉 이후 모든 중국 正史에 〈藝文志〉 또는 〈經籍志〉가 있으나《新元史》에만 없다.《漢書 藝文志》의 전통을 이어온 正史 중《隋書 經籍志》가 가장 잘 알려졌다. 도서 분류에 보통 '經, 史, 子, 集'의 4部 분류법은《隋書 經籍志》에서 시작되었다.

淸代 史學者 王鳴盛(왕명성, 1722-1797)은 그의 저서《十七史商榷(십칠사상각)》에서《漢書 藝文志》에 대하여 "《漢書 藝文志》를 모르고서는 天下書를 읽었다고 말할 수 없다.(不通《漢書·藝文志》, 不可以讀天下書.) 〈藝文志〉는 學問의 眉目(미목 / 얼굴, 상징, 체제)이며 著述의 門戶(문호)이다.(《藝文志》者, 學問之眉目, 著述之門戶也.)"라고 말했다.

예문지
藝文志

卷三十〈藝文志〉第十
〔30권 예문지 제10〕

一. 序

原文

昔仲尼沒而微言絶, 七十子喪而大義乖. 故《春秋》分爲五,《詩》分爲四,《易》有數家之傳. 戰國從衡, 眞僞分爭, 諸子之言紛然殽亂. 至秦患之, 乃燔滅文章, 以愚黔首.

漢興, 改秦之敗, 大收篇籍, 廣開獻書之路. 迄孝武世, 書缺簡脫, 禮壞樂崩, 聖上喟然而稱曰, "朕甚閔焉!" 於是建藏書之策, 置寫書之官, 下及諸子傳說, 皆充祕府.

至成帝時, 以書頗散亡, 使謁者陳農求遺書於天下. 詔光祿大夫劉向校經傳諸子詩賦, 步兵校尉任宏校兵書, 太史令尹咸校數術, 侍醫李柱國校方技.

每一書已, 向輒條其篇目, 撮其指意, 錄而奏之. 會向卒, 哀帝復使向子侍中奉車都尉歆卒父業. 歆於是總羣書而奏其《七略》. 故有〈輯略〉, 有〈六藝略〉, 有〈諸子略〉, 有〈詩賦略〉, 有〈兵書略〉, 有〈術數略〉, 有〈方技略〉. 今刪其要, 以備篇籍.

〖국역〗

옛날, 仲尼(孔子)[1]가 죽고 微言(미언)[2]이 단절되었는데, 70인의 공자 제자들까지[3] 죽으면서 大義도 서로 어긋났다(乖). 그래서 《春秋》는 5개 학파로 나눠지고,[4] 《詩經》은 4개 학파[5]로, 《易經》에도 여러 학파가 있었다.[6]

---

1 仲尼(중니) – 孔子의 字. 공자는 叔梁紇(숙량흘, 孔紇, 叔梁은 字)에게 둘째아들이었다.(仲) 맏아들은 孟皮(맹피). 숙량흘은 72세에 顔氏(안씨) 집안의 셋째 딸 징재〔徵在, 微在(미재)가 아님〕와 나이 차이가 많이 나는 결혼을 하였는데, 司馬遷(사마천)은 이 결혼을 野合(야합)이라고 표현했다. 지금 통용되는 공자의 생몰은 魯 양공(襄公) 22년(前 551년)에 출생하여 昭公(소공) – 定公(정공)을 거쳐 哀公(애공, 재위 前 494 – 468년) 16년(前 479), 73세로 죽었다.

2 微言(미언) – 隱微(은미)하여 드러나지 않는 말, 精微(정미)하고 要妙(요묘)한 말.

3 七十子 – 공자의 제자 중 학문이 깊은 72인. 대략적 숫자로 70인이라 했다. 《史記 仲尼弟子列傳》에는 "受業身通者七十有七人, 皆異能之士也."라 했다. 《孔子家語》에는 〈七十二弟子解〉가 있다.

4 원문 《春秋》 分爲五 – 《春秋》는 《左氏傳》, 《公羊傳》, 《穀梁傳》, (이상을 春秋三傳이라 통칭), 《鄒氏傳(추씨전)》, 《夾氏傳(협씨전)》으로 학파가 나뉘었다.

5 원문 《詩》分爲四 – 《毛詩》, 《齊詩》, 《魯詩》, 《韓詩》. 현존 《詩經》은 《毛詩》이다.

6 원문 《易》有數家之傳 – 88권, 〈儒林傳〉에 의하면, 秦代에 이르러 학문이

戰國시대에 合從策(합종책)과 連衡策(연횡책)의 대결이나 眞僞(진위)의 分爭이 일어나면서, 諸子의 주장도 분분히 뒤섞이고 혼란하였다.[7] 秦代에는 (始皇帝) 이런 분쟁을 우려하여, 이에 서적을 불태우고 백성을 우매하게 만들었다.[8]

漢이 건국된(前 206년) 뒤에, 秦의 폐단을 고쳐 典籍을 대거 수집하며 獻書(헌서)의 기회를 크게 넓혔다. 孝武帝世에 이르러[9] 서책에 누락된 부분이 많고,[10] 또 예악이 붕괴하였기에 聖上이 탄식하며 "朕은 이를 심히 걱정한다!"라고 말했다.[11] 이어 藏書(장서)의 方策을 마련하여, 서적을 筆寫(필사)하는 관직을 설치하고, 諸子의 傳言이나 학설까지 (필사하여) 모두 祕府(비부, 궁중 장서각)에 보관케 하였다.

금지되었지만 《易》은 점치는 책이라서(筮卜之書, 서복지서) 금지되지 않았기에 전수자가 단절되지 않았다. 漢이 건국된 뒤에 《易》의 전승은 田何(전하)에서 시작되었다. 이후 《易》에는 施讎(시수), 孟喜(맹희), 梁丘賀(양구하)의 學問(學派)이 있었다.

7 원문 紛然殽亂 - 紛然은 紛紛然. 紛은 어지러워질 분. 殽는 섞일 효. 雜也.

8 원문 乃燔滅文章, 以愚黔首 - 燔은 태울 번(분). 불사르다(燒也). 焚의 古字 焚書를 말함. 秦에서는 백성을 黔首(검수, 頭黑)라 하였다. 黔은 검을 검.

9 원문 迄孝武世 - 迄은 이를 흘. ~까지. 孝武帝(재위 前 140 - 87). 惠帝부터 시호에 '孝'가 붙는 것은 '효자로 부친의 뜻을 잘 잇다(孝子善繼父志).'라는 뜻이다.

10 원문 書缺簡脫 - 缺은 이지러질 결. 누락되다. 簡脫(간탈)은 木簡 또는 竹簡, 곧 書簡이 탈락하다. 絶散하고 落缺하다.

11 원문 聖上喟然而稱曰 "朕甚閔焉!" - 喟는 한숨 쉴 위. 歎息(탄식)하는 모양. 朕은 나 짐. 황제 자칭. 甚은 심할 심. 閔은 마음 아파할 민. 憫(근심할 민)과 同.

成帝에 이르러(재위 前 32－前 7년), 書册이 많이 흩어지고 없어지자(散亡, 산망)하자, 謁者(알자)[12]인 陳農(진농)을 시켜 천하에 있는 서책을 求하게 하였다.[13] 그리고 光祿大夫 劉向(유향)[14]을 시켜 經傳과 諸子, 詩賦에 관한 책을, 步兵校尉인 任宏(임굉)은[15] 兵書를, 太史令인 尹咸(윤함)은 數術書[16]를, 侍醫인 李柱國(이주국)은 方技書[17]를

12 謁者(알자) – 郎中令(光祿勳)의 속관. 외빈 접대나 황제의 심부름 등 庶務(서무)를 담당. 질록 比 6백석. 謁者僕射(알자복야)의 지시를 받는다.

13 이는 成帝 河平 3년(前 26)의 일이었다. 〈成帝紀〉에 「가을 8월 乙卯 그믐, 일식이 있었다. 光祿大夫인 劉向이 궁중의 秘書를 교정했다. 謁者(알자)인 陳農(진농)을 사자로 삼아 전국에서 옛 책을 구하게 하였다.」

14 劉向(유향, 前 77－前 6년, 字는 子政) – 原名은 更生(경생). 成帝 때 向으로 改名. 漢朝의 宗室. 漢 高祖의 弟인 楚 元王 劉交(유교)의 玄孫이다. 劉向은 博覽群書하고 天文星象에 精通하였다. 漢 宣帝 시 처음 출사한 이후, 元帝 時에 劉向은 宗正을 역임하며, 환관인 弘恭(홍공), 石顯(석현) 등을 멀리하라고 건의하였지만 오히려 하옥되었다가 서민으로 강등되었다. 成帝 시에 向으로 개명한 뒤에 中郎官, 領護三輔都水使, 光祿大夫에 임명되었다. 궁중의 經傳, 諸子書, 詩賦 등 書籍을 校閱(교열)하고 《別錄》 一書를 편찬하니, 이것이 中國 最早의 도서 分類 目錄이라 할 수 있다. 劉向과 劉歆 父子는 20년 가까운 세월에 궁중 도서를 정리하며 《別錄》 20卷을 편찬했다. 成書 후에 劉歆은 그를 다시 《七略》 7卷으로 요약 정리하였다. 이는 뒷날 班固의 《漢書 藝文志》의 기초가 되었다. 유향의 저술로는 《別錄》외에 《新序》, 《說苑》, 《列女傳》, 《洪範五行傳》 등이 있고, 《戰國策》, 《楚辭》, 《孫卿新書》 등을 교정하였다. 그의 賦 33篇이 있었으나 지금은 〈九歎〉 만이 전해온다. 《漢書》 36권, 〈楚元王傳〉에 附傳(부전)되었다.

15 步兵校尉 任宏 – 步兵校尉는 북군 8교위 중 하나. 上林苑에 주둔하였다. 任宏(임굉, 字는 偉公)은 뒷날 執金吾(집금오) 역임.

16 數術書 – 占卜(점복), 五行, 天文, 曆法의 書.

교정하도록 조서를 내렸다.

一書의 교정을 마칠 때마다(已, 畢也.) 劉向은 바로 그 篇目의 내용을 조목별로 정리하고 대의를 요약, 기록하여 보고하였다.[18] 劉向이 죽은 뒤에, 哀帝(재위 前 6－前 1년)는 다시 유향의 아들로 侍中이며 奉車都尉[19]인 劉歆(유흠)[20]에게 父業을 마치게 하였다.[21] 劉歆은, 이에 모든 책을 總攬(총람)하여 7가지 대략으로 분류하고 상주하였다.[22] 그래서 〈輯略(집략)〉,[23] 〈六藝略(육예략)〉,[24] 〈諸子略〉, 〈詩賦

---

17 方技書－醫藥, 醫學書.

18 원문 撮其指意, 錄而奏之－撮은 손으로 집을 촬. 總取也. 奏는 상주하다.

19 侍中奉車都尉－侍中(시중)은 加官이다. 奉車都尉(봉거도위)의 본 직분을 가지고 시중의 일도 처리한다는 뜻. 시중은 궁중에 출입할 수 있고 황제의 측근으로 정사에 관여할 수 있었다. 위엄 있는 복장을 했으며 여러 시중 중 僕射(복야) 1인이 대표 역할을 했다. 加官이란 本職 외에 다시 더 받은 관직의 직함이다. 열후, 장군, 경대부나 낭관 이상의 관직에서 가관을 받을 수 있었다. 가관의 칭호로 자주 보이는 것은 侍中, 左右曹, 諸吏, 常侍, 散騎, 給事中 등이 있다. 가관을 받은 신하는 황제의 신임을 받고 있다는 뜻이며 권한이 강대한 內朝의 要職을 차지하였다

20 劉歆〔유흠, 前 50－서기 23. 字는 子駿(자준)〕－劉向의 아들. 劉秀(유수)로 개명. 후한 光武帝 劉秀가 아니다. 학자로서 고대 전적을 정리 분류하는데 큰 업적을 남겼다. 왕망을 암살하려던 어설픈 계획이 탄로나 자살하였다. 36권, 〈楚元王傳〉에 附傳.

21 卒－終也. 마치다.

22 원문 奏其七略－略은 要約. 《七略》은 7권이라 했다. 책 자체는 不傳(不存).

23 輯略(집략)－輯은 集과 同. 모든 서적의 總要라는 뜻.

24 六藝略(육예략)－六藝는 六經.

略〉, 〈兵書略〉, 〈數術略〉, 〈方技略(방기략)〉의 《七略》이 되었다.[25] 이제 그 요점을 정리하여,[26] 이 (藝文志의) 편목으로 삼는다.

---

25 이《七略》과 《別錄》의 원본은 唐代에 모두 亡佚(망일, 亡逸)되었다.

26 원문 今刪其要 – 刪은 깎을 산. 요약하다. 필요 없는 부분을 없애다. 이 〈藝文志〉의 서적 목록에 저작 연대가 없는 것은 시대가 오래되어 詳考(상고)할 수 있는 자료가 없었기 때문일 것이다.

二. 六藝略

1.《易》

原文

《易經》十二篇, 施,孟,梁丘三家.

《易傳周氏》二篇.

《服氏》二篇.

《楊氏》二篇.

《蔡公》二篇.

《韓氏》二篇.

《王氏》二篇.

《丁氏》八篇.

《古五子》十八篇.

《淮南道訓》二篇.

《古雜》八十篇,《雜災異》三十五篇,《神輸》五篇, 圖一.

《孟氏京房》十一篇,《災異孟氏京房》六十六篇,《五鹿充宗略說》三篇,《京氏段嘉》十二篇.

《章句》施,孟,梁丘氏各二篇.

凡《易》十三家, 二百九十四篇.

〖국역〗

《易經》 12편,[27] 施讎(시수), 孟喜(맹희), 梁丘賀(양구하)[28]의 三家가 있다.[29]

《易傳周氏》 2편.[30]

《服氏》 2편.[31]

---

27 《易經》 – 經의 本文을 上, 下經으로 나누고 여기에 十翼(십익)을 보태어 12편이라 하였다. 十翼(십익)은 본 경문의 보충 설명 자료라 할 수 있다. 十翼(십익)은 〈彖傳(단전)〉 上, 下篇(《易經》 64괘에 '彖曰' 로 시작하는 '彖辭' 가 있다. 여기 彖은 斷의 뜻. 卦象과 卦德, 六爻의 배렬을 論斷한다는 뜻. 〈象傳〉 上, 下篇(64괘에 '彖曰' 다음에 '象曰' 로 시작되는 大象과 小象이 있어, 卦象과 爻象으로 만물의 형태와 事理를 설명했다). 〈繫辭傳(계사전)〉 上, 下篇 (繫는 연결, 易道의 義理를 설명. 《易經》의 總論 또는 通論이다). 〈說卦傳〉 1篇, 〈序卦傳〉 1篇, 〈雜卦傳〉 1篇, 〈文言傳〉 1篇 등 7 영역 十篇을 〈十翼〉이라 하는데, 이때 翼(날개 익)은 돕다의 뜻. 易學이 열 개의 날개로 날아오른다는 의미이다.

28 施,孟,梁丘三家 – 丁寬(정관)은 田何(전하)로부터 《易》을 전수받았는데, 같은 郡 碭縣(탕현)의 田王孫(전왕손)에게 전수하였다. 전왕손은 施讎(시수), 孟喜(맹희), 梁丘賀(양구하)에게 전수하였다 이로부터 《易》에는 시수, 맹희, 양구하의 學問(學派)이 생겼다. 이들 3인의 傳은 지금은 모두 傳하지 않는다. 88권, 〈儒林傳〉 참고.

29 〈藝文志〉에서 같은 학파의 저술은 줄을 바꾸지 않고 수록했다. 때문에 【原文】에서도 提行(제항, 줄 바꿈)하지 않았다. 그러나 곳곳에 착오가 있어 家와 篇은 꼭 맞지는 않는다는 주석이 있다.

30 《易傳周氏》 – 《易》에 대한 周氏의 傳이란 뜻이다. 丁寬(정관)의 학문이 완성되자, 정관은 낙양에 와서 다시 周王孫으로부터 古義를 전수받았는데, 이를 《周氏傳》이라 하였다. 周王孫은 字. 名은 不祥. 亡失, 不傳하는 책.

31 《服氏》 2편 – 《易傳服氏》, 服氏의 《易傳》 2권이란 뜻. 服氏는 齊人. 號는 服光.

《楊氏》 2편.[32]

《蔡公(채공)》 2편.[33]

《韓氏》 2편.[34]

《王氏》 2편.[35]

《丁氏》 8편.[36]

---

32 《楊氏》 2편 – 楊何, 字는 叔元, 菑川(치천)人. 魯의 商瞿(상구, 字는 子木)가 공자에게 《易》을 배운 이후, 이어진 學統은 齊의 田何(전하, 字는 子裝)에게 전수되었다. 秦代에 이르러 학문이 금지되었지만 《易》은 점치는 책이라서(筮卜之書) 금지되지 않았기에 전수자가 단절되지 않았다. 漢이 건국된 뒤에 田何는 齊의 田氏로 杜陵(두릉)으로 이사하여 杜田生이라 불리었는데 《易》을 東武縣 王同(왕동, 字는 子中)과 雒陽(낙양)의 周王孫(주왕손), 丁寬(정관), 齊의 服生(복생)에게 전수했고, 이들은 모두 《易傳》 여러 편을 저술하였다. 淄川(치천)의 楊何(양하)는 字가 叔元인데, 武帝 元光(前 134 – 129) 연간에 조정의 부름을 받아 太中大夫가 되었다. 88권, 〈儒林傳〉 참고.

33 《蔡公》 2편 – 蔡公은 蔡景君. 名爵 미상. 衛人, 周王孫에게 배웠다.

34 《韓氏》 2편 – 韓氏는 韓嬰(한영). 韓嬰(한영)은 燕(연) 사람이다. 孝文帝 때 박사가 되었고, 景帝 때 常山國 太傅가 되었다. 한영은 《詩》에서 시인의 뜻을 추론하여 內, 外傳 수만 자를 저술하였다. 한영은 《易》을 남에게 전수하였는데, 《易》의 뜻을 추론하여 傳을 지었다. 燕과 趙 일대에서 《詩》를 좋아하였기에 《易》은 미약하였지만 오직 한영만이 《易》에 전을 저술하였다. 武帝 때 한영은 董仲舒(동중서)와 어전에서 논쟁을 하였는데, 사람됨이 정확 예리하고 처사가 분명하여 동중서가 쉽게 꺾지 못하였다. 뒷날 그 후손 韓商은 박사가 되었다. 88권, 〈儒林傳〉에 입전.

35 《王氏》 2편 – 王氏는 王同(왕동, 字는 子中). 田何에게 《易》을 배웠다.

36 《丁氏》 8편 – 丁寬(정관, 字는 子襄). 梁國人. 丁寬(정관)의 字는 子襄(자양)으로 梁國 사람이다. 정관은 《易》을 공부하여 정통하였고 田何(전하)로부터 배웠다. 丁寬(정관)의 학문이 완성되자 전하는 정관에게 돌아가라

《古五子》18편.[37]

《淮南道訓》 2편.[38]

《古雜》 80편, 《雜災異》 35편, 《神輸(신수)》 5편, 圖 1.[39]

《孟氏京房》 11편, 《災異孟氏京房》 66편,[40] 五鹿充宗(오록충종)의 《略說》 3편,[41] 《京氏段嘉(경씨단가)》 12편.[42]

고 명했다. 정관이 떠나갈 때 전하가 門人들에게 말했다. "《易》이 동쪽으로 갔다." 정관은 낙양에 와서 다시 周王孫으로부터 古義를 전수받았는데, 이를 《周氏傳》이라 하였다. 景帝 때 정관은 梁孝王의 장군이 되어 吳와 楚에 맞서 싸워(吳楚7국의 亂) 丁將軍이라고 불렸다. 《易說》 3만여 자를 저술하였고, 같은 郡 碭縣(탕현)의 田王孫(전왕손)에게 전수하였다. 전왕손은 施讎(시수), 孟喜(맹희), 梁丘賀(양구하)에게 전수하였다.

38 《古五子》 18편 – 古는 古文(今文의 상대적 개념). 五子는 甲子에서 壬子까지의 5개 子日. 《易》의 陰陽으로 64괘의 길흉을 판단하는 내용.

39 《淮南道訓》 2편 – 淮南王 劉安(유안)이 《易》에 밝은 9인의 학자를 초치하여(九師) 지은 책. 《淮南九師道訓》. 亡失되어 不傳, 劉安(前 179 – 122년)은 高祖 劉邦의 孫이며 劉長의 子. 《淮南子》 저술. 모반 혐의에 자살했는데, 민간전설에서는 煉丹(연단)으로 신선이 되었다고 한다. '一人得道, 雞犬升天' 의 주인공.

40 《神輸(신수)》 – 王道를 잃으면 災害(재해)를 당하고, 왕도를 실천하면 상서로운 일이 발생한다는 뜻을 기록했다.

41 《孟氏京房》은 '孟氏의 학설을 계승한 京房' 이란 뜻. 京房(경방, 前 77 – 37. 字는 君明). 75권, 〈眭兩夏侯京翼李傳〉에 입전. 京房(경방)은 《易》을 梁人 焦延壽(초연수)로부터 전수받았다. 초연수는 일찍이 孟喜(맹희)에게서 《易》을 배웠다. 경방은 재이에 대하여 잘 알았기에 신임을 받았으나 환관 石顯(석현)에게 주살 당했는데 《漢書》에 입전하였다. 경방은 東海郡 段嘉(단가), 河東郡 姚平(요평), 河南郡 乘弘(승홍)에게 전수하였고 모두 낭관이나 박사가 되었다. 이때부터 《易》에 京房의 學統이 생겼다.

42 五鹿充宗(오록충종) – 五鹿은 복성. 充宗은 이름. 字는 君孟. 代郡人. 梁

《章句》 – 施讎(시수), 孟喜(맹희), 梁丘賀(양구하), 각 2편.[43]

《易》은 총 13家, 294편이다.[44]

原文

《易》曰, 「宓戲氏仰觀象於天, 俯觀法於地, 觀鳥獸之文, 與地之宜, 近取諸身, 遠取諸物, 於是始作八卦, 以通神明之德, 以類萬物之情.」 至於殷,周之際, 紂在上位, 逆天暴物, 文王以諸侯順命而行道, 天人之占可得而効, 於是重《易》六爻, 作上下篇. 孔氏爲之〈彖〉,〈象〉,〈繫辭〉,〈文言〉,〈序卦〉之屬十篇. 故曰《易》道深矣, 人更三聖, 世歷三古. 及秦燔書, 而《易》爲筮卜之事, 傳者不絶. 漢興, 田和(田何)傳之. 訖於宣,元, 有施,孟,梁丘,京氏列於學官, 而民間有費,高二家之說. 劉向以中古文易經校施,孟,梁丘經, 或脫去〈无

丘賀의 《易》을 계승했다. 말솜씨가 좋았고 元帝의 총애를 받았다. 元帝 때 中書令 石顯(석현)이 권력을 장악했었는데, 그 黨人인 五鹿充宗은 9경의 하나인 少府가 되었으나 석현이 실각하면서 오록충종은 玄菟(현도) 太守로 좌천되었다.

43 《京氏段嘉》 12편 – 京房의 학통을 계승한 段嘉(단가)의 주술. 段嘉(단가)는 東海郡 사람. 경방의 제자.

44 《章句》 – 章句(장구)는 經典을 교수하면서 내용에 따라 章節을 나누어 句讀하며 大義를 밝히고 강조하는 방법.

45 줄을 바꾼 一行이 一家이다. 같은 계통이면 위의 《孟氏京房》~처럼 한 줄에 기록했다.

咎〉,〈悔亡〉, 唯費氏經與古文同.

〚국역〛

《易》에서 말했다.[45]

「宓戲氏(복희씨)는 고개 들어 하늘의 형상을(天象) 보고 아래로 땅의 법칙을(地法), 그리고 鳥獸(조수)의 무늬(文)와 大地의 변화(地宜)를 살폈으며, 가까웁게는 肉身에서, 멀게는 萬物을 취하여 처음으로 八卦를 작성하였으며 神明의 德에 두루 통하고 만물의 性情에 맞추었다.」[46]

殷과 周의 교체기에, 紂王(주왕)이 在上하며, 逆天하고 만물에 포악을 가했지만, (周) 文王은 諸侯로 順命하고 行道하였는데, 天人에 관하여 예측하고 본받을 수 있다고 생각하여, 이에《易》의 六爻를 중복하여 (易經의) 上, 下篇을 만들었다.[47] 孔氏(孔子)는 (易의 이해와 활용을 위하여) 〈彖辭 上, 下〉, 〈象辭 上, 下〉, 〈繫辭 上, 下〉와 〈文言傳〉, 〈序卦傳〉 등 십편(十翼)을 지었다.[48] 그리하여《易》의 道는 더욱 深遠(심원)하였으며, 사람으로는 三聖을 거쳤고,[49] 시대적으로

45 《易經》 十翼 중 〈繫辭傳 下〉의 문장. 宓戲氏는 伏羲氏. 包犧氏. 宓은 성 복. 伏과 通.

46 原文 仰觀象於天, ~ 以類萬物之情. - 象은 日月星辰之類. 鳥獸之文은 足跡. 近取諸身은 耳目口鼻. 遠取諸物은 風雷山澤之類. 이상은 팔괘의 根源을 설명한 것이다.

47 文王은 伏羲의 八卦를 겹쳐 8×8 = 64괘를 만들었다는 뜻. 64괘에 6爻가 있으니 총 384의 爻象을 볼 수 있고, 이를 上, 下經으로 나눴다.

48 〈說卦傳〉과 〈雜卦傳〉 포함 十翼.

49 원문 人更三聖 - 更은 거치다(經也). 三聖은 伏羲, 文王, 孔子.

는 三古를 지나왔다.[50] 이어 秦의 燔書(번서, 燔은 구울 번. 焚은 태울 분)를 겪었지만, 《易》은 점을 치기 위한 글이라서[51] 傳受者(전수자)가 그치지 않았다.

漢이 건국되며, 田和(田何가 되어야 함)가 《역경》을 傳하였다.[52] 宣帝와 元帝 재위 중에 施讎(시수), 孟喜(맹희), 梁丘賀(양구하), 京房(경방)이 (太學의) 學官에 들었고(博士),[53] 민간에서는 費直(비직)[54]과

---

50 원문 世歷三古 - 伏羲氏를 上古. 文王을 中古, 孔子를 下古로 보았다.

51 원문 爲筮卜之事 - 筮는 점대 서. 卜은 점칠 복. 始皇帝의 焚書에서 살아남을 수 있는 책은 醫藥(의약), 筮卜(서복), 種樹(종수, 농사와 育林)의 책이었다.

52 魯의 商瞿(상구, 字는 子木)는 공자에게 《易》을 배운 이후, 魯의 橋庇(교비, 字는 子庸)에게 전수하였다. 子庸(자용)은 이를 江東의 馯臂(간비, 字는 子弓)에게 전수했고. 子弓(자궁)은 燕의 周醜(주추, 字는 子家)에게 전수하였다. 子家(자가)는 東武縣의 孫虞(손우, 字는 子乘)에게 전수했다. 子乘(자승)은 齊의 田何(전하, 字는 子裝)에게 전수하였다. 漢이 건국된 뒤에 田何는 齊의 田氏로 杜陵(두릉)으로 이사하여 杜田生이라 불리었는데, 《易》을 東武縣 王同(왕동, 字는 子中)과 雒陽(낙양)의 周王孫(주왕손), 丁寬(정관), 齊의 服生(복생)에게 전수했고, 이들은 모두 《易傳》 여러 편을 저술하였다. 88권, 〈儒林傳〉 참고.

53 武帝 때 博士官으로 《書》에는 오직 歐陽生(구양생)이 있었고 《禮》에는 后蒼(후창), 《易》에는 楊何(양하), 《春秋》에는 公羊高(공양고)뿐이었다. 宣帝 때에 이르러 다시 《大小夏侯尚書》와 《大小戴禮》, 《施讎易(시수역)》, 《孟喜易(맹희역)》, 《梁丘易(양구역)》, 《穀梁春秋》 등의 박사를 두었다. 元帝 때에 또 《京氏易(경씨역)》의 박사를 두었다. ~. 88권, 〈儒林傳〉 班固의 論贊.

54 費直(비직)의 字는 長翁(장옹)으로, 東萊郡 사람이다. 《易》을 전공하여 郎官으로 單父(선보) 현령이 되었다. 점치기에 능했고 저서는 없이 다만 (《易經》의) 〈彖辭(단사)〉와 〈象辭(상사)〉와 〈繫辭(계사)〉 등 10편의 글을

高相(고상) 二家의 학설이 있었다.[55] 劉向은 宮中에 있는 古文의《易經》중 施讎(시수), 孟喜(맹희), 梁丘賀(양구하)의 경전을 교열하였는데, 혹 〈無咎(무구)〉나 〈悔亡(회무)〉[56]가 빠졌으나, 오직 費直(비직)의 經文만이 (궁중의) 古文과 같다고 하였다.

2.《書》

原文

《尙書古文經》四十六卷.《經》二十九卷.《傳》四十一篇.

《歐陽章句》三十一卷.

《大,小夏侯章句》各二十九卷.

《大,小夏侯解故》二十九篇.

가지고,《易》上, 下經을 해설하였다. 琅邪郡의 王璜(왕황), 平中(평중)에게 이를 전수하였다. 88권, 〈儒林傳〉에 입전.

55 高相(고상)은 沛郡(패군) 사람이다. 費直(비직)과 함께《易》을 전공하였는데, 그 역시 저술은 없고 오직 음양과 재이에 대해서만 강설하였었는데, 대개가 丁將軍(丁寬)에게 배운 것이었다. 고상은 전수받은 것을 아들 高康(고강)과 난릉현의 毋將永(무장영)에게 전수하였다.《易》에 高氏의 學問이 있었으나 高相과 費直 모두 학통이 이어지지 못했다. 88권, 〈儒林傳〉에 입전.

56 〈無咎〉나 〈悔亡〉 - 無咎는 无咎이어야 한다는 주석이 있다. 〈無咎(무구)〉나 〈悔亡(회무)〉 모두 經文.

《歐陽說義》二篇.

劉向《五行傳記》十一卷.

許商《五行傳記》一篇.

《周書》七十一篇.

《議奏》四十二篇.

凡《書》九家, 四百一十二篇.

〖국역〗

《尙書古文經》46권.[57] 《經》29권.[58] 《傳》41편.

《歐陽章句》31권.[59]

---

57 《尙書》-《書經》, 간칭《書》, 編者 未詳. 司馬遷과 班固는 孔子가 지었다고 인정하였다. 六經의 하나. 《尙書》의 字義는 上古之書란 뜻. 尙은 上. 상고시대 史官의 기록. 夏, 商, 西周시대 君臣 간의 대화 기록으로 중국 散文과 記言體 문장의 원조. 그 來源은《今文尙書》와《古文尙書》로 대별하는데 古文《尙書》는 秦 이전의 서체(蝌蚪文字)로 쓰였다. 무제 때, 魯恭王 劉餘(유여, 景帝의 아들)가 공자의 옛집을 헐다가 발견한《尙書》를 孔安國(생졸년 미상, 字는 子國, 공자 11세손)이 今文으로 교정하고 정리하였는데, 伏生이 전한 것보다 16편이 더 많았고 司馬遷도 이를 읽었다. 참고로, 淸代의《十三經注疏》의《尙書》는 금문, 고문의 합편으로 총 58편이다. 보통 元代 이후《書經》으로 불렸다. 46권이 아니라 57편이어야 한다는 주석이 있다.

58 29권은 伏生(복생)이 전수 받은 것이다.

59 《歐陽章句》-亡失 不傳. 歐陽生(구양생)의 字는 和伯(화백)으로, 千乘縣(천승현) 사람이다. 伏生에게서 배워 倪寬(예관)에게 전수하였다. 구양생과 大小의 夏侯氏(하후씨) 학문은 모두 예관으로부터 시작되었다. 예관은 구

《大,小夏侯章句》 각 29권.[60]

《大,小夏侯解故》 29편.[61]

《歐陽說義》 2편.[62]

劉向의 《五行傳記》 11권.[63]

許商의 《五行傳記》 1편.[64]

양생의 아들에게 전수하여 이후 世世에 이어져 증손인 歐陽高(구양고, 字는 子陽)는 박사가 되었다. 이에 《尙書》에 歐陽氏學이 성립되었다.

60 《大,小夏侯章句》 - 書亡. 夏侯勝(하후승)의 先代가 濟南郡의 張生으로부터 《尙書》를 전수받아 族子인 夏侯始昌(하후시창)에게 전수했다. 하후시창은 하후승에게 전수했고, 하후승은 또 같은 군의 簡卿(간경)에게 배웠다. 간경이란 사람은 倪寬(예관)의 門人이었다. 하후승은 從姪(종질)인 夏侯建(하후건)에게 전수했고 하후건은 또 歐陽高(구양고)에게 배웠다. 하후승은 長信少府가 되었고 하후건은 太子太傅이었는데, 《尙書》에는 大小夏侯의 학파가 있게 되었다.

61 《大,小夏侯解故》 - 書 不存. 解故의 故는 詁(고할 고). 아랫사람에게 알리다. 깨우치다.

62 《歐陽說義》 - 歐陽生이 《尙書》를 해설할 때 그 大義를 제자들이 기록하여 해설한 책으로 알려졌다.

63 劉向 《五行傳記》 - 成帝는 《詩》와 《書》에 정통하고 고문을 즐겨 읽었는데, 조서로 유향에게 궁중의 《五經》과 秘書들을 교열하며 바로잡으라 명하였다. 유향은 《尙書 洪範》에 실려 있는 길흉의 조짐을 읽었다. 그리고 유향은 상고 이래로 춘추시대와 六國을 거쳐 秦과 漢에 이르는 시기의 여러 징조와 재이의 기록을 모아 그와 관련된 일들을 추적하고 禍福을 연결하며, 그 징조와 증거를 정리하여 비슷한 종류로 분류하고 각각 조목을 붙여서 모두 11편으로 엮어 《洪範五行傳論》이라 이름을 지어 황제에게 상주하였다. 36권, 〈楚元王傳〉 참고.

64 許商 《五行傳記》 - 大 夏侯(夏侯勝)에게 孔光과 許商의 학파가 성립되었다. 許商(허상)은 산술에도 밝아 《五行論曆(오행논역)》을 저술하였고, 4번

《周書》 71편.[65]

《議奏(의주)》 42편.[66]

《書經》은 총 9家에, 412편이다.[67]

原文

《易》曰, 「河出圖, 雒出書, 聖人則之.」 故《書》之所起遠

이나 九卿의 반열에 올랐다. 許商 제자 중에서 沛郡의 唐林(당림, 字는 子高)은 德行이 우수하고, 平陵縣 吳章(오장, 字는 偉君)은 언어에, 重泉縣 王吉(왕길, 字는 少音)은 정사에, 齊國의 炔欽(결흠, 字는 幼卿)은 문학에 뛰어나다는 칭송을 들었다. 88권, 〈儒林傳〉 참고.

65 《周書》 - 周의 역사 기록. 周時의 誥名(고명), 誓辭(서사). 號令 등을 모은 것으로 지금 45편이 남아있다고 하였다. 《逸周書》와는 다른 책이다.

66 《議奏》 - 甘露 3년(前 51년), 宣帝는, 조서로 여러 유생에게 《五經》의 同異에 대하여 토론하게 하였는데 太子太傅인 蕭望之(소망지) 등이 그 평의를 상주하였고 선제는 친히 制書로 결재하였다. 이에 《易》을 전공한 梁丘賀, 《尙書》를 전공한 大夏侯와 小夏候, 그리고 《春秋》를 穀梁赤(곡량적)가 博士官이 되었다. 8권, 〈宣帝紀〉.

武帝의 罷黜百家(파출백가) 獨尊儒術(독존유술) 이후 儒學은 통치사상으로 확실한 지위를 확보하고 그만한 교육활동이 이루어진다. 그러나 경전의 내용과 풀이가 달라서 宣帝는 당시 유명한 학자를 미앙궁의 石渠閣(석거각)에 모아 《五經》의 異同을 논하게 했고, 宣帝가 참여하여 최종 판결을 지었다. 이 논의에 참여한 유학자로는 蕭望之(소망지), 劉向, 韋玄成(위현성), 薛光德(설광덕), 施讎(시수), 梁丘臨, 林尊, 周堪(주감), 張山拊(장산부) 등으로 그 논의 내용을 《石渠論》 105편으로 엮었다고 했으나 지금은 失傳되었다.

67 凡《書》九家는 첫 줄 3書를 一家로 본 것이다.

矣, 至孔子簒焉, 上斷於堯, 下訖於秦, 凡百篇, 而爲之序, 言其作意. 秦燔書禁學, 濟南伏生獨壁藏之. 漢興亡失, 求得二十九篇, 以教齊魯之間. 訖孝宣世, 有《歐陽》,《大小夏侯氏》, 立於學官.

《古文尙書》者, 出孔子壁中. 武帝末, 魯共王壞孔子宅, 欲以廣其宮, 而得《古文尙書》及《禮記》,《論語》,《孝經》凡數十篇, 皆古字也. 共王往入其宅, 聞鼓琴瑟鍾磬之音, 於是懼, 乃止不壞.

孔安國者, 孔子後也, 悉得其書, 以考二十九篇, 得多十六篇. 安國獻之. 遭巫蠱事, 未列於學官. 劉向以中古文校歐陽,大小夏侯三家經文, 〈酒誥〉脫簡一, 〈召誥〉脫簡二. 率簡二十五字者, 脫亦二十五字, 簡二十二字者, 脫亦二十二字, 文字異者七百有餘, 脫字數十.

《書》者, 古之號令, 號令於衆, 其言不立具, 則聽受施行者弗曉. 古文讀應《爾雅》, 故解古今語而可知也.

〖국역〗

《易經》에서 말했다.[68] 「河水에서 (龍馬의) 圖版이 나오고, 雒水(낙수)에서 (神龜의) 書契(서계)가 나오자 聖人(伏義와 大禹)이, 이를 법으로 삼았다.」[69]

---

68 〈繫辭傳 上〉의 구절. 「河出圖, 雒出書, 聖人則之. 易有四象 所以示也. ~」

69 원문 河出圖, 雒出書, 聖人則之. – 河圖를 근거로 伏羲氏가 八卦를 만들

그러므로 《書經》의 기원은 매우 오래되었으며, 孔子에 이르러 이를 撰修(찬수)하였는데,[70] 上으로는 堯(요)에서 시작하여, 下로는 秦에서 끝났는데 모두 1백 편이고, (孔子가) 이의 서문을 지어 그 作意를 언급하였다.[71]

秦에서 燔書(번서, 焚書)하며 禁學(금학)할 때, 濟南의 伏生(복생)은 몰래 이를 壁(벽)에 감추었다. 漢이 興起한 뒤 (일부를) 亡失하여, 29편만을 얻어 이를 齊와 魯에서 가르쳤다. 孝宣帝 재위 중(前 73－49)에 《歐陽生 尙書》와 《大,小 夏侯氏 尙書》 博士官이 太學에 설치되었다.[72]

《古文尙書》는 孔子 古宅의 壁에서 나왔다.[73] 武帝 末에, 魯 共王

었고, 雒書(洛書)를 가지고 洪範九疇를 지었다고 한다. 則은 법으로 삼다. 동사로 쓰였다.

70 원문 至於孔子簒焉－簒(祭器 찬)은 撰(지을 찬). 《書經》의 撰者를 孔子로 추정했다.

71 而爲之序, 言其作意.－漢 이전에는 이런 언급을 볼 수 없다는 주석이 있다.

72 원문 立於學官－국립 최고 교육기관 太學에서 《尙書》를 전공한 博士가 학생에게 《尙書》를 교육했다. 박사 1인이 곧 교육기관이며, 정식 교육과정으로 인정했다는 뜻이다.

73 《孔子家語》에는 孔騰(공등, 字는 子襄)은 준엄하고 促急(촉급)한 秦法이 두려워 《尙書》, 《孝經》, 《論語》 등을 夫子의 舊堂 壁中에 감추었다고 하였다. 孔騰은 孔子의 九世孫이며, 孔鮒(공부)의 동생이다. 공등의 아들이 孔忠이고, 孔安國은 공등의 손자이다. 다른 기록에는 孔鮒(공부)가 감추었다고 한다.

참고로 81권, 〈匡張孔馬傳〉의 孔光傳에 수록된 공자의 후손은 다음과 같다.

孔子는 伯魚 孔鯉(공리)를 낳고, 孔鯉는 子思 孔伋(공급)을 낳았으며, 공

(공왕, 恭王. 景帝의 子)이 孔子 故宅를 헐어 그 궁궐을 넓히려다가 《古文尙書》와 《禮記》, 《論語》, 《孝經》 등 수십 편을 얻었는데, 모두 古文字로 쓰였다. 共王이 그 고택에 들어가니, 琴瑟(금슬)과 鍾磬(종경)을 연주하는 소리가 들려 두려워서 부수기를 멈추었다.

孔安國(공안국)[74]은 孔子의 후손인데, 그 서적을 모두 챙겨 고찰하였더니 (《尙書》) 29편이었는데 16편을 더 찾아내었다. 공안국은 이를 헌상하였다. (무제 때) 巫蠱(무고)의 禍(화)[75]가 일어나 이 《古文尙

급은 子上 孔帛(공백)을 낳고 공백은 子家 孔求(공구)를 낳았으며, 공구는 子眞 孔箕(공기)를 낳고 공기는 子高 孔穿(공천)을 낳았다. 공천은 孔順(공순)을 낳고, 공순은 魏나라의 승상이었다. 孔順은 孔鮒(공부)를 낳았는데, 공부는 陳涉(진섭)의 博士가 되었다가 陳이 멸망할 때 죽었다. 공부 동생의 아들인 孔襄(공양)은 孝惠帝 때 博士와 長沙太博를 역임했다. 공양은 孔忠을 낳고, 공충은 孔武와 孔安國을 낳았으며, 공무는 孔延年(공연년)을 낳았다. 공연년은 孔霸(공패)를 낳았는데 字는 次儒였다. 공패는 孔光焉(공광언)을 낳았다. 孔安國과 孔延年은 모두 《尙書》를 전공하여 武帝 때 博士가 되었다. 孔安國은 臨淮太守를 역임했다. 공패도 《尙書》를 전공하였고 太傅 夏侯勝에게 배우고서 昭帝 말년에 박사가 되었다가 宣帝 때 太中大夫가 되었는데, 학문이 우수하여 태자에게 경학을 교수하였다.

74 孔安國(생졸년 미상) – 前漢 魯國 曲阜人, 申培公(신배공)에게 《詩經》을, 伏生(복생)에게 《尙書》를 배웠으며 經學에 밝아 董仲舒(동중서)와 나란한 명성을 누렸다. 司馬遷도 《堯典》, 《禹貢》 등을 공안국에게 배웠다.
공안국은 漢 武帝에 의해 五經博士가 되었고, 臨淮太守 등을 역임하였다. 당시 魯 恭王이 자신의 궁궐을 확장하려고 孔子 舊宅을 헐었는데 壁에서 蝌蚪(과두, 올챙이 머리) 문자로 써진 古書가 대량 발견되었는데, 이는 秦始皇의 焚書坑儒(분서갱유) 시기에 孔子 家族이 소장한 것이라 하였다. 晩年에 《論語訓解》, 《古文孝經傳》, 《孔子家語》 등을 저술하였고 古文尙書學派의 개조가 되었다.

75 巫蠱(무고)의 禍(화) – 巫蠱(무고)는 邪術(사술)로 남에게 위해를 가하는

書》가 學官에 설치되지는 못했다. 劉向은 궁중의 보관 중인 古文의 歐陽生과 大, 小夏侯(대, 소 하후) 三家의 經文을 교정하였는데, 〈酒誥(주고)〉에 木簡 1개가 탈락했고, 〈召誥(소고)〉에서도 목간 2개가 탈락한 사실을 밝혔다. 대체로(率) 목간이 25자이라면 탈락 역시 25字이고, 22字 목간이라면 탈락 역시 22자일 것이며, 文字가 다른 것이 7백여 字이고, 脫字는 수십 字이었다.

《書》란 고대의 號令(호령)이고, 백성에 대한 호령은 그 말이 문자로 써지지 않았으면 듣고서는(聽受) 施行者가 알 수 없었을 것이다. 古文은 응당 《爾雅(이아)》[76]에 의거 읽어야 古文字와 今文字를 알 수 있다.

3. 《詩》

原文

《詩經》 二十八卷, 魯,齊,韓三家.

행위이다. 武帝 征和 2년(前 91)에 발생한 巫蠱의 禍는 형식상으로는 衛太子(위태자)가 군사를 동원하여 江充(강충, ? - 前 91)을 제거하려고 했지만, 사건은 위태자가 군사를 일으켜 승상의 군사와 싸운 것이 되었고, 그 때문에 위태자는 반역자로 쫓기고 결국 자살했다.

76 《爾雅(이아)》 - 중국 최초의 訓詁書(훈고서). 단어를 풀이한 사전이다. 《爾雅》는 순수한 詞典이니 儒家와 관계가 없지만 儒家 13經의 하나이다. 이는 경전의 해석에 중요한 자료이기에 그랬을 것이다. 爾는 '邇' 이니 가깝다(近)는 뜻이고, 雅는 '正' 이니 官方의 語言, 곧 雅言(아언)이란 뜻이다.

《魯故》二十五卷.

《魯說》二十八卷.

《齊后氏故》二十卷.

《齊孫氏故》二十七卷.

《齊后氏傳》三十九卷.

《齊孫氏傳》二十八卷.

《齊雜記》十八卷.

《韓故》三十六卷.

《韓內傳》四卷.

《韓外傳》六卷.

《韓說》四十一卷.

《毛詩》二十九卷.

《毛詩故訓傳》三十卷.

凡《詩》六家, 四百一十六卷.

〖국역〗

《詩經》28권.[77] 魯, 齊, 韓詩의 3家가 있다.[78]

---

77 《詩經》- 中國 최초의 詩歌集. 西周 初에서 春秋 中葉(前 11 - 前 6세기의 시가 305편(이외에 제목만 전하는 6편이 있다). 본래는 《詩》, 또는 《詩三百》으로 통칭. 漢朝에서 유학이 강조되면서 《詩經》이라 불렸다. 지금 전하는 《詩經》은 魯國 毛亨(모형)과 漢朝의 毛萇(모장)이 주석한 《詩經》으로 《毛詩》라고도 불리는데, 우리 조상들은 朱子가 註釋한 毛詩, 곧

《魯故》 25권.[79]

《魯說》 28권.[80]

《齊后氏故》 20권.[81]

《齊孫氏故》 27권.[82]

《詩經集註》를 읽었다. 《詩經》의 內容上으로는 風, 雅, 頌(송)으로, 作法上으로는 賦(부), 比(비), 興(흥)으로 분류한다. 이를 詩의 六義라 한다. 28권은 15개 國風과 〈小雅〉의 詩 74편 7권, 〈大雅〉의 詩 31편 3권, 〈周頌〉과 〈魯頌〉과 〈商頌〉 각 1권의 총칭이다.

78 魯, 齊, 韓詩의 3家 - 申公(申培公)이 지은 《詩經》의 傳(전)을 《魯詩》라 한다. 后蒼(후창)은 《齊詩》, 韓嬰(한영)은 《韓詩》를 편집 전수하였다. 《齊詩》를 전한 사람은 后蒼(후창)이 아니라 齊國 출신 轅固生(원고생, 生은 존칭)이다. 《詩》를 전공하여 景帝 때 박사가 되었다.

79 《魯故》 - '故'는 '그 旨義(지의)에 통한다.'는 뜻이다. 일종의 解說書이다. 《魯故》의 저자는 申培公이다. 申公은 《詩經》을 뜻을 풀이하여 가르칠 뿐 그 傳을 짓지 않았으며, 의심나는 부분은 비워두고 특별히 풀이하지 않았다.(申公獨以《詩經》爲訓故以教, 亡傳, 疑者則闕弗傳.) 88권, 〈儒林傳〉에 입전.

80 《魯說》 28권 - 亡失 不傳. 說은 경전 해설. 88권, 〈儒林傳〉의 〈王式傳〉에 「由是《魯詩》有張,唐,褚氏之學」라 하였는데, 張生(張長安, 字는 幼君), 唐生(唐長賓), 褚生(褚少孫)을 말한다. 《魯說》은 그 제자들이 전수한 魯詩이다.

81 《齊后氏故》 - 亡失 不傳. 后氏는 后蒼(후창, 字는 近君). 후창은 東海郡 郯縣(담현) 사람이다. 轅固生(원고생)의 再傳 弟子. 夏侯始昌에게 배웠다. 하후시창은 《五經》에 두루 통했는데, 后蒼 역시 《詩》와 《禮》에 박통하여 박사가 되었으며 少府까지 승진하였고 翼奉(익봉), 蕭望之(소망지), 匡衡(광형)에게 전수하였다.

82 《齊孫氏故》 - 88권, 〈儒林傳〉의 〈后蒼傳〉에 '《齊詩》에 翼奉(익봉), 匡衡(광형), 師丹(사단), 伏理(복리)의 학파가 생겼다.'고 하였다. 孫氏는 名은 미상.

《齊后氏傳》 39권.[83]

《齊孫氏傳》 28권.[84]

《齊雜記》 18권.[85]

《韓故》 36권.[86]

《韓內傳》 4권.

《韓外傳》 6권.

《韓說》 41권.[87]

《毛詩》 29권.[88]

---

83 《齊后氏傳》 - 傳은 경전의 해설 방법. 史實을 인용하여 經義를 해설. '故'의 字意에 치중하는 것과 다르다. 后蒼(후창)이나 그 제자들의 저술일 것이다.

84 《齊孫氏傳》 - 孫氏는 名은 미상. 孫氏의 故와 傳임.

85 《齊雜記》 - 여러 사람의 여러 가지 내용에 대한 記述이라 추정.

86 《韓故》 - 韓嬰(한영)의 韓詩 해설. 韓嬰(한영)은 燕(연) 사람이다. 孝文帝 때 박사가 되었고 景帝 때 常山國 太傅가 되었다. 한영은 詩에서 시인의 뜻을 추론하여 內, 外傳 수만 자를 저술하였는데 그 뜻이 齊나 魯와는 달랐지만 그 宗旨(종지)는 하나였다. 淮南郡의 賁生(비생, 賁는 성씨 비, 클 분)이 학통을 이어받았다. 燕과 趙 일대에서 《詩》를 논하는 자는 한영에서 시작되었다.

87 《韓內傳》, 《韓外傳》, 《韓說》 - 모두 韓嬰(한영)의 韓詩 해설. 齊詩는 三國魏代에, 魯詩는 西晉代에 不傳이 확인되었고, 韓詩는 후대에 전하는 저서가 없다고 하였다.

88 《毛詩》 - 古文經이다. 《齊詩》, 《魯詩》, 《韓詩》와 같이 28권이나 《毛詩》에는 〈序〉 1권이 별도로 있었다는 주석이 있다. 현존하는 《詩經》이다. 毛公(모공, 毛萇)은 趙國 사람이다. 《詩》를 전공하여 河間獻王(하간헌왕, 景帝의 아들, 劉德)의 博士가 되었고, 같은 나라의 貫長卿(관장경)에게 전수하였다. 관장경은 解延年(해연년)에게 전수하였다. 해연년은 阿武 현령이

《毛詩故訓傳》 30권.[89]

《詩》는 총 6家에 416권이다.[90]

原文

《書》曰, 「詩言志, 哥(歌)詠言.」 故哀樂之心感, 而哥詠之聲發. 誦其言謂之詩, 詠其聲謂之哥(歌). 故古有采詩之官, 王者所以觀風俗, 知得失, 自考正也.

孔子純取周詩, 上采殷, 下取魯, 凡三百五篇, 遭秦而全者, 以其諷誦, 不獨在竹帛故也. 漢興, 魯申公爲《詩》訓故, 而齊轅固,燕韓生皆爲之傳. 或取《春秋》, 采雜說, 咸非其本義. 與不得已, 魯最爲近之. 三家皆列於學官. 又有毛公之學, 自謂子夏所傳, 而河間獻王好之, 未得立.

었는데 徐敖(서오)에게 전수하였다. 서오는 九江郡의 陳俠(진협)에게 전수하였고, 진협은 왕망의 講學大夫가 되었다. 이로써 《毛詩》를 논하는 자는 徐敖(서오)에 뿌리를 두고 있다. 毛公이라 할 때, 毛亨(모형)을 大毛公, 毛萇(모장)을 小毛公이라 칭한다.

89 《毛詩故訓傳》 - 《毛詩》의 해설인 故, 訓, 傳을 통합하여 서술한 책.

90 凡《詩》六家, 四百一十六卷 - 《詩》六家를 魯, 齊, 韓, 后氏, 孫氏의 六家이나 后氏의 傳과 故, 그리고 孫氏의 故와 傳을 모두 《齊詩》에 어어 해설하였으니 사실은 4家이며, 416권 아닌 415권이다.

〘국역〙

《書經》에서는[91] 「詩는 뜻을 말한 것이고 歌는 言意를 읊었다.」고[92] 하였다. 그리하여 哀樂의 마음이 마음에 느껴지면(心感), 哥詠(歌詠)의 소리가 나오는 것이다(聲發). 그 말을 외워(誦, 암송하다) 어떤 사물을 읊은 것이 詩(시)이고, 읊은 소리가 哥(歌)이다. 그래서 옛날에 采詩(채시)하는 관리를 두었고, (采詩한 내용으로) 王者는 (백성의) 風俗을 관찰하여, (政事의) 得失을 알고 스스로 바로잡았다.

孔子는 周代의 詩를 精選하였으니(純取), 위로는 殷(은)에서 아래로는 魯(노)의 詩 총 305편을 모아 편찬했는데, 秦代에서 (焚書에서도) 保全(보전)될 수 있었던 까닭은 그 외워 읊었던 詩가 竹帛(죽백)의 기록만은 아니었기 때문이다.

漢이 건국되면서 魯의 申公(申培公)의《詩》의 訓故(훈고)를 지었고, 齊의 轅固生(원고생)과 燕의 韓生(한생) 모두 (詩의) 傳(전)을 지었다. 혹은《春秋》에서 뜻을 취하거나 雜說을 채택한 것도 있어, 모두가 그 本義와 다른 것도 있었다. 그래서 부득이한 경우 魯의 가까운 것으로 대신하였다.[93] 三家가 모두 學官에 들어갔다.[94] 또 毛公(모공,

---

91 《書經 虞書 舜典》의 구절. 原文은 「帝曰, 夔! 命汝典樂, 敎冑子, 直而溫, 寬而栗, 剛而無虐, 簡而無傲. 詩言志, 歌永言, 聲依永, 律和聲. 八音克諧, 無相奪倫, 神人以和.」

92 詩言志, 歌永言 – 在心한 것이 志이고, 그것을 언어로 표현한 것이 詩이다. 永은 詠이고, 길게 늘여 읊은 것이다. 哥(노래 가)는 지금 歌(가)이니, 長言이다.

93 與不得已者 – 모두가 不得한 것은 아니다. 三家의 詩가 眞意가 아닐 경우 魯의 最近의 의미로 대체했다는 뜻.

94 博士官을 두고, 太學에서 諸生에게 교육했다.

毛亨과 毛萇)의 학파가 있었는데, 그들은 (공자 제자) 子夏(자하)[95]가 전수한 것이라 하였고, 河間國 獻王(헌왕, 景帝 子, 劉德)이 좋아하였지만 太學에 博士官이 설치되지는 못했다.

---

95 子夏(자하) - 孔門十哲의 한 사람(文學), 子夏(자하)는 卜商(복상)의 字이다. 공자보다 44세 어렸다. 공자께서 말했다. "卜商은 함께 詩를 논할 수 있다." 그리고 공자께서 자하에게 말했다. "너는 君子와 같은 유생이 되어야지 小人儒가 되지 마라." 이 말은 道를 밝힐 수 있는(明道) 儒者가 되어야 한다는 뜻이다. 명성이나 얻으려 한다면 小人儒일 것이다.

仲尼(중니, 공자)가 죽자, 70 제자들은 흩어져 제후에게 유세하였는데 크게 된 자는 공경이나 사부가 되었고 작게 성취한 자는 사대부의 벗이나 스승이 되었으며, 혹자는 은거하며 세상에 나오지 않았다. 그래서 子張은 陳에 살았고 澹臺子羽(담대자우, 澹臺滅明)는 楚에, 子貢은 齊에서 죽었다. 공자 사후 前 476年에 자하는 晉國의 西河(今 陝西省 渭南市)에서 학당을 개설하고 제자를 교육했다. 그곳은 三家가 分晉한 뒤에 魏國의 영역에 속했다. 자하는 '西河學派'의 개조가 되었고, 그 문하에서 治國의 良才가 많이 배출되었고 뒷날 法家 성장의 요람이 되었다. 서하 일대에서는 子夏를 孔子처럼 대우하였다. 《論語》 一書도 많은 부분이 자하의 제자들에 의해 이루어졌다고 인정받고 있다. 田子方, 段干木(단간목), 吳起(오기), 禽滑氂(금활리) 같은 사람들은 모두 子夏(자하)에게 배웠다. 이때 오직 魏 文侯(재위 前 445~396年)만이 好學하였다. 전국시대에 천하가 다툴 때 유학은 배척되었지만, 그래도 齊와 魯에서는 학자들이 유학을 폐하지 않았으니 齊 威王과 宣王은 물론 孟子와 孫卿(손경, 荀子) 같은 사람들이 모두 夫子(孔子)의 학술을 받들고 더욱 발전시켜 당세에 학문으로 유명하였다. 子夏는 아들이 죽자, 심하게 통곡했고 그래서 失明했다고 한다.

4.《禮》

原文

《禮》古經 五十六卷,《經》十七篇.《記》百三十一篇.《明堂陰陽》三十三篇.《王史氏》二十一篇.《曲臺後倉》九篇.《中庸說》二篇.《明堂陰陽說》五篇.

《周官經》六篇.

《周官傳》四篇.

《軍禮司馬法》百五十五篇.

《古封禪羣祀》二十二篇.

《封禪議對》十九篇.

《漢封禪羣祀》三十六篇.

《議奏》三十八篇.

凡《禮》十三家, 五百五十五篇.

〔국역〕

《禮》古經 56권,[96]《經》17편.[97]《記》131편.[98]《明堂陰陽》33편.[99]

96《禮》古經 -《禮》古文經 - 魯의 共王(恭王)이 공자 구택에서 얻은 古文으로 써진 禮經 17권, 이는 今文經과 같다. 散失된 39편과 합계 56권이라는 주석이 있다. 卷은 篇과 同. 17篇의《儀禮》로 전해지나 나머지 39편은 모두 散失되었다는 주석이 있다.

《王史氏》 21편.[100] 《曲臺后倉(곡대후창)》 9편.[101] 《中庸說(중용설)》 2편.[102] 《明堂陰陽說》 5편.[103]

《周官經》 6편.[104]

---

97 88권 〈儒林傳〉에 「漢이 건국되고서, 魯에 高堂生(고당생, 高堂伯)이 《士禮》 17편을 전했고, 魯의 徐生(서생)의 의례를 잘 행하였다. 孝文帝 재위 중에 徐生은 의례로 禮官大夫가 되었는데, 그것을 子에서 손자인 徐延(서연)과 徐襄(서양)에게 전수하였다. ~ 《禮》를 논하면서 의례를 행하는 자는 徐生에서부터 시작되었다.」 《禮》에는 后氏(후씨)와 戴氏(대씨)의 학파가 있었다.

98 《記》 131편 - 《記》는 禮를 해설한 문장. 《儀禮》에 〈士冠禮〉가 있고, 《禮記》에 〈冠義〉, 〈婚義〉가 있으며, 《儀禮》에 〈士婚禮〉가 있다. 戴德(대덕)의 《記》 85편 중 지금 남아있는 39편이 《大戴禮記》이고, 그 동생 戴聖(대성)의 《記》 49편이 現行 《禮記》이다. 공자 제자 70子의 後學의 기록이라는 주석도 있다.

99 《明堂陰陽》 - 古 明堂에 관련한 儀規나 遺事를 기록. 明堂은 政教를 행하는 正殿. 靈臺는 천문을 관찰하는 곳. 辟雍(벽옹)은 본래 周의 대학. 후에는 제왕이 예악을 행하고 교화를 행하는 건물을 말한다.

100 《王史氏》 - 書亡. 王史는 複姓. 공자 70제자의 後學者. 六國 시대 사람이라는 주석도 있다.

101 《曲臺后倉》 - 書亡. 曲臺에서 행하는 禮射를 后倉이 기록한 것. 《曲臺記》. 曲臺는 天子의 射宮.

102 《中庸說》 二篇 - 書亡. 지금 《禮記》 중의 〈中庸(중용)〉 1편과는 다른 책이라는 주석이 있다.

103 《明堂陰陽說》 - 《明堂陰陽》의 해설서로 추정.

104 《周官經》 - 王莽 時에 劉歆(유흠)은 《周官經》의 博士를 설치케 하였다. 《周官經》, 곧 지금의 《周禮》이다. 《周官 / 周官經》은 書名으로 보면 周代 官制를 쓴 책이지만, 周公이 지었다고 하는 이상적 정치제도와 國家제도의 근본, 衣冠, 官制, 軍制, 田制, 稅制, 禮制 등 國家政治制度 전반을 논한 책이다. 관직을 天官, 地官, 春官, 夏官, 秋官, 冬官의 6권으로

《周官傳》 4편.[105]

《軍禮司馬法》 155편.[106]

《古封禪羣祀(고봉선군사)》22편.[107]

《封禪議對》 19편.[108]

《漢封禪羣祀(한봉선군사)》 36편.[109]

《議奏(의주)》 38편.[110]

《禮》는 총 13家, 555편이다.[111]

그 직무를 설명하였다. 이때 周는 國名이 아니라 빠진 것이 없다는 周備(주비)의 뜻이라 하였다. 河間 獻王 劉德이 이를 조정에 바쳤고, 前漢 말 劉歆(유흠)이 《周禮》라 하였다. 後漢에서는 박사를 두고 이를 교육하였는데 馬融(마융), 鄭玄(정현) 등이 이를 연구하였다. 《周禮》와 《儀禮》, 《禮記》를 '三禮'라 통칭한다.

105 《周官傳》 – 書亡.

106 《軍禮司馬法》 – 司馬穰苴(사마양저)가 지은 軍禮. 사마양저의 戰略에 관한 兵書가 아니라 禮書로 분류.

107 《古封禪羣祀(고봉선군사)》 – 書亡. 《史記 封禪書》가 이를 채용했을 것이라는 주석이 있다.

108 《封禪議對》 – 書亡. 武帝時 封禪禮에 관한 기록.

109 《漢封禪羣祀》 – 書亡. 後漢의 封禪禮에 이를 참고했을 것이라는 주석이 있다.

110 《議奏》 38편 – 石渠閣(석거각)에서 논의한 《書》, 《禮》, 《春秋》, 《論語》에 관한 내용을 보고한 議奏(의주).

111 《禮》는 총 13家 – 封禪 관련 3권을 1家로 계산. 司馬法도 一家로 계산.

原文

《易》曰, 「有夫婦父子君臣上下, 禮義有所錯.」 而帝王質文世有損益, 至周曲爲之防, 事爲之制, 故曰, '禮經三百, 威儀三千.' 及周之衰, 諸侯將踰法度, 惡其害己, 皆滅去其籍, 自孔子時而不具, 至秦大壞.

漢興, 魯高堂生傳《士禮》十七篇. 訖孝宣世, 后倉最明. 戴德,戴聖,慶普皆其弟子, 三家立於學官. 《禮》古經者, 出於魯淹中, 及孔氏學 十七篇文相似, 多三十九篇. 及《明堂陰陽》, 《王史氏記》所見, 多天子諸侯卿大夫之制, 雖不能備, 猶愈倉等推《士禮》而致於天子之說.

〖국역〗

《易 序卦傳》에서 말했다.[112]

「夫婦와 父子, 君臣의 上下 관계가 있어야 禮義가 존재하게 된다.」

帝王의 통치에 質朴(질박)과 文彩(문채)는 시대에 따라 조금씩 덜하거나 더할 수 있고(有損益), 周代에는 세밀한 禮의 규정으로 모든 일을 규제하였기에[113] 그래서 '禮의 大綱(經)이 3백 개이고 위엄 있

---

112 《易 序卦傳》:「有天地 然后有萬物, 有萬物 然后有男女, 有男女 然后有夫婦, 有夫婦 然后有父子, 有父子 然后有君臣, 有君臣 然后有上下, 有上下 然后禮儀有所錯.」 錯는 둘 조, 설치할 조(置也). 섞일 착.

113 원문 曲爲之防, 事爲之制 - 曲은 모든 곳곳, 세밀하다. 인간의 모든 행위를 예에 의거 규제하여 放漫이나 무례, 무질서를 예방하려 했다. 매사를 禮에 규제했다.

는 행위나 동작이(威儀) 3천 가지라.' 고 하였다.[114] 周의 쇠퇴기에(春秋時代) 諸侯는 법도의 제약을 뛰어넘으려 했고, 자신에게 불리한 제약을(禮制) 혐오하면서 禮에 관한 典籍(전적)을 없애려 했으니, 孔子 시대에도 불완전했던 예법은 秦代에 들어와 완전히 붕괴되었다(大壞).

漢이 건국된 뒤에, 魯의 高堂生(고당생)은 《士禮》 17편을 전수하였다.[115] 孝宣帝 재위 중에는 后倉(후창)이 禮를 가장 잘 알았다. 戴德(대덕), 戴聖(대성), 慶普(경보)가 모두 그의 弟子[116]로 三家가 學官에 설치되었다. 《禮》古文經은 魯의 淹中(엄중, 里名也)과 孔氏의 家學에서 시작되었는데, 17편의 문장이 서로 비슷하고 그 외 39편이 더 있다고 하였다. 《明堂陰陽》과 《王史氏記》의 내용은 天子, 諸侯, 卿大夫의 禮制로 비록 완비하지는 않지만, 그래도 后倉(후창) 등이 推論한 《士禮》보다 天子에게 필요한 학설이 더욱 많다고 하였다.

---

114 '周禮三百六十官也. 三百, 擧成數也.' - '禮經三百은 冠禮, 婚禮 吉禮, 凶禮' 에 필요한 禮가 3백 개, 그런 예를 행하는 동작이 3천 개란 뜻. 결국 인간의 사회생활의 모든 행위나 동작이 禮가 아닌 것이 없다.

115 88권, 〈儒林傳〉의 孟卿(맹경)에 관한 기록 참고.

116 孟卿(맹경)은 東海郡 사람이다. 蕭奮(소분)을 모시고 배워, 后倉(후창)과 魯의 閭丘卿(여구경)에게 전수하였다. 후창은 《禮》에 대한 해설 수만 자를 저술하여 《后氏曲臺記》라 하였고, 학문을 패군의 聞人通漢(문인통한, 字는 子方), 그리고 梁의 戴德(대덕, 字는 延君)과 戴聖(대성, 字는 次君) 또 패군의 慶普(경보, 字는 孝公)에게 전수하였다. 경보는 東平國의 太傅가 되었다. 대덕은 大戴(대대)라 불렸는데 신도국 태부가 되었고, 대성은 小戴(소대)라 불렸는데, 박사로 석거각에서 경학을 토론하고 九江郡 태수가 되었다. 이로부터 《禮》에는 大戴(대대)와 小戴(소대), 慶普(경보)의 학파가 생겼다.

5.《樂》

原文

《樂記》二十三篇.

《王禹記》二十四篇.

《雅歌詩》四篇.

《雅琴趙氏》七篇.

《雅琴師氏》八篇.

《雅琴龍氏》九十九篇.

凡《樂》六家, 百六十五篇.

〖국역〗

《樂記》 23편.[117]

《王禹記》 24편.[118]

---

117 《樂記》－現行《禮記》 속에 《樂記第十九》로 수록되었는데 11개 편으로 구성되었다. 〈樂本篇〉, 〈樂論〉, 〈樂禮〉, 〈樂施〉, 〈樂言〉, 〈樂象〉, 〈樂情〉, 〈魏文侯〉, 〈賓牟賈〉, 〈樂化〉, 〈師乙篇〉 등이다. 劉向은 古代의 《樂記》는 모두 23篇인데, 위의 11편 이외에 〈奏樂〉, 〈樂器〉, 〈樂作〉, 〈意始〉, 〈樂穆〉, 〈說律〉, 〈季札〉, 〈樂道〉, 〈樂義〉, 〈昭本〉, 〈招頌〉, 〈竇公篇〉이 있다 하였으나, 이는 失傳되었다.

118 《王禹記》－書亡. 河間獻王이 전한 24편이라는 주석이 있다. 常山國 출신 王禹(왕우)는 成帝 때 謁者(알자).

《雅歌詩》 4편.[119]

《雅琴趙氏》 7편.[120]

《雅琴師氏》 8편.[121]

《雅琴龍氏》 99편.[122]

《樂》 총 6家, 165편이다.

原文

《易》曰, 「先王作樂崇德, 殷薦之上帝, 以享祖考.」 故自黃帝下至三代, 樂各有名. 孔子曰, 「安上治民, 莫善於禮, 移風易俗, 莫善於樂.」 二者相與並行. 周衰俱壞, 樂尤微眇, 以音律爲節, 又爲鄭衛所亂故無遺法.

漢興, 制氏以雅樂聲律, 世在樂官, 頗能紀其鏗鏘鼓舞, 而不能言其義. 六國之君, 魏文侯最爲好古, 孝文時得其樂人竇公, 獻其書, 乃《周官 大宗伯》之 〈大司樂〉 章也.

武帝時, 河間獻王好儒, 與毛生等共采《周官》及諸子言樂

119 《雅歌詩》 - 書亡.

120 《雅琴趙氏》 - 書亡. 名은 定, 勃海郡人, 宣帝 時에 宮에 불려와 琴을 연주했다(鼓琴).

121 《雅琴師氏》 - 書亡. 名은 中(또는 忠). 東海郡 下邳縣(하비현)人, 師曠(사광)의 후손으로 알려졌다. 師曠은 春秋시대 晉國의 盲人 樂師.

122 《雅琴龍氏》 - 書亡. 名은 德, 梁人. 趙定(조정)과 함께 宣帝 앞에서 연주. 侍郎 역임.

事者, 以作《樂記》, 獻八佾之舞, 與制氏不相遠. 其內史丞王定傳之, 以授常山王禹. 禹, 成帝時爲謁者, 數言其義, 獻二十四卷記. 劉向校書, 得《樂記》二十三篇, 與禹不同, 其道浸以益微.

〖국역〗

《易》에서 말했다.[123]

「先王이 作樂하여 崇德하고, 천제에게 성대히 헌상하며, 선조를 제사한다.」[124]

그래서 黃帝(황제)로부터 아래로 三代에 이르기까지 그 음악에 이름이 있었다. 孔子가 말했다.

「나라를 안정시키고 治民할 때, 禮보다 더 좋은 것이 없고, 移風하고 易俗(역속)하려 할 때, 음악보다 더 나은 것이 없다.」[125]

二者(禮와 樂)는 함께 아울러 실행해야 한다. 周가 쇠약해지면서 예악도 같이 붕괴되었으나, 음악은 더욱 精微(정미)한 것으로 樂에는 音律(음률)이 있고,[126] 또 鄭나라나 衛(위)나라의 음악처럼 음란하

---

123 《易 豫卦》 - 雷地豫(☳☷), 豫는 기쁨(喜悅). 象曰「雷出地奮, 豫. 先王以作樂崇德, 殷薦之上帝, 以配祖考.」

124 殷薦之上帝 - 殷은 성할 은(盛也). 盛大히. 薦은 드릴 천. 제물을 바치다.

125 《孝經 廣要道章》「敎民親愛, 莫善於孝. 敎民禮順, 莫善於悌. 移風易俗, 莫善於樂. 安上治民, 莫善於禮. 禮者, 敬而已矣. ~」

126 원문의 眇는 한쪽 눈을 작게 뜨고 보다. 미세하다(細也). 樂의 道가 精微(정미)하다. 樂의 미묘한 음률은 사실 어떻게 문자로 표현할 수가 없다.

면[127] 어찌할 도리가 없다.

漢이 홍기한 뒤에, 制氏(제씨)[128]는 雅樂(아악)의 聲律(성률)에 밝아 대대로 樂官(악관)이었는데, 음악과 무용을 잘 알았지만 아악의 大義를 설명하기에는 부족하였다.[129] (戰國時代) 六國의 군주로는 魏의 文侯(문후, 재위 前 445 – 396년)가 가장 好古하였는데, (漢) 孝文帝 때 그(魏 文侯)의 樂人 竇公(두공)[130]이 책을 헌상하였는데, 곧《周官 大宗伯》의 〈大司樂章〉이었다. 武帝 때, 河間獻王(하간헌왕)은 儒學을 좋아하여 毛生(모생) 등과 함께《周官》및 諸子의 음악에 관련한 말을 모아《樂記》를 지었고, 八佾(팔일)의 舞樂을[131] 헌상하였는데,

---

127 鄭國之音은 음란한 뜻이 넘치고 衛國之音은 우울, 처량하여 亂世의 음악이라 정평이 났다.

128 制氏(제씨) – 魯國人. 아악에 정통했다.

129 원문 頗能紀其鏗鏘鼓舞 – 頗는 자못 파. 제법. 紀는 記. 알다(識也). 鏗鏘(갱장)은 金玉의 소리. 악기 소리. 鏗은 금옥의 소리 갱, 鏘은 금옥의 소리 장. 鼓舞(고무)는 음악과 춤.

130 竇公(두공) – 桓譚(환담)의《新論》에 의하면, 그때 竇公(두공)은 나이가 180세로 두 눈이 완전히 멀은 盲人(맹인)이었다. 文帝가 기이하다 생각하며 "어찌 이리 살 수 있습니까?"라고 물었다. 두공은 "臣이 나이 13살에 失明하자, 부모님은 슬퍼하며 다른 기술을 배울 수 없다 생각하여 琴 연주를 가르쳤습니다. 臣은 導引(도인, 道士의 맨손체조)을 할 뿐 다른 것을 복용하거나 먹지 않습니다."라고 대답하였다.

131 八佾之舞 – 佾은 춤추는 줄 일. 八佾(팔일)은 天子의 舞樂(무악)이다. 周 천자만이 시연할 수 있는 무악을 周公의 공적을 생각하여 魯國에서는 허용되었다. 그러한 八佾의 무악을 魯의 家臣인 季孫氏(계손씨) 자택 뜰에서 시연했다는 것은 예악의 문란을 의미한다. 禮는 넓게 말하면 문화 규범인데, 이러한 禮로써 국가나 사회를 유지하고 문벌 간의 차이와 名分을 바로잡으려 했다. 그러기에 禮는 사회의 질서를 유지하는 외형적

制氏(제씨)의 음악과 서로 다르지는 않았다. (河間國) 內史丞인[132] 王定(왕정)이 이를 이어받아 常山國 王禹(왕우)에게 전수하였다. 王禹는 成帝 때 謁者(알자)이었는데, 그 음악의 대의를 자주 언급하며 24권의 저술(記)을 헌상하였다. 劉向(유향)이 校書하면서《樂記》23편을 찾아내었는데 王禹와는 다른 것이었고, (이후) 雅樂의 正道는 점점 더욱 쇠미하였다.

6.《春秋》

原文

《春秋古經》十二篇,《經》十一卷.

《左氏傳》三十卷.

《公羊傳》十一卷.

《穀梁傳》十一卷.

제약이다. 樂(악, 音樂)은 인간의 性情을 和樂하게 하는 기능이 있어, 정치나 여러 儀禮에서 樂을 통하여 백성의 성정을 조화하며 교화하는 수단으로 인식되었다. 이처럼 예악이 중요하고 정치에서 중시되었기에, 누가 어떤 예악을 행하는가는 아주 중대한 문제였다. 천자가 시연하고 보는 예악과 제후가 할 수 있는 예악이 달랐다. 舞樂의 경우 천자는 八佾(팔일, 佾은 춤 일, 춤추는 줄), 곧 舞人이 1行 8人×8行이니 64명이 춤을 추었다. 제후는 6佾, 곧 8人×6行이니 48명, 大夫는 4行이니 32명이었다.

132 河間國(하간국)의 행정 실무 총책이 內史이고, 丞(승)은 그 副職이다.

《鄒氏傳》十一卷.

《夾氏傳》十一卷.

《左氏微》二篇.

《鐸氏微》三篇.

《張氏微》十篇.

《虞氏微傳》二篇.

《公羊外傳》五十篇.

《穀梁外傳》二十篇.

《公羊章句》三十八篇.

《穀梁章句》三十三篇.

《公羊雜記》八十三篇.

《公羊顔氏記》十一篇.

《公羊董仲舒治獄》十六篇.

《議奏》三十九篇.

《國語》二十一篇.

《新國語》五十四篇.

《世本》十五篇.

《戰國策》二十三篇.

《奏事》二十篇.

《楚漢春秋》九篇.

《太史公》百三十篇.

馮商所續《太史公》七篇.

《太古以來年紀》二篇.

《漢著記》百九十卷.

《漢大年紀》五篇.

凡《春秋》二十三家, 九百四十八篇.

〖국역〗

《春秋古經》12편,[133] 《經》11권.[134]

《左氏傳》30권.[135]

---

133 《春秋古經》－《春秋古文經》. 《春秋》는 본래 先秦시대 각국의 編年體 史書이나 지금은 통상적으로 유일하게 전해진 魯國의 《春秋》를 지칭한다. 《春秋》는 孔子가 魯國 史官의 기록을 중심으로 새로 구성하여 편찬한 책이다. 기록 범위는 魯 隱公 원년(前 722년)부터 魯 哀公14년(前 481)까지 242년의 기록이다. 기록된 治者는 魯 隱公 → 桓公 → 莊公 → (子 般) → 閔公 → 僖公 → 文公 → 宣公 → 成公 → 襄公 → (子 野) → 昭公 → 定公 → 哀公의 12公이다. 여기에서 '春秋時代' 의 명칭이 유래되었다. 漢代에 들어 五經의 하나가 되었고, 四庫全書 중 經部에 들었으며(13經으로 《左氏傳》에 본문 포함). 《公羊傳》과 《穀梁傳》도 《春秋》를 해설한 책으로 13經에 포함되었다. 《春秋》는 魯國을 중심으로 당시 각국의 大事를 알 수 있는 중국 최초의 編年體 史書이다. 그 주요 주제는 역사적 史實보다는 '義' 에 있다. 참고로, 13經은 《周易》, 《尙書》, 《詩經》, 《周禮》, 《儀禮》, 《禮記》, 《左氏傳》, 《公羊傳》, 《穀梁傳》, 《孝經》, 《論語》, 《爾雅(이아)》, 《孟子》이다.

134 《經》－《春秋經》 11권. 公羊(공양)과 穀梁(곡량)의 2家. 今文經이다. 閔公을 莊公에 합본하여 11권이다.

135 《左氏傳》－저자는 魯의 太史인 左丘明으로 인정된다. 左丘明(생졸년 미상)은 《左傳》과 《國語》의 作者로 《左傳》은 記事에, 《國語》는 記言에

《公羊傳》 11권.[136]

《穀梁傳》 11권.[137]

중점을 두었다. 좌구명은 《論語 公冶長》에도 그 이름이 나온다. 孔子曰, "巧言, 令色, 足恭을 左丘明이 恥之러니 丘亦恥之라. 匿怨而友其人을 左丘明恥之러니 丘亦恥之라."라 하였다. 이를 본다면, 공자보다 약간 연상이거나, 또 박식하고 고상한 인품의 인물임을 알 수 있다. 또 左丘明이 공자한테 배웠다는 주장도 있다. 左丘明의 姓名에 대하여 복성인 左丘에 名은 明, 또는 單姓 左에 名은 丘明이라는 주장이 있다. 그 직책이 左史라 하여 左는 존칭이고 姓은 丘, 名 明이라는 주장도 있다. 또 盲人(맹인)이라는 주장도 있는데, 老年에 失明했는지는 알 수 없으나 失明한 상태로 관직을 수행할 수는 없었을 것이다.

136 《公羊傳》 - 公羊子, 名은 高. 齊人. 《公羊傳》은 戰國시대 齊人 公羊高(공양고)이며, 子夏의 弟子로 알려졌다. 《公羊傳》의 성립 연대는 알 수 없다. 공양고의 저술은 아들 平(평)을 거쳐 家學으로 전수되다가, 漢 景帝 때 公羊壽(공양수)와 齊人 胡母子都〔호모자도, 胡毋子都(호무자도)〕가 竹帛(죽백)에 기록한 것이라 한다. 胡母生(호모생)의 字는 子都(자도)로 齊人이다. 《公羊春秋》를 전공하고, 景帝 때 박사가 되었다. 董仲舒와 일을 같이 하였는데, 동중서도 저서에서 호모생의 덕을 칭송했다. 연로하여 齊에 돌아와 가르쳤는데, 齊에서 《春秋》를 논하는 학자들이 宗師로 받들었다. 명성과 직위를 얻은 胡母生의 제자로는 蘭陵縣(난릉현)의 褚大(저대)와 東平國의 嬴公(영공), 廣川國의 段仲(단중), 溫縣의 呂步舒(여보서) 등이 있다. 《公羊傳》의 思想的 특색은 《春秋》의 尊王 사상을 계승 발전시켜 '大一統'과 '撥亂反正(발란반정)'을 강조하였다. 前漢代 《春秋》의 정통으로 인정받아 學官이 설치되었다.

137 《穀梁傳》 - 穀梁子(곡량자, 생졸년 미상, 名은 喜. 또는 赤.) 魯人. 子夏의 제자. 孔子의 弟子인 子夏가 魯國人 穀梁子(곡량자)에게 구술한 것으로, 곡량자가 기록한 것 또는 구술로 전수되다가 漢代에 成書되었다는 주장이 있다. 《穀梁傳》은 문답식 서술로 되었고 漢 宣帝 때 성행했다.

鄭玄(정현)은 《六藝論》에서 "《左氏》는 善於禮하고, 《公羊》은 善於讖(참)하며, 《穀梁》은 善於經하다."고 하였다. 또 東晉의 范甯(범녕)은 《春

《鄒氏傳(추씨전)》 11권.[138]

《夾氏傳(협씨전)》 11권.[139]

《左氏微》 2편.[140]

《鐸氏微(탁씨미)》 3편.[141]

《張氏微》 10편.[142]

《虞氏微傳(우씨미전)》 2편.[143]

《公羊外傳》 50편.[144]

秋》 三傳의 특색에 대하여 "《左氏》는 艷而富하나 그 단점은 巫(무)이다. 《穀梁》은 辯而婉하나 그 결함은 短(단)이다. 《公羊》은 辯而裁하나 그 失은 俗(속)이다."라고 말했다.

138 《鄒氏傳(추씨전)》 – 亡書. 鄒氏는 騶氏. 騶는 말 먹이는 사람 추.

139 《夾氏傳(협씨전)》 – 有錄이나 無書. 班固 때에 책은 이미 없었다는 뜻.

140 《左氏微》 – 書亡. 微는 작을 미. 그 微指(미지)를 풀이한 책. 微를 《춘추》의 讀法으로 보아 微言으로 大義를 찾는다는 뜻으로 설명한 주석도 있다.

141 《鐸氏微(탁씨미)》 – 3편. 楚의 威王의 太傅(태부)인 鐸椒(탁숙).

142 《張氏微》 – 書亡. 張蒼(장창)의 저술일 것이라는 주석도 있다. 漢 건국 이후 北平侯 張蒼(장창)과 梁王의 태부인 賈誼(가의), 경조윤 張敞(장창), 42권, 〈張周趙任申屠傳〉에 입전. 太中大夫인 劉公子(유공자)는 모두 《春秋左氏傳》를 수학하였다. 가의는 《左氏傳》을 訓詁(훈고)하여 趙人 貫公(관공)에 전수하였고, 관공은 河間獻王의 博士였다. 貫公 아들 貫長卿(관장경)은 清河郡 張禹(장우, 字는 長子)에게 전수했고, 장우는 尹更始(윤경시)에게 전수하였고, 윤경시는 아들 尹咸(윤함)과 翟方進(적방진), 그리고 胡常(호상)에게 전수하였다. 호상은 黎陽縣(여양현)의 賈護(가호, 字 季君)에게 전수하였다. 그리고 劉歆(유흠)은 윤함과 적방진으로부터 전수받았다. 이리하여 《左氏傳》을 논하는 자는 賈護(가호)와 劉歆을 근본으로 하였다.

143 《虞氏微傳(우씨미전)》 – 趙國의 相인 虞卿(우경).

144 《公羊外傳》 – 書亡. 저자 미상. 漢代에 성립된 것으로 추정.

《穀梁外傳》 20편.[145]

《公羊章句》 38편.

《穀梁章句》 33편.[146]

《公羊雜記》 83편.[147]

《公羊顔氏記(공양안씨기)》 11편.[148]

《公羊董仲舒治獄(공양동중서치옥)》 16편.[149]

《議奏》 39편.[150]

---

145 《穀梁外傳》 - 不傳.

146 《公羊章句》, 《穀梁章句》 - 早亡.

147 《公羊雜記》 - 저자 不明. 不傳.

148 《公羊顔氏記》 - 早亡. 顔氏는 顔安東, 字는 公孫. 魯國人.

149 《公羊董仲舒治獄》 - 16편. 董仲舒(동중서, 前 179 - 104)는 본래 《春秋公羊傳》을 전공했다. 今文經의 大師, 孔安國과 나란한 명성, 司馬遷의 經學 사상에도 영향을 주었다. 동중서가 致仕하고 집에 기거하는 동안 朝廷에 큰 논의가 있으면 사자나 廷尉 張湯(장탕)을 동중서의 집에 보내 의견을 묻게 하였는데, 그의 대책은 언제나 법도를 밝히는 것이었다. 武帝가 처음 즉위한 이후로 魏其侯나 武安侯 등이 相國이 되어 유학을 융성케 하였다. 동중서가 대책을 올려 공자의 학문을 높이고 百家의 주장을 억제하고 물리쳤다. 학교를 세우고 각 군현에서 茂材나 孝廉(효렴)을 추천한 것은 대개 동중서가 발의하였다. 동중서는 늙어 집에서 죽었고 집은 무릉현으로 이사했으며, 그 아들과 손자는 학문으로 대관에 올랐다. 56권, 〈董仲舒傳〉에 입전. 《史記 儒林列傳》 참고.

150 《議奏》 - 書亡. 石渠閣論. 宣帝는 이에 《五經》의 名儒인 太子太傅 蕭望之(소망지) 등을 모두 어전에 불러 크게 토론하여 《公羊》과 《穀梁》의 同異와 경전의 시비를 가리게 하였다. 그때 《公羊》의 博士는 嚴彭祖(엄팽조), 侍郎인 申輓(신만), 伊推(이추), 宋顯(송현) 등이었고, 《穀梁》측으로는 議郎 尹更始(윤경시), 待詔인 劉向(유향), 周慶(주경), 丁姓(정성) 등이 같이 30여 주제를 논의하였다. 소망지 등 11인은 각각 경전의 뜻에

《國語》21편.[151]

《新國語》54편.[152]

《世本》15편.[153]

의거 대답하였는데 많은 사람들이 《穀梁》를 지지하였다. 이로부터 《穀梁》의 학문이 크게 융성하였다. 88권, 〈儒林傳〉 참고.

151 《國語》 – 21편. 《國語》는 中國 國別史의 開祖라 할 수 있다. 四庫全書 중 史部 雜史類로 분류되었다. 周朝 王室과 魯國, 齊國, 晉國, 鄭國, 楚國, 吳國, 越國 등 諸侯國의 歷史를 기록했다. 시작은 穆王이 犬戎(견융) 정벌(? 前 947)로부터 晉 三家가 智氏(지씨, 智伯)를 멸망시킨(前 453년) 사건까지 수록했다. 《國語》는 春秋 시대의 중국의 經濟, 財政, 軍事, 兵法, 外交, 教育, 法律, 婚姻, 기타 朝聘(조빙), 饗宴(향연), 諷諫(풍간) 등 다양한 사적을 수록했다. 《國語》의 作者는 지금까지 定論이 없다. 司馬遷은 《國語》의 작자를 左丘明(좌구명)이라 했고, 그 뒤로 班彪(반표, 班固이 父), 班固, 唐 劉知幾(유지기, 《史通》의 저자) 등이 모두 左丘明의 저술로 인정하면서 《國語》를 《春秋外傳》이라 칭했다. 그러나 晉朝 이후 많은 사람들이 《左傳》의 문체와 다르다며 《國語》를 一人이 아닌 여러 사람의 손에 의해 이루어진 책이라 주장하였다. 《國語》 全書는 총 21卷이며, 역사 인물의 言論을 중심으로 편찬되었다.

152 《新國語》 – 不傳. 劉向이 《國語》를 편년체로 개작한 책이라는 주석이 있다.

153 《世本》 – 古代 史官이 黃帝 이후 春秋時까지 제왕, 諸侯, 大夫들의 姓氏와 世系, 都邑, 制作, 諡法(시법) 등을 수록한 책. 司馬遷(前 ?135 – 前 86)도 이 책을 참고했다. 宋代에 散失된 것으로 알려졌다. 반고는 〈司馬遷傳〉 論贊에서 말했다. 「孔子는 魯의 역사 기록을 바탕으로 《春秋》를 지었고, 左丘明(좌구명)은 그 本事를 論輯(논집)하여 《春秋》의 傳을 지었으며, 또 같거나 다른 내용으로 《國語》를 편찬하였다. 또 《世本》이 있는데, 이는 黃帝 이래 春秋 시기에 이르는 帝王과 公侯와 卿大夫의 조상 연원을 수록하였다. 春秋시대 이후로 七國이 서로 다투다가 秦이 제후들을 통일하였고 《戰國策》이 나왔다. 漢이 건국되고 秦을 멸망시키

《戰國策》 23편.[154]

《奏事》 20편.[155]

《楚漢春秋》 9편.[156]

고 천하를 평정할 시기에 《楚漢春秋》가 있었다. 그래서 사마천은 《左氏傳》과 《國語》의 내용을 근거하고, 거기에 《世本》과 《戰國策》의 자료를 보태고, 《楚漢春秋》 내용과 그 이후의 기록을 서술하여 武帝의 天漢 연간까지 (太史公書를) 서술하였다.」

154 《戰國策》－《戰國策》의 編者는 前漢의 劉向(유향)으로 알려졌다. 그러나 이는 一人의 一時 저술은 결코 아니다. 《戰國策》은 총 33권인데 〈東周策〉과 〈西周策〉 각 1卷, 〈秦策〉 5卷, 〈齊策〉 6卷, 〈楚策〉 〈趙策〉 〈魏策〉 각 4卷, 〈韓策〉, 〈燕策〉 각 3卷, 〈宋衛策〉과 〈中山策〉 각 1卷이고 편수로는 총 497~500편이다. 《戰國策》은 前 455년 晉陽之戰에서 前 221년 高漸離(고점리)가 秦始皇을 저격 실패하는 일까지 수록했다. 《戰國策》은 敍事와 說事에 뛰어나며, 인물 묘사와 說服力이 우수한 저술이다. 전국시대의 社會 風貌와 당시 士人들의 정신과 풍채를 정말 특별하게 묘사 반영한 역사서이며 散文이다. 이는 散文으로써 문학의 최고 경지에 이르렀기에, 이런 저술을 통해 '文, 史, 哲 不分家' 란 말을 체험할 수 있다. 그래서 '其文章之奇는 足히 娛人耳目하고, 其機變之巧는 足히 壞人之心術이라.' 고 말할 수 있다. 하여튼 우수한 智謀와 虛實의 공간 그리고 文辭의 妙는 독자가 감탄하지 않을 수 없다.

155 《奏事》－書亡. 秦時 大臣의 奏事와 李斯(이사)의 手筆로 알려진 刻石의 名文을 모은 책.

156 《楚漢春秋》－陸賈(육가)의 저술. 陸賈(육가, 前 240－170)는 《新語》를 저술하여 漢代 儒學의 기초를 마련했으며, 賈誼(가의), 董仲舒(동중서)에 영향을 주었다. 陸賈는 楚나라 출신. 빈객으로 고조의 천하 평정을 수행하였는데, 口辯이 뛰어나다는 이름이 있어 고조의 측근이 되어 제후에게 자주 사신으로 나갔다. 육가는 말하기 전에 언제나 《詩經》이나 《書經》의 글을 인용하였다. 고조는 육가에게 욕을 하며 말했다. "네 아비(고조 자칭)는 말 위에서 천하를 얻었는데, 언제 《詩》와 《書》를 배웠겠

《太史公》 130편.[157]

는가?" 육가가 말했다. "馬上에서 천하를 차지했다 하여 무력으로 다스릴 수 있겠습니까? 그리고 湯王과 武王도 무력으로 얻었지만 이룬 것을 仁義로 지켰으니 文武를 병용해야만 나라가 오래갈 수 있습니다. 옛날에 吳王 夫差와 晋의 智伯은 끝까지 무력에 의존하다가 망했고, 秦에서는 刑法에 의한 통치를 바꾸지 않았기에 결국 망했습니다. 지난 날 秦이 천하를 통일한 뒤 仁義의 정치를 하고 先聖을 본받았다면 폐하가 어찌 천하를 얻고 또 소유할 수 있었겠습니까?" 고조는 불쾌했지만 부끄러운 기색으로 육가에게 일러 말했다. "나를 위해 秦나라가 왜 천하를 잃었고 내가 왜 차지할 수 있었는가를, 또 옛 나라의 성공과 실패한 일들을 한번 저술해 보시오." 육가는 모두 12편을 저술하였다. 매번 1편씩 상주할 때마다 고조는 칭찬을 안한 적이 없었고 좌우 신하들은 만세를 불렀는데, 그 책을 《新語》라 하였다.

157 《太史公》 130篇 - 《史記》 《太史公書》 또는 《太史公記》. 《史記》는 《漢書》, 《後漢書》, 《三國志》와 合稱하여 '前四史'라 한다. 《史記》는 本紀 12卷, 世家 30卷, 列傳 70卷, 表 10卷, 書 8卷, 共 130권, 52萬6500여 字. 四庫全書에 史部 正史類로 분류한다. 太史令 司馬遷(사마천, ? - 前 86)의 字는 子長, 사마천의 출생 연도에 대해서는 前 145년 說과 前 135년 說이 있다. 사마천은 龍門山 아래에서 태어났고, 10세에 고문을 외웠다. 20세에 남쪽으로 장강과 회수 지역을 유람하였고 魯서 講學하며 孔夫子의 유풍을 참관하였다. 사마천의 부친 司馬談(사마담)이 죽기 전에 사마천에게 말했다. "～. 기린이 잡힌 이래로 400여 년 동안에 諸侯들은 ～. 이제 漢이 건국되었고 이후로 海內가 통일되어 明主賢君과 忠臣義士들이 있었는데, 나는 太史가 되어 이를 論纂(논찬)하여 기록하지 못하여 천하의 文章을 단절케 하였으니, 나는 몹시 두렵기만 하니 너는 이를 마음에 새겨두어라!" 사마천은 눈물을 흘리며 말했다. "小子가 不敏하오나 아버님께서 차례대로 기록한 옛 기록을 모두 편찬하여 빠트리지 않겠습니다." 선친이 작고하고 3년에 사마천은 태사령이 되어 석실과 금궤의 역사 기록을 간추려 엮었다. 太史公 사마천이 말했다.

"선친께서 '周公이 죽은 지 5백 년에 孔子가 출생하였고, 孔子에서 지

馮商(풍상)이 뒤를 이어 지은《太史公》7편.[158]

《太古以來年紀》2편.[159]

《漢著記》190권.[160]

금까지 5백 년이니 능력자가 공자의 이런 전통을 계승하여《易傳》의 뜻을 밝히고《春秋》의 뜻을 서술하며《詩》와《書》,《禮》와《樂》의 근본을 말할 사람이 있을 것이다.' 라고 말씀하시었다. 그 뜻은 아마 여기에 있었을 것이다. 아마 이런 뜻이었으니 내가 어찌 미룰 수 있겠는가!" 사마천은 그 대략을 편술하고 빠지거나 부족한 것을 보완하여 一家의 학설을 만들고《六經》의 異傳을 보완하고 百家의 雜語를 정리하여, 名山에 보관하고 副本을 京師(장안)에 두어 뒤에 오는 聖君子를 기다린다고 하였다.

부친 司馬談은 前 110년에 죽었고, 사마천이 李陵(이릉)을 변호하다 宮刑의 치욕을 당한 것이 天漢 2년(前 99)이었다. 사마천은 武帝가 죽은 다음 해 자살했다. 班固는 그〈序傳〉에서「烏呼(오호)라. 太史令 司馬遷이여, 연루되어 궁형을 받다니! 어둠 속에 발분하니 생각이 깊고 정확하였고, 많은 사료를 종합하니 古今의 경전이며 一家의 이루었으니, 전체적으로 아주 명확하다. 이에〈司馬遷傳〉第三十二를 서술했다.」고 하였다. 10篇은 목록에 있으나 내용이 없거나 일부 누락된 것은 褚少孫(저소손)이나 다른 사람이 보충했다. 예를 들어〈孝武本紀〉는〈今上本紀〉인데, 원문이 없어 褚少孫이〈封禪書〉를 근거로 보충하였다.《史記》를 '史家의 絶唱이요, 無韻(무운)의 離騷(이소)이다.' 라고 평한 사람은 魯迅(노신, 루신)이다. 62권,〈司馬遷傳〉에 입전.

158 馮商所續《太史公》- 書亡. 馮商(풍상, 字는 子高)은 陽陵縣(양릉현) 출신,《易》을 전공, 五鹿充宗(오록충종), 劉向(유향)에게 배웠다. 글을 잘 지었다. 成帝의 명을 받아《太史公書》의 끝 부분 이후의 내용을 보완하려 했으나 일을 마치지 못하고 병사했다.

159《太古以來年紀》- 書亡. 太古 이래의 年紀, 燧人氏(수인씨)에서 伏羲氏(복희씨)까지 187代라고 하였다. 三代 이전의 編年史인 셈이다.

160《漢著記》190권 - 書亡. 著記(저기)는 注起의 뜻. 오늘날의 起居注. 起

《漢大年紀》 5편.[161]

《春秋》 총 23家, 948편이다.[162]

原文

古之王者世有史官, 君擧必書, 所以愼言行, 昭法式也. 左史記言, 右史記事, 事爲春秋, 言爲尙書, 帝王靡不同之. 周室旣微, 載籍殘缺, 仲尼思存前聖之業, 乃稱曰, "夏禮吾能言之, 杞不足徵也. 殷禮吾能言之, 宋不足徵也. 文獻不足故也, 足則吾能徵之矣."

以魯周公之國, 禮文備物, 史官有法, 故與左丘明觀其史記, 據行事, 仍人道, 因興以立功, 就敗以成罰, 假日月以定曆數, 藉朝聘以正禮樂. 有所褒諱貶損, 不可書見, 口授弟子, 弟子退而異言. 丘明恐弟子各安其意, 以失其眞, 故論本事而作傳, 明夫子不以空言說經也. 《春秋》所貶損大人當世君臣, 有威權勢力, 其事實皆形於傳, 是以隱其書而不宣,

居注는 천자 주변의 모든 일에 관한 기록. 그런 일을 담당하는 史官. 周代의 左史나 右史.

161 《漢大年紀》 - 書亡. 漢 高祖 이후 황제 주변의 여러 일을 기록한 내용.

162 《春秋》 - 史部라는 독자적 분류 기준이 없어 《春秋》에 속했다. 줄 바꿈을 一家로 계산하면 30家인데, 어떻게 23家인가는 미상. 총 편수도 948편이 아닌 901편이다. 주석으로 붙은 '省太史公四篇' 도 그 내용 미상.

所以免時難也. 及末世口說流行, 故有《公羊》,《穀梁》,《鄒氏》,《夾氏》之傳. 四家之中,《公羊》,《穀梁》立於學官,《鄒氏》無師,《夾氏》未有書.

『국역』

古代의 王者는 代代로 史官을 두고, 君主의 擧動을 필히 기록했는데, 이는 言行에 신중을 기하고 法式을 밝히려는 뜻이었다. 그래서 左史는 언행을, 右史는 行事를 기록했는데, 그 記事는 春秋(年代記)가 되고, 記言은 尙書(상서)가 되었으니, 帝王 모두가 이와 같지 않은 이가 없었다. 周室이 미약한 뒤로 여러 文籍(문적)이 빠지거나 없어지자, 仲尼(중니, 孔子)는 前聖의 大業을 보전해야 한다는 뜻으로 말했다.

"夏禮를 내가 능히 언급할 수 있지만, (夏 후손의 나라인) 杞(기)의 禮는 그 實證이 부족하다. 殷의 禮를 내가 언급할 수 있지만 (그 후손의 나라인) 宋에 대해서는 그 실증이 부족하다. 그들(杞, 宋) 문장이나 賢才가 부족하기 때문이니, 충분하다면 나도 그 禮를 미뤄 짐작할 수 있을 것이다."[163]

魯는 周公의 侯國이라서, 禮나 문물이 갖춰졌고, 史官도 법도에 따른 기록을 남겼기에, 左丘明(좌구명)도 그 역사 기록을 열람하고, 그를 근거로 行事하고 人道에 따를 수 있었다. 그리하여 성과에 의거 공을 세우고 실패에 따른 징벌도 있었으며, 日月의 운행에 맞춰

163 《論語 八佾》의 구절. 杞不足徵也의 徵(징)은 성취한 것(成也). 文物. 文獻은 文章이나 賢材.

曆數(역수)를 확정하고, 朝聘(조빙)에 맞춰 禮樂을 바로잡아 보전하였다. 때로는 褒貶(포폄)이나 忌諱(기휘)를 기록에서 볼 수 없더라도 제자에게 구두로 전할 수 있고, 제자는 물러나 다른 말로 표현할 수 있었을 것이다.[164] 좌구명은 제자들이 각자 자신의 뜻에 안주하여 진실을 잃게 될 것이 걱정되어 本事를 論하고 史傳(사전)을 지어 夫子(孔子)가 空言으로 經(《春秋》)을 짓지 않았음을 밝혔다.

《春秋》가 貶損(폄손)한 大人, 곧 當世의 君臣은 모두 威勢와 權力을 가진 자였는데, 그들의 실제 형상이 모두 (左氏) 傳에 드러났기에 그런 서적을 숨기고 알리지 않아 當時의 비난을 면하려 했다. 그러나 혼란한 末世에 이르러 口說이 流行하게 되어 《公羊傳》, 《穀梁傳》, 《鄒氏傳(추씨전)》, 《夾氏傳(협씨전)》이 출현하였다. 이상의 四家 중에 《公羊傳》과 《穀梁傳》은 學官이 설립되었지만(博士를 두고 교육을 시행), 《鄒氏傳》은 전공한 스승이 없었고, 《夾氏傳》은 典籍(전적)이 없었다.

7. 《論語》

原文

《論語古》 二十一篇.

《齊》 二十二篇.

164 사람마다 보고 들은 바에 따른 집념이 모두 다를 것이다.

《魯》二十篇,《傳》十九篇.

《齊說》二十九篇.

《魯夏侯說》二十一篇.

《魯安昌侯說》二十一篇.

《魯王駿說》二十篇.

《燕傳說》三卷.

《議奏》十八篇.

《孔子家語》二十七卷.

《孔子三朝》七篇.

《孔子徒人圖法》二卷.

凡《論語》十二家, 二百二十九篇.

〖국역〗

《論語古, 논어 古文》21편.[165]

165 《論語古》 - 孔子의 고택 壁(벽)에서 나온 《論語》인데, 《古文字으로 기록한 論語》라는 뜻. 이 책은 '子張'으로 시작하는 篇이 2개이다. 〈堯曰〉篇 후미의 子張問 "何如可以從政?" 이하(已下, 以下)를 1편으로 하면서 篇의 이름을 〈從政〉이라 했다. 현행 《論語》는 20편이다.
漢代의 《논어》는 《魯論》과 《齊論》이 있었다. 그리고 漢 武帝 때 魯 共王(공왕, 恭王)이 孔子의 옛집을 부술 때 벽 속에서 《尙書》, 《禮記》 등과 함께 《論語》가 나왔는데, 이 책들은 모두 옛 글씨체로 쓰였다 하여 '古' 붙여 지칭하였는데, 공자의 11대 후손 孔安國이 바친 《논어》를 《古論》이라고 하였다. 그리하여 《魯論》, 《齊論》, 《古論》의 編目(편목)이나 章

《齊論》 22편.[166]

《魯論》 20편.[167] 《傳》 19편.[168]

數 또 文章 내용이 서로 달랐다. 이런 《論語》의 주석본으로 孔安國이 전한 《古論》가 있었으나 크게 유행하지 못했고, 後漢代에 馬融(마융)이 주석한 《논어》와 마융의 제자인 鄭玄(정현, 127~200년)이 주석한 《논어》가 많이 읽혀졌다. 이어 後漢末 魏(曹魏)의 何晏(하안, 195?~249년)이 그간의 여러 주석을 集成한 《論語集解》를 편찬하여 널리 알려졌고 성행하였다. 經學者의 연구에 의하면, 《논어》는 經書의 반열에 오르지 못하다가 魏蜀吳의 三國 시대에 經書로 인정받았지만, 《五經》만큼 중시되지 않았다. 그러다가 南宋의 朱熹(주희, 朱子, 朱文公)가 《禮記》의 한 편명이었던 《大學》과 《中庸》을 독립시켜 《論語》, 《孟子》와 함께 《四書》라 칭하였고, 전심전력하여 《四書集註》를 편찬하면서 유학의 入門書(입문서)로 지위가 확고해졌다. 이후 明, 清代에 科擧의 기본 과목으로 지정되면서 《논어》는 本文뿐만 아니라 朱子의 集註까지 통째로 외워야 하는 책이 되었다.

166 《齊論》 二十二篇 – 현행 《論語》는 20편인데, 현행 논어보다 〈知道 21편〉과 〈問王 22편〉이 더 많다는 주석이 있다. 현행 《論語》는 20편에 총 12,700여 자로 구성되어 있는데, 그 20편이 어떤 체계에 의하여 분류된 것도 아니며, 그 순서에 특별한 의미가 있는 것도 아니다. 또한 20편 각각에 서로 다른 주제가 있는 것도 아니다. 물론 각 편의 길이나 분량 또한 통일된 것이라고는 하나도 없다. 20편의 이름은 처음 구절에서 시작하는 말 2~3자로 제목을 삼았는데, 그런 단어가 그 편의 내용을 대표하거나 요약한 뜻도 아니다. 다시 말해, 20편의 어느 장에 '仁' 이나 '禮' 를 주제로 특별히 많이 다룬 어느 한 장이 따로 있지도 않으며, 그 제자들과의 대화나 공자의 말씀만을 따로 모은 편도 없거니와, 또 그런 대화가 언제 어디서 있었다는 기록도 없다. 따라서 '두서가 없다' 는 표현이 가장 적합하지만, 두서나 체계가 없다 하여 공자의 신념이나 철학이 비논리적이거나 단순한 공자 언행의 나열만은 결코 아니다. 동시에 공자의 사상이 난해하다든지 복잡한 것도 절대로 아니다.

167 현행 《論語》 20篇은 1. 學而. 2. 爲政. 3. 八佾(팔일). 4. 里仁. 5. 公冶長

《齊說》 29편.[169]

《魯夏侯說(노하후설)》 21편.[170]

《魯安昌侯說》 21편.[171]

《魯王駿說(노왕준설)》 20편.[172]

(공야장). 6. 雍也(옹야). 7. 述而(술이). 8. 泰伯. 9. 子罕(자한). 10. 鄕黨. 11. 先進. 12. 顔淵. 13. 子路. 14. 憲問. 15. 衛靈公. 16. 季氏. 17. 陽貨. 18. 子張. 19. 微子(미자). 20. 堯曰(요왈)이다.

168 《傳》 - 《論語傳》 19편. 書亡. 論語의 뜻을 해석한 책.

169 《齊說》 29편 - 《齊論說》이란 뜻. 書亡. 前漢 王吉(왕길)의 저서일 것이라는 주석이 있다. 瑯琊王氏(낭야왕씨)의 先祖인 王吉(? - 前 48, 子는 子陽)은 琅琊郡(낭야군) 사람으로 젊어 호학했고 경학에 밝았다. 王吉은 《五經》에 두루 통하였고 騶氏(추씨) 《春秋》에 능하였는데, 《詩經》과 《論語》를 教授하였고 梁丘賀(양구하)의 《易經》을 좋아하여 아들 王駿(왕준)에게 배우게 시켰다. 72권, 〈王貢兩龔鮑傳〉에 입전.

170 《魯夏侯說》 21편 - 《夏侯勝(하후승)이 말한 魯論》이란 뜻. 書亡. 夏侯勝은 어려 부모를 잃었으나 호학하여 夏侯始昌에게 《尙書》와 《洪範五行傳》의 災異說(재이설)을 배웠다. 75권, 〈眭兩夏侯京翼李傳〉에 입전.

171 《魯安昌侯說》 - 《魯論에 대한 安昌侯의 해설》이란 뜻. 書亡. 安昌侯는 張禹(장우)이다. 張禹(장우, ? - 前 5. 字는 子文)는 河內郡 軹縣(지현) 사람이다. 장우는 성년이 되어 沛郡(패군)의 施讎(시수)로부터 《易經》을, 琅邪郡(낭야군)의 王陽과 膠東國의 庸生(용생)에게서 《論語》를 배웠는데 두루 다 익히자 제자가 많았다. 元帝 初元 연간에 황태자를 책립했는데, 박사 鄭寬中은 《尙書》를 태자에게 가르치면서 장우가 《論語》를 잘 안다고 천거하였다. 詔令으로 장우가 태자에게 《論語》를 가르치게 하였다. 81권, 〈匡張孔馬傳〉에 입전.

172 《魯王駿說》 - 《魯論에 대한 王駿의 해설》이란 뜻. 書亡. 王駿(왕준)은 王吉의 아들이다. 成帝는 王駿(왕준)을 큰 인재로 등용하려고 京兆尹으로 내보내 그 政事 능력을 시험하였다. 이전에 京兆에는 趙廣漢, 張敞(장창), 王尊, 王章에 이어 王駿까지 모두 유능하다는 명성이 있어 京師에

《燕傳說》 3권.[173]

《議奏》 18편.[174]

《孔子家語》 27.[175]

《孔子三朝》 7편.[176]

《孔子徒人圖法(공자도인도법)》 2권.[177]

《論語》는 총 12家, 229편이다.[178]

서는 이들을 일컬어 '앞에 趙廣漢, 張敞이 있고, 뒤에 3인의 왕씨가 있네.' 라고 했다. 왕준은 어사대부가 되었다. 72권, 〈王貢兩龔鮑傳〉에 附傳.

173 《燕傳說》 - 書亡. 無考.

174 《議奏》 - 宣帝 때 石渠閣(석거각)에서 토론한 내용을 보고한 책. 韋玄成(위현성), 梁丘臨(양구림), 蕭望之 등이 모두 《魯論》을 전공했다. 韋賢(위현)의 막내아들 韋玄成(위현성)은 부친과 같이 승상에 이르렀다. 그래서 魯郡 鄒縣의 속언에 '자식에게 많은 황금을 물려주는 것이 경전 한 권을 가르치는 것만 못하다.(遺子黃金滿籯, 不如一經.)' 라고 했다. 73권, 〈韋賢傳〉에 不傳.

175 《孔子家語》 - 지금 통행하는 《孔子家語》가 아니라는 주석이 있다. 현행 《孔子家語》는 孔子의 생애와 思想을 기록한 著作으로, 魏의 王肅(왕숙, 字는 子雍)이 정리한 내용 27권이나 지금은 10권만 전하며 四庫全書 中 子部 儒家類로 분류되었다.

176 《孔子三朝》 - 書亡. 今 《大戴禮》에 그중 1편이 수록되었다. 공자는 魯哀公에게 3차례 입조했는데 그 대화를 기록했다.

177 《孔子徒人圖法》 - 書亡. 徒人(도인)은 弟子. 공자의 제자들의 圖像(도상).

178 《論語》 12家, 229篇 - 《魯論》과 《傳》을 1家로 계산. 편수는 총 230편임.

原文

《論語》者, 孔子應答弟子時人及弟子相與言而接聞於夫子之語也. 當時弟子各有所記. 夫子既卒, 門人相與輯而論篹, 故謂之論語.

漢興, 有齊,魯之說. 傳《齊論》者, 昌邑中尉王吉, 少府宋畸, 御史大夫貢禹, 尙書令五鹿充宗, 膠東庸生, 唯王陽名家. 傳《魯論》語者, 常山都尉龔奮, 長信少府夏侯勝, 丞相韋賢, 魯扶卿, 前將軍蕭望之, 安昌侯張禹, 皆名家. 張氏最後而行於世.

〔국역〕

《論語》는 孔子와 弟子 및 時人과의 대화(應答), 그리고 弟子 상호 간의 대화와 스승으로(夫子)부터 들은 말을 기록하였다. 當時 弟子들은 각자의 기록을 갖고 있었다. 夫子[179]가 죽은 뒤에 門人들이 서로 모아서 논찬하였기에[180] 《論語》라 하였다.

漢이 건국되었을 때에 齊에 전해져 오는 《齊論》, 魯나라에 전해

179 夫子 – 《論語》에는 제자들이 보통 스승 공자를 '子'라고 통칭했다. 이때 子는 성인 남자에 대한 통칭이었지만 점차 스승이나 유덕한 사람을 지칭했다. 夫子(부자)는 大夫에 대한 경칭인데, 나중에는 공자의 제자들이 스승 공자에 대한 호칭이 되었다. 그리고 《論語》에는 '孔子曰'로 지칭한 장도 있는데, 이는 《論語》가 어떤 원칙하에 일관되게 편찬되지 않았기 때문이다. 孔子를 영어로 Confucius라고 번역하는데, 이는 공부자(孔夫子)의 음역이다. 유가사상은 Confucianism이라 한다.

180 輯은 集과 同. 篹(찬)은 撰(지을 찬)과 同.

져오는《魯論》이 있었다.《齊論》을 傳한 자는 昌邑國 中尉였던 王吉(왕길)[181]과 (漢朝) 少府인 宋畸(송기), 御史大夫인 貢禹(공우),[182] 尙書令인 五鹿充宗(오록충종), 膠東國(교동국)의 庸生(용생, 未詳) 등인데, 王陽(王吉의 字 子陽)만이 유명했다.

《魯論》을 전한 者로는 常山郡 都尉 龔奮(공분, 未詳), 長信宮 少府인 夏侯勝(하후승), 丞相 韋賢(위현), 魯扶卿(노부경, 未詳), 前將軍인 蕭望之(소망지), 安昌侯인 張禹(장우) 등인데, 모두《魯論》으로 이름이 잘 알려졌다. 張氏(장씨)가 가장 나중 사람이나 널리 알려졌다.

8.《孝經》

原文

《孝經古孔氏》一篇.

《孝經》一篇.

《長孫氏說》二篇.

---

181 昌邑中尉王吉 - 제후국 昌邑國의 中尉(치안유지 담당) 王吉(왕길)은 昌邑王 劉賀(유하, 武帝의 손자)의 신하였다. 昭帝가 붕어하자 유하가 즉위하였지만 27일 만에 축출되고 宣帝가 즉위한다. 왕길은 창읍왕을 잘못 보필했다 하여 옥에 갇혔었다.

182 貢禹(공우, 前 124 - 44)는 王吉과 벗이었는데, 세상에서는 '王子陽이 在位하니 貢公도 벼슬하려 하네.' 라고 말할 정도로 취향이 같았다. 72권, 〈王貢兩龔鮑傳〉에 입전.

《江氏說》一篇.

《翼氏說》一篇.

《后氏說》一篇.

《雜傳》四篇.

《安昌侯說》一篇.

《五經雜議》十八篇.

《爾雅》三卷 二十篇.

《小爾雅》一篇,《古今字》一卷.

《弟子職》一篇.

《說》三篇.

凡《孝經》十一家, 五十九篇.

〖국역〗

《孝經古孔氏》1편.[183]

《孝經》1편.[184]

---

183 《孝經古孔氏》 - 孔氏 고택에서 나온 古文《孝經》이란 뜻. 書亡. 今 18장《孝經》보다 4장이 더 많은 22章.《孝經》은 儒家에서 강조하는 孝道의 書, 전체 1,870여 字로, 儒家 十三經 중 가장 적은 분량. 孔子가 親撰(친찬)하고 曾子에게 孝道의 요점을 강조했다. 또는 曾子가 공자의 말씀을 받아 적은 책이라 하지만, 지금은 漢代 유생이 지은 것으로 알려졌다. 淸代 紀昀(기윤)의《四庫全書總目》에서는 '孔子 七十 弟子들이 지은 것이라.' 하였다.

184 今文《孝經》은 1. 開宗明義章. 2. 天子章. 3. 諸侯章. 4. 卿大夫章. 5. 士

《長孫氏說》2편.[185]

《江氏說》1편.[186]

《翼氏說(익씨설)》1편.[187]

《后氏說》1편.[188]

《雜傳》4편.[189]

《安昌侯說》1편.[190]

《五經雜議》18편.[191]

章. 6. 庶人章. 7. 三才章. 8. 孝治章. 9. 聖治章. 10. 紀孝行章. 11. 五刑章. 12. 廣要道章. 13. 廣至德章. 14. 廣揚名章. 15. 諫諍章. 16. 感應章. 17. 事君章. 18. 喪親章이다. 《孝經》을 전공한 학자로 長孫氏(?), 博士 江氏, 少府 后蒼(후창), 간의대부 翼奉(익봉) 등이 유명하다. 翼奉(익봉)은 75권, 〈眭兩夏侯京翼李傳〉에 입전. 88권, 〈儒林傳〉 참고

185 《長孫氏說》 – 不傳. 長孫氏는 無考. 《長孫氏가 說한 孝經》이란 뜻.

186 《江氏說》 – 不傳. 88권, 〈儒林傳〉에 '博士 江公(강공)은 세상 사람들이 《魯詩》의 宗師라고 인정하였는데, 강공이 〈孝經說〉을 저술했다.' 는 말이 있다.

187 《翼氏說》 – 不傳. 夏侯始昌에게 배웠다. 后蒼(후창)의 字는 近君(근군)으로 《詩》와 《禮》에 박통하여 박사가 되었으며, 少府까지 승진하였고 翼奉(익봉), 蕭望之(소망지), 匡衡(광형)에게 전수하였다. 익봉은 간대부, 소망지는 前將軍, 광형은 승상이 되었는데 모두 〈儒林傳〉에 입전하였다.

188 《后氏說》 – 不傳. 《后蒼이 說한 孝經》이란 뜻. 后蒼(一作 后倉. 字 近君).

189 《雜傳》 4편 – 不傳. 여러 사람의 주장을 모아 편집한 책으로 추정.

190 《安昌侯說》 – 不傳. 安昌侯는 張禹(장우).

191 《五經雜議》 – 不傳. 漢代 유학자들은 《孝經》을 《五經》의 總論으로 생각했다. 그래서 石渠閣에서 《孝經》을 논한 것을 《五經雜議》라 하여 여기에 분류했다는 주석이 있다.

《爾雅(이아)》 3권 20편.[192]

《小爾雅》 1편,[193] 《古今字》 1권.[194]

《弟子職》 1편.[195]

《說》 3편.[196]

《孝經》은 총 11家, 59편.[197]

---

192 《爾雅(이아)》 – 현행 《爾雅》는 19편. 《四庫全書》에서는 小學類로 분류. 중국 최초의 訓詁書(훈고서). 단어를 풀이한 사전. 《爾雅》는 순수한 詞典이니 儒家와 관계가 없지만 儒家 13經의 하나이다. 이는 경전의 해석에 중요한 자료이기에 그랬을 것이다. 爾는 '邇' 이니 가깝다(近)는 뜻이고, 雅는 '正' 이니 官方의 語言, 곧 雅言(아언)이다. 《爾雅》는 唐朝 이후 '經部' 에 들어갔다. 현존 《爾雅》 중 〈釋言〉편은 動詞와 形容詞 등 常用하는 글자에 대한 해석이고, 〈釋訓〉은 접속사나 詞組나 形容詞와 副詞 등 정황 묘사와 관련된 단어의 해설이며, 〈釋親〉은 친척 관련 호칭에 대한 용어 해설이며, 〈釋宮〉은 궁궐 건축과 관련된 해설이다. 이를 본다면 《爾雅》가 辭典임을 알 수 있다.

193 《小爾雅》 – 書存. 《孔叢子》 중의 〈小爾雅〉, 一作 《小雅》.

194 《古今字》 – 不傳. 《古今字》는 篆書(전서)나 隸書(예서) 같은 文字類에 속하는 내용이라는 주석이 있다.

195 《弟子職》 – 고대 家塾(가숙)에서 제자가 지켜야 할 직분이나 의례. 수업의 次序 등을 설명한 내용. 《管子》에 들어있지만 《管子》는 管仲(관중)이 지은 책이 아니다. 곧 〈曲禮〉나 〈少儀〉에 가까운 내용이나 後漢 代에 《管子》에 들어갔다는 설명이 있다.

196 《說》 – 《弟子職》에 대한 해설, 또는 《孝經說》이라는 주장이 있다.

197 《孝經》 11家 – 《爾雅》, 《小爾雅》, 《古今字》를 1家로 계산. 59편이 아니라 56편이다.

原文

《孝經》者, 孔子爲曾子陳孝道也. 夫孝, 天之經, 地之義, 民之行也. 擧大者言, 故曰孝經. 漢興, 長孫氏,博士江翁,少府后倉,諫大夫翼奉,安昌侯張禹傳之, 各自名家. 經文皆同, 唯孔氏壁中古文爲異. '父母生之, 續莫大焉', '故親生之膝下', 諸家說不安處, 古文字讀皆異.

〖국역〗

《孝經》은 孔子가 曾子에게 孝道에 관하여 말한 것이다. 孝는 天의 大經이고, 地의 大義이며, 모든 사람의 大行이다. (天, 地, 人의) 大者를 말한 것이 《孝經》이다. 漢이 건국된 뒤에, 長孫氏(장손씨), 博士인 江翁(강옹), 少府인 後倉(후창, 后蒼), 諫大夫인 翼奉(익봉), 安昌侯인 張禹(장우) 등이 이를 전수하면서 모두 (학문의) 一家를 이루었다. 經文은 대개가 동일하나, 오직 孔子 고택 壁中의 古文이 다르다. '父母가 낳아주셨으니(父母生之), 계승보다 더 큰 것은 없다(續莫大焉).'[198] '그래서 부모님의 슬하에서(故親生之膝下)', 구절은 諸家의 주장이 다르며, 古文字의 讀解도 많이 다르다.[199]

198 '續莫大焉' - 續을 '功'의 뜻으로 해석할 수도 있고, '嗣續(사속)'의 뜻으로 풀이할 수도 있다.

199 桓譚(환담)은 그의 《新論》에서 '古文《孝經》은 1,872字인데, 지금 글자가 다른 것이 4백여 자라.' 고 했다.

9.《小學》

原文

《史籒》十五篇.

《八體六技》.

《蒼頡》一篇.

《凡將》一篇.

《急就》一篇.

《元尙》一篇.

《訓纂》一篇.

《別字》十三篇.

《蒼頡傳》一篇.

揚雄《蒼頡訓纂》一篇.

杜林《蒼頡訓纂》一篇.

杜林《蒼頡故》一篇.

凡小學十家, 四十五篇.

〖국역〗

《史籒(사주)》 15편.[200]

200《史籒(사주)》 15편 – 周 宣王(재위 前 828 – 782) 연간에, 太史가 大篆(대전) 15편을 저술했다. 後漢 光武帝 建武 연간(서기 25 – 5년)에 6편

《八體六技》.[201]

《蒼頡(창힐)》 1편.[202]

《凡將》 1편.[203]

《急就(급취)》 1편.[204]

이 망실되었다. 籒는 篆字(전자) 주, 글 읽을 주. 史籒(사주, 생졸년 미상)는 周 宣王 시기의 太史官, 또는 春秋 戰國 사이의 秦人이라는 주장도 있다. 史는 관직이 곧 성씨. 名은 籒(주). 《史籒篇》은 중국 최초의 字書, 약 2천여 字의 籒文(주문) 文字를 설명하고 있는데, 그 書體는 大篆(대전)과 비슷하다.

201 《八體六技》 - 不傳. 後漢 許愼(허신)의 《說文解字》에 秦의 文字에 八體가 있다 하였으니, 一曰 大篆(대전), 二曰 小篆, 三曰 刻符(각부), 四曰 蟲書(충서), 五曰 摹印(모인), 六曰 署書(서서), 七曰 殳書(수서, 殳는 창 수), 八曰 隷書(예서)라 하였다. 王莽(왕망)은 이를 다시 古文, 奇字, 篆書(小篆), 左書(隷書), 繆篆(무전), 鳥蟲書 등 6가지 서체(六技)로 고쳤다. 六技는 八體의 訛字(와자)라는 주장도 있다. 許愼(허신, 字는 叔重)은 후한의 經學者이며 中國 文字學의 개척자로 속칭 '字聖.' 중국 최초의 자전 《說文解字》를 저술했다(서기 100年, 和帝 永元 11년).

202 《蒼頡》 - 不傳. 倉頡(창힐, 생졸년 미상)은 神話 속 人物, 黃帝의 史官, 漢字의 創造者, 속칭 倉頡先師(창힐선사. 頡은 곧은 목 힐), 制字先聖, 倉頡至聖으로 불린다. 눈동자가 2개에(雙瞳) 4目으로 그려진다. 중국 거의 모든 학교에 '文字聖人倉頡先師' 의 神位가 모셔져 있다. 《蒼頡》의 七章은 秦 丞相 李斯(이사)가 지었고, 《爰歷(원력)》 6章은 車府令 趙高(조고)가, 《博學(박학)》 7章은 太史令인 胡毋敬(호모경)이 지었다. 《蒼頡》, 《爰歷》, 《博學》을 三蒼이라 했다. 여기 趙高(조고, 前 258 - 207년)는 秦始皇, 二世, 秦王 子嬰(자영)의 신하이며 '指鹿爲馬(지록위마)' 의 주인공이다.

203 《凡將(범장)》 - 前漢 司馬相如(사마상여)가 지었다. 宋代에 없어진 책으로 알려졌다.

204 《急就(급취)》 - 書存. 전한 元帝 때 黃門令인 史游(사유)가 지은 小學類의 저서.

《元尙》 1편.[205]

《訓纂(훈찬)》 1편.[206]

《別字》 13편.[207]

《蒼頡傳(창힐전)》 1편.[208]

揚雄 《蒼頡訓纂(창일훈찬)》 1편.[209]

杜林 《蒼頡訓纂(창일훈찬)》 1편.

杜林 《蒼頡故》 1편.[210]

---

205 《元尙》 - 書亡. 成帝 때, 將作大匠 李長(이장)이 지었다는 주석이 있다.

206 《訓纂(훈찬)》 - 書亡. 揚雄(양웅, 前 53 - 서기 18. 字는 子雲)의 저술로 알려졌다. 蜀郡 成都縣 사람 양웅은 어려서부터 호학하였고 소략하며, 속세를 초탈하였다. 말을 더듬어 언사가 유창하지 못했기에 늘 깊은 생각에 잠겼으며, 淸靜無爲하면서 부귀에 급급하지 않았고, 빈천을 슬퍼하지 않았으며, 행실을 닦고 교제하였으나 이름을 얻으려 하지도 않았다. 가산이라야 十金이 되지 않았지만, 또 비축한 것이 없어도 마음은 늘 편했다. 스스로 생각해서 성인의 글이 아니라면 좋아하지 않았고, 내키지 않으면 부귀한 사람일지라도 섬기려 하지 않았다. 다만 젊어서부터 辭賦(사부)를 좋아하였다. 《太玄》과 《法言》을 지었다. 나중에 유흠이 와서 이를 읽어보고 양웅에게 말했다. "공연히 고생을 하였소! 지금 학문하는 사람들은 아직 《易》에도 밝지 못하거늘, 어찌 《玄》을 공부하겠습니까? 내 생각으로는 후인들이 항아리 뚜껑으로 쓸 것 같아 걱정입니다." 양웅은 웃으며 대답하지 않았다. 나이 71세인 天鳳(천봉) 5년에 죽었다. 죽은 뒤로 양웅의 《法言》이 크게 유행하였으나 《太玄》은 끝내 유행하지 못했어도 그 내용은 남아 있다. 87권, 〈揚雄傳〉 上, 下에 입전.

207 《別字》 - 揚雄이 지은 《方言》 13권의 다른 이름이라는 주석이 있다.

208 《蒼頡傳》 - 不傳. 내용 未詳.

209 揚雄 《蒼頡訓纂》 - 不傳. 양웅의 《訓纂(훈찬)》과 동일하다는 주석이 있다.

210 杜林 《蒼頡訓纂》, 《蒼頡故》 - 不傳. 杜林(두림)은 前漢 말 後漢 초의 인물.

小學 총 10家, 45편이다.[211]

原文

《易》曰, 「上古結繩以治, 後世聖人易之以書契, 百官以治, 萬民以察, 蓋取諸夬.」「夬, 揚於王庭.」言其宣揚於王者朝廷, 其用最大也.

古者八歲入小學, 故《周官》保氏掌養國子, 教之六書, 謂象形,象事,象意,象聲,轉注,假借, 造字之本也.

漢興, 蕭何草律, 亦著其法, 曰, '太史試學童, 能諷書九千字以上, 乃得爲史. 又以六體試之, 課最者以爲尙書御史史書令史. 吏民上書, 字或不正, 輒擧劾.'

六體者, 古文,奇字,篆書,隸書,繆篆,蟲書, 皆所以通知古今文字, 摹印章, 書幡信也. 古制, 書必同文, 不知則闕, 問諸故老, 至於衰世, 是非無正, 人用其私. 故孔子曰, "吾猶及史之闕文也, 今亡矣夫!" 蓋傷其漸不正.

《史籒篇》者, 周時史官教學童書也, 與孔氏壁中古文異體.《蒼頡》七章者, 秦丞相李斯所作也.《爰歷》六章者, 車府令趙高所作也.《博學》七章者, 太史令胡毋敬所作也. 文字多取《史籒篇》, 而篆體復頗異, 所謂秦篆者也. 是時始造

211 凡 小學 10家, 45편 – 小學은 文字學(釋形), 音韻學(釋音), 訓詁學(釋義)을 포괄하는 학문 분야로 經學의 한 분과. 性理學에서 강조하는 書册인 《小學》이 아님. 揚雄과 杜林을 二家 二篇으로 계산.

隸書矣, 起於官獄多事, 苟趨省易, 施之於徒隸也.

漢興, 閭里書師合《蒼頡》,《爰歷》,《博學》三篇, 斷六十字以爲一章, 凡五十五章, 並爲《蒼頡篇》. 武帝時司馬相如作《凡將篇》, 無復字. 元帝時黃門令史游作《急就篇》, 成帝時將作大匠李長作《元尙篇》, 皆蒼頡中正字也.《凡將》則頗有出矣. 至元始中, 徵天下通小學者以百數, 各令記字於庭中. 揚雄取其有用者以作《訓纂篇》, 順續《蒼頡》, 又易《蒼頡》中重復之字, 凡八十九章. 臣復續揚雄作十二章, 凡一百二章, 無復字, 六藝羣書所載略備矣.《蒼頡》多古字, 俗師失其讀, 宣帝時徵齊人能正讀者, 張敞從受之, 傳至外孫之子杜林, 爲作訓故, 並列焉.

〖국역〗

《易 繫辭傳 下》에 말했다.

「上古에는 매듭을 지어 어떤 일을 표시했는데(結繩以治), 後世에 聖人이 문자(書契, 서계)로 바꾸게 하였고, 백관은 書契(서계, 문자)로 백성과 약속하고, 만민은 문서를 읽게 되었으니, 이는 대체로 夬卦(쾌괘)[212]를 본뜬 것이다.」

또「決意을 王庭에서 결정하다.」[213]

212 夬卦 – 澤天夬(택천쾌, ☱☰). 夬者는 決者, 決裂(결열)의 뜻.

213 夬, 揚於王庭 – 決斷을 王庭에서 밝히다. 원문 彖曰, 夬, 決也, 剛決柔也. 健而說, 決而和, 揚於王庭, 柔乘五剛也.

이는 王者의 朝廷에서 (약속을) 선양하는 것이니 (文字의) 가장 큰 용도라고 말할 수 있다. 옛날에 8세에 小學에 들어갔는데, 그래서 《周官》에서는 保氏(보씨)[214]가 國人의 자제 양육 책임을 지고(掌養國子) (國子에게) 六書를 가르쳤는데, 六書[215]는 象形, 象事, 象意, 象聲, 轉注(전주)와 假借(가차)로 造字의 근본이다.

漢이 건국되고, 蕭何가 律令(율령)을 처음 만들면서[216] 이런 규정을 넣었다.

'太史가 學童을 시험하여 9천 자 이상을 외워 쓸 수 있다면 관리로 채용할 수 있다(乃得爲史). 또 六體(글씨 쓰기)를 시험하여 우수한 자는 尙書臺나 御史臺의 史書나 令史가 될 수 있다. 吏民이 上書할 때 글자를 바르게 쓰지 않았으면 곧바로(輒) 지적하고(擧) 꾸짖

---

214 保氏(보씨) – 관직名. 地官의 屬吏. 保는 安也.

215 六書 – ①象形(상형)은 사물의 형상을 그려낸 글자이니 日, 月과 같은 글자이다. ②象事(상사)는 指事(지사)인데 눈으로 보거나 관찰하여 그 뜻을 알 수 있는 글자이니 上, 下와 같은 글자이다. ③象意는, 곧 會意(회의)이니 비슷한 종류를 적의하게 합친 글자로 武나 信, 明, 采(爪손톱으로 木 열매를 잡다)와 같은 글자이다. ④象聲(상성)은, 곧 形聲(형성)이니 사물의 이름을 짓거나 비유를 지어 만들 수 있는 글자이니 江과 河와 같은 글자이다. ⑤轉注(전주)는 하나의 글자를 가지고 비슷한 뜻을 부여하는 글자이니 考(아비 고)와 老(늙은 이) 같은 글자이다. 이 轉注에 대해서는 논란이 많다. ⑥假借(가차)는 본래 없는 뜻이지만 소리(발음)에 의거 의미를 부여하니 令과 長이 그 예이다. 모든 文字의 意義는 六書에 다 귀속하니 六書를 立字의 근본이라 말한다. 象形과 指事는 造字의 원칙(造字法)이라 할 수 있고, 會意와 形聲은 글자를 맞춰 늘리는 組字의 원칙이며(組字法), 轉注와 假借(가차)는 用字의 원칙(用字法)이라 할 수 있다. 漢字에는 形聲字가 가장 많다.

216 草律 – 草는 처음 만들다(創造).

어야 한다(劾은 캐물을 핵).'

(書體의) 六體란 古文(고문), 奇字(기자), 篆書(전서), 隸書(예서), 繆篆(무전), 蟲書(충서)인데,[217] 고금의 문자를 해독하거나 인장을 새기고 서신을 보낼 때 사용할 수 있다. 古代의 法制에 文書는 필히 같은 文字를 써야 하고 알지 못하는 글자라면 비워두었다가(闕), 나이 많은 노인에게 물어야 했지만, 혼란한 시대에 是非에도 옳은 것이(正) 없어 사람들은 자신의 생각대로 글자를 만들었다.[218] 그래서 孔子가 말했다.

"내가 알기로 그래도 옛 관리는 모르는 문자를 비워놓았는데 지금은 그런 일도 없도다!"[219]

이는 아마 점점 문자의 不正이 많아진다는 탄식일 것이다. 《史籒篇(사주편)》은 周 時代에 史官이 學童을 가르치는 책인데, 孔氏 壁中의 古文과는 다른 書體이다. 《蒼頡(창힐)》 7章은 秦 丞相 李斯(이

217 六體 - 古文(고문)은 孔子 고택 壁中에서 나온 古書의 글씨체. 奇字(기자)는 古文과 같으나 약간 다른 형제의 글씨. 篆書(전서)는, 곧 小篆(소전)인데 秦始皇이 程邈(정막)을 시켜 만들게 했다. 隸書(예서) 또한 程邈(정막)이 만들어 헌상했는데, 빨리 많은 글자를 써야 하는 獄吏들이 사용하기 편리한 서체이다. 繆篆(무전)은 그 글자의 굴곡을 많이 구부렸기에 印章을 새길 때 주로 사용한다. 蟲書(충서)는 새나 벌레 모양인데 깃발이나 信標에 쓰이는 글자이다.

218 各者 私意대로 글자를 만들었다는 뜻.

219 《論語 衛靈公》 子曰, "吾猶及史之闕文也. 有馬者借人乘之, 今亡矣夫!" 문자를 모르거나 의문이 가면 당연히 비워놓거나 쓰지 않아야 한다. 공자 자신이 글자를 처음 배울 때는 그러했다. 즉 혼자의 생각대로 쓰거나 읽지 않았는데 지금은 임의대로 개작한다는 뜻. 그 중간에 말을 가진 사람은 다른 사람에게 빌려주어 타게 했다는 뜻.

사)[220]가 지은 책이다. 《爰歷(원력)》 6장은 (秦의) 車府令(거부령)인 趙高(조고)가 지은 책이다. 《博學》 7章은 (秦의) 太史令인 胡母敬(호모경)이 지은 것이다. 文字는 대부분 《史籒篇》을 따랐지만, 篆體(전체, 전서체)는 또 다른 글자가 많았기에, 이를 秦의 篆字(전자)라 말했다. 이때에(秦 말기) 처음으로 隸書(예서)가 만들어졌는데, 官府의 治獄(치옥)에 多事하여 획수를 줄여 쉽게 쓰기 시작하였으니,[221] 죄수를 다루는 公文에서 쓰였다.

漢이 건국된 뒤에, 閭里(여리, 鄕里)의 書師(서사, 글자 교육 담당)는 《蒼頡》과 《爰歷》과 《博學》의 3편을 섞어 60字를 一章으로 만들고, 총 55章(60 × 55 = 3,300字)을 합하여 《蒼頡篇(창힐편)》이라 하였다. 武帝 때 司馬相如(사마상여)[222]는 《凡將篇》을 지었는데 겹치는 글자가 없었다. 元帝 때 黃門令인 史游(사유)는 《急就篇(급취편)》을 저술했고, 成帝 때 將作大匠이던 李長(이장)은 《元尙篇(원상편)》을 지었는데, 모두 《蒼頡篇》에 있는 中正字이다. 《凡將篇》에는 좀 다른 글자

---

220 李斯(이사, 前 284 – 208년. 字는 通古) – 楚國 上蔡(今 河南省 동부 上蔡縣) 출신. 秦朝의 著名한 政治家, 文學者, 書法家. 左丞相. 文字 통일(小篆). 貨幣 통일(圓形方孔의 半兩錢) 〈諫逐客書〉 《蒼頡篇》 저술. 〈泰山刻石〉, 〈瑯邪臺刻石〉 등 명필을 남김. 《史記 李斯列傳》에 입전.

221 원문 苟趨省易(구촉생이) – 趨은 바를 촉. 재촉하다(趣). 달아날 추. 省은 줄일 생, 살필 성. 易는 쉬울 이, 바꿀 역.

222 司馬相如(前 179? – 118) – 漢賦의 代表作家, '賦聖' 이라는 칭송도 있다. 卓文君과의 私奔(사분)은 널리 알려진 이야기이다. 《漢書 藝文志》에 사마상여의 賦 29편명이 올랐는데, 잘 알려진 것으로는 〈子虛賦〉, 〈上林賦〉, 〈大人賦〉, 〈哀秦二世賦〉 등이 있다.. 57권, 〈司馬相如傳〉(上, 下)에 입전. 《史記 司馬相如列傳》 참고.

가 많다. (平帝) 元始 연간(서기 1－5)에, 天下의 小學에 능통한 자 수백 명을 불러들여 궁정에서 자기가 알고 있는 자를 기록하게 하였다. 揚雄(양웅)은 그중에서도 유용한 글자를 골라 《訓纂篇(훈찬편)》을 지어 《蒼頡篇》에 이어 편집했고, 또 《蒼頡篇》에서 중복되는 글자를 교체하여 모두 89章으로 편집하였다. 臣(班固 자신)도 揚雄(양웅)의 뒤를 이어 12章을 보태어 총 102장으로 엮었는데(89＋12), 겹치는 字가 없어 六藝(六經)의 여러 책에 실린 글자들이 대략 완비되었다. 《蒼頡篇》에는 古字가 많고, 世俗의 師父들이 正讀하지 못하자, 宣帝 때 바르게 읽을 수 있는 齊人을 徵召(징소)하였는데, 張敞(장창)[223]은 그들을 따라 배우고서, 배운 것을 外孫子인 杜林(두림)에게 전수하며 訓故를 지어 (蒼頡篇과) 함께 통용케 하였다.

原文

凡六藝一百三家, 三千一百二十三篇.

六藝之文, 《樂》以和神, 仁之表也, 《詩》以正言, 義之用也. 《禮》以明體, 明者著見, 故無訓也. 《書》以廣聽, 知之術

---

223 張敞(장창, 字는 子高)－본래 河東郡 平陽縣 사람이다. 京兆尹을 9년간이나 역임. 장창은 경조윤으로 조정에서 큰 의논이 있을 때마다 고금의 사례를 들어 적절한 결론을 내리면 공경이 모두 탄복하였고 천자도 자주 수용해 주었다. 그렇지만 장창은 위엄을 갖추려 하지 않았는데, 매번 조회가 끝나고 章臺街를 지나가면서 수레를 모는 관리는 뛰어오게 하고 자신은 얼굴을 가린 채 말을 몰았다. 또 부인의 눈썹을 그려주기도 하여 장안에서는 '張京兆(장경조)가 그린 눈썹이 예쁘다.' 는 말이 유행하였다. 76권, 〈趙尹韓張兩王傳〉에 입전.

也,《春秋》以斷事, 信之符也.

五者, 蓋五常之道, 相須而備, 而《易》爲之原. 故曰「《易》不可見, 則乾坤或幾乎息矣.」言與天地爲終始也. 至於五學, 世有變改, 猶五行之更用事焉.

古之學者耕且養, 三年而通一藝, 存其大體, 玩經文而已, 是故用日少而畜德多, 三十而五經立也. 後世經傳旣已乖離, 博學者又不思多聞闕疑之義, 而務碎義逃難, 便辭巧說, 破壞形體, 說五字之文, 至於二三萬言.

後進彌以馳逐, 故幼童而守一藝, 白首而後能言, 安其所習, 毁所不見, 終以自蔽. 此學者之大患也. 序六藝爲九種.

〖국역〗

六藝(六經)은 총 103家, 3,123篇이다.[224]

六藝의 문장 -《樂》은 정신의 조화(和神)이니 仁의 表現이고,《詩》는 단정한 雅言(正言)이니 義의 운용(用)이다.《禮》는 명확한 행실이고, 명확하게 겉으로 드러나니 특별한 주석이 필요 없다.《書》는 덕행을 널리 적용하니 지혜를 펴는 방법이고,《春秋》는 사물에 대한 판단(斷事)이니 信義의 징표이다.

五者는 五常의 正道와 같아[225] 서로 함께 작용할 때 갖추어지는 것이고,《易》은 (五常의) 근원이다(原은 源). 그래서 「《易》을 볼 수

---

224 이 통계에 관한 주석이 있지만 생략한다.

225 五常之道 - 五經의 經은 常이니, 곧 五經은 五常이다.《樂》은 仁,《書》는 義,《禮》는 禮,《易》은 智,《詩》는 信이라 말할 수 있다.

없다면(大義를 알지 못하면) 乾坤(건곤, 하늘과 땅)의 作用(役割)도 거의 멈출 것이다.」란 말은[226] (《易》이) 天地의 終始라는 뜻이다. 이런 五常에 대한 학문은 시대에 따라 다를 수 있는데, 이는 五行(水,火,木,金,土)의 상호작용과 같은 것이다.

옛날의 學者는 生業(농사)에 종사하며 修養(學業)을 겸했기에, 3년에 一藝(一經)를 마칠 정도라서 (그 經義의) 大體에 통달하고, 經文을 충분히 익힐 수 있어 적은 시간으로도 德行의 축적은 많았으며, 나이 30이 되어야 五經으로 자립할 수 있었다.[227] 뒷날 經傳이 乖離(괴리)되고, 거기에 博學者는 多聞(다문)하며 闕疑(궐의)하는 大義를 생각하지 않았다.[228] 그러면서 자질구레하고 미세한 뜻을 얻는데 노력하며, 다른 사람의 힐난을 면하는데 힘쓰고 교묘한 변설과 문자의 대의가 아닌 지엽적 해석에 힘써[229] 5자의 문장을 해석하는데, 2, 3만 자로 해설하기에 이르렀다.[230]

---

226 《易 繫辭 上》의 구절이다. 《易》의 대의를 모른다면, 천지의 보이지 않는 道와 그 운용과 직능도 모를 것이다. 《易》은 우주와 자연과 인간의 모든 근원이라는 뜻을 강조한 말로 해석할 수 있다.

227 十有五而志于學하고도 3년×5經=15年, 곧 三十而立이 된다.

228 多聞闕疑 -《論語 爲政》 子張學干祿. 子曰, "多聞闕疑, 愼言其餘, 則寡尤, 多見闕殆, 愼行其餘, 則寡悔. 言寡尤, 行寡悔, 祿在其中矣." 爲學之道는 많이 읽고 듣는데 힘쓰고(多聞), 의문이 되는 것은 남겨두어(闕疑) 곧 물어서 정확하게 알고, 언행에 신중을 기하면 허물이 적어 평소 지향하는 바를 이룰 수 있다.

229 원문 便辭巧說, 破壞形體 - 경전 문구의 大義를 추구하거나 탐색하지 않고, 글자의 뜻풀이나 분석으로 지엽적인 지식만을 추구한다는 뜻.

230 이는 班固가 살았던 후한 초기 訓詁學의 번잡과 폐단을 지적하는 말로

後進(후진)의 학자들은 더욱 그런 폐단을 치달아서 어린 나이에 一經을 배우기 시작해도 白首가 되어야 겨우 講說할 수 있었다. 자기 학습한 바에만 안주 집착하며, 다른 사람의 학문이나 비판을 비난하게 되어 결국은 스스로 문을 닫아 걸게 된다.[231] 이는 요즈음 학자의 가장 큰 환난일 것이다.

이상 六藝(六經)를 9種으로 분류하였다.[232]

자주 인용된다. 桓譚(환담)의 《新論》에 그런 사례를 찾아볼 수 있다는 주석이 있다.

231 자신의 학문에 대한 다른 사람의 비판을 수용하지 못하는 것 - 그것은 자신을 廢人(폐인)으로 만들 것이다.

232 원문 序六藝爲九種 - 九種은 9家. 곧 《易》, 《詩》, 《書》, 《禮》, 《樂》, 《春秋》, 《論語》, 《孝經》, 小學類.

三. 諸子略

1. 儒家

原文

《晏子》八篇.

《子思》二十三篇.

《曾子》十八篇.

《漆雕子》十三篇.

《宓子》十六篇.

《景子》三篇.

《世子》二十一篇.

《魏文侯》六篇.

《李克》七篇.

《公孫尼子》二十八篇.

《孟子》十一篇.

《孫卿子》三十三篇.

《芈子》十八篇.

《內業》十五篇.

《周史六弢》六篇.

《周政》六篇.

《周法》九篇.

《河間周制》十八篇.

《讕言》十一篇.

《功議》四篇.

《甯越》一篇.

《王孫子》一篇.

《公孫固》一篇.

《李氏春秋》二篇.

《羊子》四篇.

《董子》一篇.

《俟子》一篇.

《徐子》四十二篇.

《魯仲連子》十四篇.

《平原君》七篇.

《虞氏春秋》十五篇.

《高祖傳》十三篇.

《陸賈》二十三篇.

《劉敬》三篇.

《孝文傳》十一篇.

《賈山》八篇.

《太常蓼侯孔臧》十篇.

《賈誼》五十八篇.

《河間獻王對上下三雍宮》三篇.

《董仲舒》百二十三篇.

《兒寬》九篇.

《公孫弘》十篇.

《終軍》八篇.

《吾丘壽王》六篇.

《虞丘說》一篇.

《莊助》四篇.

《臣彭》四篇.

《鉤盾冗從李步昌》八篇.

《儒家言》十八篇.

淵聖御名寬《鹽鐵論》六十篇.

《劉向》所序六十七篇.

《揚雄》所序三十八篇.

右儒五十三家, 八百三十六篇.

〖국역〗

《晏子(안자)》 8편.[233]

---

233 晏子(안자) – 名은 嬰(영), 謚號(시호)는 平仲(평중), 齊 景公의 相. 공자도 안자를 존중하고 칭송했다. 《論語 公冶長》 子曰, "晏平仲善與人交, 久

《子思》 23편.[234]

《曾子》 18편.[235]

而敬之." (晏平仲은 교제를 잘했으니, 오래 교제하면서도 늘 남을 공경하였다.) 晏平仲은 齊나라의 大夫인 晏嬰(안영, 晏子)이니, 平은 그의 시호이고 仲은 그의 字이다. 공자는 鄭나라의 子産(자산)과 안영을 유능한 정치가로 공경하였다. 공자가 35세 전후에 齊에 머물면서 出仕하려 했지만 안영의 반대로 등용되지 못했다. 久而敬之는 장기간 교제하더라도 상대에 대한 공경심은 여전했다는 뜻이다. 사실 이 점이 어려운 일이다. 交友以信의 경우 信의 바탕에는 공경심이 있어야 한다. 《史記》 62권, 〈管晏列傳〉은 짧은 문장이지만 안영의 고결한 인품이 잘 그려져 있다.

234 공자는 至聖(지성)이다. 공자의 학문과 인덕에 가장 접근한 사람은 復聖 顔子(안자), 宗聖 曾子, 述聖 子思子, 亞聖 孟子(맹자)이다. 이상은 大成殿 四配(明 世宗 嘉靖 9년, 1530). 述聖 子思는 공자의 손자 孔伋(공급, 前 483~402년)이다. 공자는 19살에 송나라 사람 幵官氏(견관씨, 幵은 평평할 견) 집안의 딸과 결혼하였다. 공자 아내의 성씨에 대하여 국내에서는 '계관(幵官)' 亓官(亓는 其의 古字). 기관(亓官)씨 등 책마다 다르다. 필자는 中文大辭典(臺灣 판) 幵(音은 堅)의 「幵官 ; 複姓, 〈魯先賢傳〉 孔子 妻 幵官氏. 《孔子家語 本姓解》 ; 孔子娶於宋之幵官氏, 一歲而生伯魚.」라는 해석에 따라 견관씨라고 표기하였다. 공자가 결혼 다음 해(20세)에 아들을 보았다. 마침 魯의 昭公(소공)이 인편에 축하의 선물로 잉어(鯉)를 보내 주었기에, 아들 이름을 孔鯉(공리, 前 532~483, 字는 伯魚)라 하였다. 공리는 나이 50에 공자보다 먼저 죽었고, 공리의 아들 급(伋, 子思)은 戰國 초기에 曾子에게 배웠고 魯 穆公(목공)에게 출사했다. 子思가 《中庸》을 지었다는 주장은 실증이 어렵다. 맹자는 子思의 門人에게 배웠다.

235 曾子 - 본명은 曾參(증삼, 前 505 - 435), 자는 子輿, 공자보다 46세 연하. 아버지 曾晳(증석)과 함께 부자가 모두 공자의 제자였다. 공자의 학통을 이은 제자로 종성(宗聖)으로 추앙받고 있다. '하루에 자신을 세 번 살피는(日三省吾身)' 수양을 했다. 공자께서 "吾道一以貫之"라고 했을 때 曾子는 "夫子之道는 忠恕뿐이라."고 풀이했다. 《大學》과 《孝經》을 저술

《漆雕子(칠조자)》 13편.[236]

《宓子(복자)》 16편.[237]

《景子》 3편.[238]

《世子》 21편.[239]

《魏文侯(위문후)》 6편.[240]

했으며 효자로 널리 알려졌다. 병이 위독할 때 제자들에게 "啓予足!(나의 발을 열어 보아라!) 啓予手하라!"며, 부모로부터 받은 신체를 훼손하지 않는 것이 효도의 시작이라고 말했다. 또 曾參殺人(증삼살인)과 曾子殺豬(증자살저) 등 여러 故事의 주인공.

236 《漆雕子》 - 書亡. 孔子의 제자 漆雕啓(漆彫開, 칠조개)의 후손이 저술한 책으로, 漆彫는 복성. 이름은 啓(계), 字는 子開. 鄭玄(정현)은 칠조개를 魯人이라고 했다. 《孔子家語》에는 "蔡人, 字는 子若. 공자보다 11세 연하, 《尙書》를 공부했고 出仕를 좋아하지 않았다."고 기록되었다.

237 《宓子(복자)》 - 書亡. 名은 不齊, 字는 子賤(자천), 孔子 弟子. 宓不齊(복부제)는 孔子보다 30세 아래였다. 孔子는 "子賤은 君子로다! 魯에 君子가 없었다면 子賤이 어디서 배웠겠는가?"라고 말했다. 자천이 單父(선보)의 읍재였는데 돌아와 공자에게 복명하면서 말했다. "저의 임지에 저보다 현명한 사람이 다섯 분이나 있어 제가 잘 다스리도록 가르쳐줍니다." 이에 공자께서 말했다. "애석하도다! 복부제가 다스리는 곳이 작은 곳이나 큰 지역을 다스려도 아주 잘할 것이다." 《史記 仲尼弟子列傳》에 수록.

238 《景子》 3편 - 書亡. 《孟子》에 나오는 景子(景丑)?

239 《世子》 - 不傳. 周代 世碩(세석), 陳人也, 七十子의 弟子.

240 《魏文侯》 - 書亡. 魏 文侯(재위 445 - 396). 名은 斯. 424년 稱侯. 威烈王 23년(前 403)에 晉國을 三分하고 정식 책봉을 받았다(이때부터 정식 戰國시대에 진입). 戰國七雄 중 맨 먼저 變法과 부국강병을 달성했다. 魏文侯는 司馬遷《史記 儒林列傳》에서도 '好學'의 군주로 칭송. 孔子의 弟子 子夏(자하), 再傳 弟子인 田子方(전자방)이나 段干木(단간목)에게 請

《李克》 7편.[241]

《公孫尼子(공손니자)》 28편.[242]

《孟子(맹자)》 11편.[243]

《孫卿子》 33편.[244]

敎하여 儒家 思想이 확실했다. 法家의 李克(李悝, 이회)을 宰相에 임명. 吳起(오기)와 西門豹(서문표) 등 인재 등용. 戰國시대 강국으로 대두했다. 《史記 魏世家》 참고.

241 《李克(이극)》 – 書亡. 李克은 李悝(이회, 前 455 – 395년)는 子夏의 弟子, 魏文侯의 相. 魏國 安邑人(今 山西省 夏縣). 魏國의 變法을 주관. 重農과 法治 병행. 商鞅(상앙)과 韓非(한비)에 큰 영향, 法家의 始祖로 알려졌다.

242 《公孫尼子(공손니자)》 – 공자의 再傳 弟子(七十子의 弟子).

243 《孟子》 – 名은 軻(가, 前 372 – 289, 수레의 굴대 가). 鄒邑人(추읍인, 今 山東省 鄒城市), 子思의 弟子, 戰國 時期 儒家의 대표 인물. '亞聖' 의 尊稱. 孔子와 합칭하여 '孔孟.' 《史記 孟子荀卿列傳 十四》에 입전. 孟子의 弟子 萬章(만장) 등이 《孟子》를 저술. 孔子의 思想을 계승, 발양했다. 《孟子》는 7篇 〈梁惠王〉 上, 下. 〈公孫丑(공손추)〉 上, 下. 〈滕文公(등문공)〉 上, 下. 〈離婁(이루)〉 上, 下. 〈萬章〉 上, 下. 〈告子〉 上, 下. 〈盡心(진심)〉 上, 下로 구성. 총 261章, 34,685字. 外篇인 〈性善〉, 〈辯文〉, 〈說孝經〉, 〈爲正〉은 후인의 僞作이라 인정. 性善論을 주장, 仁政, 왕도 정치를 강조. 唐의 韓愈(한유)가 맹자를 아주 높게 평가. 南宋의 朱熹(주희)는 《論語》, 《大學》, 《中庸》, 《孟子》를 「四書」로 지칭. 淸末까지 《四書》는 科擧의 科目.

244 《孫卿子(손경자) / 荀子(순자)》 33편 – 荀卿(순경, 名은 況. 約 前 316 – 237? 宣帝 이름을 피하여 孫으로 표시). 趙人, 齊의 稷下 學宮의 祭酒 역임. 齊人이 참소하자 荀卿은 楚에 이주. 春申君(춘신군)이 蘭陵令에 임명. 春申君 死後에 관직 사임, 蘭陵에 거주. 李斯(이사)는 荀卿의 제자였었다. 漢代 儒學 사상과 政治에 큰 영향을 끼쳤고, 宋, 元, 明 三代에는 孔廟에 배향. 순자는 性惡論으로 孟子 性善說과 대립각을 세웠기에 유학자의 비평을 받았고, 孔門의 이단으로 인식되거나 심지어는 法家 人物로 분

《芈子(미자)》 18편.[245]

《內業》 15편.[246]

《周史六弢(주사육도)》 6편.[247]

《周政》 6편.[248]

《周法》 9편.[249]

류된다. 《史記 孟子荀卿列傳 十四》에 立傳. 劉向은 순자의 저술 32편을 묶어 《孫卿書》라 합칭했다. 지금 알려진 《荀子》는 대략 91,000字 정도이다.

稷下學宮(稷下之學)은 왕립 학문 연구소와 같다. 稷下(직하)는 齊國 國都 臨淄〔임치, 今 山東省 淄博市 (치박시)〕의 稷門(직문) 부근에 있었다. 田齊의 桓公(환공, 재위 前 374-357년)이 처음 설치. 齊 宣王(재위 前 319-301년)이 크게 확장하며 천하의 명사를 초치하니 儒家, 道家, 法家, 名家, 兵家, 農家, 陰陽家 등 百家之學의 學人이 모여들어 自由講學하고 著書하며 論辯하였다.

245 《芈子(미자)》 - 書亡. 芈는 羊이 울 미.(部首는 羊). 楚의 國姓. 芈嬰(미영), 齊人, 七十子의 제자.

246 《內業》 - 作書者 미상. 《隋書 經籍志》에 기록 無. 隋(수) 이전에 망실.

247 《周史六弢(주사육도)》 - 書亡. 周史는 周의 太史. 六은 大의 誤字. 大弢(대도)는 人名. 周 惠王과 襄王 시대의 인물로 추정. 弢(활집 도)는 韜(감출 도)와 同也. 지금의 六韜는 軍事(軍旅) 관련 저서로 알려졌다. 治國과 治軍, 전쟁의 理論과 原則를 다루었는데 6분야로 구성되었다. 六韜는, 즉 文韜(論治國 用人의 韜略), 武韜(用兵의 韜略), 龍韜(論 軍事 組織). 虎韜(論 戰爭環境 및 武器와 布陣 전략), 豹韜(論 戰術), 犬韜(論 軍隊의 指揮와 訓練).

248 《周政》 - 書亡. 周代의 法度와 政敎.

249 《周法》 - 書亡. 法天地, 立百官이라는 반고의 주석이 있는데, 내용이 그렇다면 앞서 六藝略의 《禮》에 들어갔어야 한다.

《河間周制》 18편.[250]

《讕言(난언)》 11편.[251]

《功議》 4편.[252]

《甯越(영월)》 1편.[253]

《王孫子》 1편.[254]

《公孫固》 1편.[255]

《李氏春秋》 2편.[256]

《羊子》 4편.[257]

《董子(동자)》 1편.[258]

《俟子(후자)》 1편. [259]

《徐子》 42편.[260]

---

250 《河間周制》 - 書亡. 河間獻王의 저술일 것이다.

251 《讕言(난언)》 - 書亡. 作者 미상, 人君의 法度를 서술한 책. 讕은 헐뜯을 난.

252 《功議》 - 書亡. 저자 미상.

253 《甯越(영월)》 - 書亡. 周 威王(위왕)의 사부.

254 《王孫子》 - 書亡. 一曰 《巧心》.

255 《公孫固》 - 書亡. 公孫固(공손고, ? - 前 620年)는 大司馬 固, 宋 莊公의 孫子. 宋 襄公의 4촌. 宋國의 大司馬를 역임했다.

256 《李氏春秋》 - 書亡.

257 《羊子》 - 書亡. 故 秦의 博士.

258 《董子(동자)》 - 書亡. 名은 無心.

259 《俟子(후자)》 - 書亡. 전국시대 인물. 或作 侔子(모자).

260 《徐子》 - 書亡.

《魯仲連子(노중련자)》 14편.[261]

《平原君》 7편.[262]

《虞氏春秋(우씨춘추)》 15편.[263]

《高祖傳》 13편.[264]

《陸賈(육가)》 23편.[265]

《劉敬(유경)》 3편.[266]

---

261 《魯仲連子》 – 書亡. 魯仲連(노중련, ? 前 305 – 245년)은 戰國時代 齊國 茌平人. 遊說 名士. 稷下 學宮에서 수학. 《史記 魯仲連鄒陽列傳》에 입전. 唐 李白이 마음으로 존경했던 인물.

262 《平原君》 – 書亡. 平原君(평원군, ? – 前 251년. 嬴姓, 趙氏, 名은 勝)은 趙 武靈王의 아들. 趙 惠文王의 동생. 재상 역임. 養士로 聞名. 齊國 孟嘗君 田文, 魏國 信陵君 魏無忌(위무기), 楚國 春申君 黃歇(황헐)과 함께 '戰國 4公子'라 칭송. 《史記》에 〈平原君虞卿列傳〉에 입전. 여러 열전에 平原君의 이름이 나온다. '毛遂自薦(모수자천)' 成語의 주인공.

263 《虞氏春秋》 – 書亡. 虞卿(우경)의 저술. 虞卿(우경, 생졸년 미상. 名은 信, 卿은 관직). 戰國 時期에 趙國의 재상 역임.

264 《高祖傳》 – 書亡. 漢 高祖(劉邦)는 秦이 禁學하자 마음으로 기뻤다고 한다. 왜냐면 독서는 무익하다고 생각한 사람이었다.

265 《陸賈》 – 陸賈(육가)의 《新語》 12편이 有傳. 陸賈(육가, 前 240 – 170년), 楚人. 전한의 政治家, 文學者. 高祖의 천하 평정을 도왔는데 口辯이 뛰어나다는 이름이 있어 제후에게 자주 사신으로 나갔다. 《新語》를 저술하여 漢代 儒學의 기초 마련, 賈誼(가의), 董仲舒(동중서)에 영향. 陸生이라 호칭. 43권, 〈酈陸朱劉叔孫傳〉에 立傳. 《史記 酈生陸賈列傳》에 입전.

266 《劉敬》 – 書亡. 고조가 劉氏 姓을 하사. 본 성명은 婁敬(누경, 생졸년 미상. 婁는 별 이름 루). 고조가 낙양에 정도하려 했지만 누경은 長安 도읍을 주장했고, 張良이 동의하자 長安에 도읍했다. 흉노에 사신으로 가서 공을 세웠다. 43권, 〈酈陸朱劉叔孫傳〉에 입전.

《孝文傳》 11편.[267]

《賈山(가산)》 8편.[268]

《太常蓼侯孔臧(태산요후공장)》 10편.[269]

《賈誼(가의)》 58편.[270]

《河間獻王對上下三雍宮》 3편.[271]

---

267 《孝文傳》 - 書亡.

268 《賈山》 - 書亡. 賈山(가산, 생졸년 미상)은 文帝에게 여러 번 바른 상소를 올렸다. 자신의 이름을 書名으로 한 《賈山》은 8편이었으나 지금은 〈至言〉 1편만 전해온다. 至言은 '이치에 맞는 말', '중요한 말' 이란 뜻. 아첨의 반대말이다. 51권, 〈賈鄒枚路傳〉에 입전.

269 《太常蓼侯孔臧》 - 不傳. 唐代까지 존재했다는 주석이 있다. 太常은 관직명. 蓼侯(요후)는 제후의 이름. 孔臧(공장, 생졸년 미상)은 孔子 11世孫.

270 《賈誼(가의)》 - 今傳하는 賈誼의 《新書》는 55편이다. 賈誼(가의, 前 200 - 168)는 長沙王 太傅, 政論으로는 〈過秦論〉, 〈論積貯疏〉, 〈論治安策〉이 유명하다. 辭賦로는 〈弔屈原賦〉, 〈鵩鳥賦〉, 〈惜誓〉등이 잘 알려졌다. 낙양 사람으로 나이 18세에 詩書에 능통하고 글을 잘 지어 郡에 소문이 났었다. 문제는 가의에게 박사를 제수하였다. 이때 가의는 20여 세로 가장 어린 박사였다. 매번 詔令을 의논하며 여러 老 박사들이 대답을 못할 때 가의는 모두 대답하였으며, 그 답변은 老 박사들의 말하려는 뜻에 맞았다. 여러 박사들은 모두 가의의 유능함을 인정하였다. 문제도 가의를 좋아하여 파격으로 승진시켜 일 년 남짓에 太中大夫가 되었다. 劉向은 "賈誼(가의)가 말한 三代와 秦의 치란에 대한 논의는 매우 훌륭하며 국정의 요체에 통달한 것으로, 비록 옛날의 伊尹(이윤)이나 管仲(관중)일지라도 이보다 더 훌륭하지는 못했을 것이다. 시류에 따라 채용이 되었다면 그 공적과 교화가 크게 성공했을 것이다. 평범한 신하들에게 견제 받은 것이 매우 슬플 뿐이다."라고 말했다. 48권, 〈賈誼傳〉에 입전.

271 《河間獻王對上下三雍宮》 - 書亡. 河間獻王(劉德)은 景帝의 아들. 〈景十三王傳〉에 입전.

《董仲舒(동중서)》 123편.[272]

《兒寬(예관)》 9편.[273]

《公孫弘》 10편.[274]

---

272 《董仲舒》 - 董仲舒(동중서, 前 179 - 104)는 유학자로, 《春秋公羊傳》 전공. 今文經의 大師, 孔安國과 나란한 명성, 司馬遷의 經學 사상에도 영향을 주었다. 동중서는 信都國 廣川縣 사람이다. 젊어서 《春秋》를 전공했고, 景帝 때 박사가 되었다. 휘장을 치고 책을 읽었고 제자들은 들어온 순차에 의거 서로를 가르쳤기에 (동중서의) 얼굴을 보지 못한 자도 있었다. 거의 3년 동안 뜰을 바라보지 않을 정도로 정진하였다. 거취와 표정과 행동이 禮가 아니면 행하지 않았기에 學士들이 모두 스승으로 받들었다. 동중서의 저술은 거의 경전의 뜻을 밝히는 것과 상소했던 條敎 등 모두 123편이다. 《春秋》 기사의 得失을 말한 《聞擧》, 《玉杯》, 《蕃露》, 《淸明》, 《竹林》 같은 저서가 모두 수십 편, 10여만 자로 모두 후세에 전해온다. (班固, 당시). 지금은 《春秋蕃露(춘추번로)》 외 다른 책은 망실되었다. 劉向은 "董仲舒는 王者를 보좌할 인재로 비록 伊尹(이윤)이나 呂尙(여상)도 더 나은 것이 없으며, 管仲이나 晏子(안자) 같은 사람은 패자를 도운 사람으로 동중서에 미치지 못한다."고 말했다. 56권, 〈董仲舒傳〉에 입전. 《史記 儒林列傳》 참고.

273 《兒寬(예관)》 - 書亡. 兒寬(예관, ? - 前 103)의 兒는 倪(어린애 예)와 通. 성씨. 兒寬(예관)은 千乘郡 사람이다. 《尙書》를 전공하며 歐陽生(구양생)을 모셨다. 郡에서 뽑혀 博士에 보내져 孔安國에게 배웠다. 집이 가난하여 學資가 모자라서 다른 제자들과 함께 일하며 취사도 하였다. 때로는 농사 품팔이를 나가 경전을 갖고 다니며 김을 매다가 쉴 때 읽고 외웠으니 그 정성이 이와 같았다. 武帝 太初 원년(前 104), 司馬遷과 함께 太初曆을 제정, 시행케 했다. 저서로 《兒寬》 9편이 있다. 58권, 〈公孫弘卜式兒寬傳〉에 입전.

274 《公孫弘》 - 書亡. 公孫弘(공손홍, 前 200 - 121)의 字는 季. 菑川國(치천국) 薛縣(설현) 사람이다. 젊어 옥리로 근무하다가 죄를 지어 면직되었다. 집이 가난하여 바닷가에서 돼지를 키웠다. 나이 40여 세에 《春秋》와 雜

《終軍》 8편.[275]

《吾丘壽王(오구수왕)》 6편.[276]

《虞丘說(우구설)》 1편.[277]

《莊助》 4편.[278]

《臣彭(신팽)》 4편.[279]

說을 배웠다. 武帝가 처음 즉위하고서 賢良文學의 인재를 구할 때 공손홍의 나이는 60이었고 賢良으로 뽑혀 博士가 되었다. 흉노에 사신으로 갔다 돌아와 보고했는데, 무제의 마음에 들지 않아 무제가 화를 내며 무능하다고 생각하자 공손홍은 병을 핑계로 사임하고 돌아왔다. 元光 5년에 다시 賢良文學의 인재를 구했는데, 치천국에서는 다시 공손홍을 추천하였다. 武帝 때 御史大夫를 거쳐 丞相이 되었고 平津侯에 봉해졌다. 58권, 〈公孫弘卜式兒寬傳〉에 입전. 《史記 平津侯主父列傳》이 있다.

275 《終軍》 – 書亡. 終軍(종군, 前 133 – 112. 字는 子雲) – 濟南郡 사람이다. 어려서부터 好學하여 구변이 좋고 박학하며 글을 잘 지어 郡內에 소문이 났었다. 18세에 博士弟子로 뽑혔다. 무제 때 '긴 밧줄을 갖고 가서 南越王을 묶어다 바치겠다(請纓報國).' 면서 자청하여 南越에 사신으로 갔다가 그곳 승상 呂嘉(여가)에게 피살되었다. 21살의 아까운 나이였기에 사람들이 '終童' 이라고 불렀다. 64권, 〈嚴朱吾丘主父徐嚴終王賈傳〉(下)에 입전.

276 《吾丘壽王》 – 書亡. 吾丘壽王(오구수왕)의 吾丘는 복성 虞邱로도 표기. 《春秋》 전공. 武帝에게 바른 말 상소를 잘했지만 뒷날 업무상 법을 어겨 주살되었다. 64권, 〈嚴朱吾丘主父徐嚴終王賈傳〉(上)에 입전.

277 《虞丘說》 – 書亡. 吾丘壽王과 동일인.

278 《莊助》 – 書亡. 嚴助(엄조)로도 표기. 本姓 莊, 《漢書》에서는 後漢 明帝(劉莊)를 피휘하여 嚴으로 개칭. 嚴助는 辭賦의 작가로도 유명. 武帝의 신임을 받으며 여러 일을 잘 처리했지만, 나중에 淮南王 모반이 드러나 자살하자 엄조도 연관이 있다 하여 棄市(기시)형을 받았다.

279 《臣彭(신팽)》 – 書亡.

《鉤盾冗從李步昌(구순용종이보창)》 8편.[280]

《儒家言》 18편.[281]

淵聖御名寬《鹽鐵論(염철론)》 60편.[282]

《劉向》 所序 67편.[283]

《揚雄》 所序 38편.[284]

---

280 《鉤盾冗從李步昌(구순용종이보창)》 - 鉤盾(구순)은 少府의 속관. 경사부근 황실 소유 沼澤이나 園林을 관리하는 직책. 환관이 전담. 冗從(용종)은 일정한 직책이 없는(散職) 侍從官. 九卿은 속관으로 여러 용종을 두었다. 冗은 쓸데없을 용. 남아돌다.

281 《儒家言》 - 書亡. 작자 미상.

282 淵聖御名寬《鹽鐵論》 60편 - 書存. 桓寬(환관)이 지은 《鹽鐵論》. 鹽鐵에 대한 논의는 (昭帝) 始元 연간에 시작되었는데, 文學과 賢良 인재를 구하면서 治亂에 대하여 물었는데, 그 대책으로 많은 사람들이 郡國의 鹽鐵과 술의 전매와 均輸法의 폐지와 농업을 장려하고 상업을 억제하여 천하에 이익 쟁탈을 막은 뒤에야 교화가 성과를 거둘 수 있다고 주장하였다. 어사대부 桑弘羊(상홍양)은 이 법이 변경을 안정시키고, 四夷를 통제할 수 있는 국가의 대업이라 폐지할 수가 없다고 하였다. 당시에도 서로 詰難(힐난)이 있었고 그 논의도 기록되었다. 宣帝 때에 汝南國의 相인 桓寬(환관, 字는 次公)은 《公羊春秋》를 전공한 사람으로 郎官이 되었다가 廬江(여강) 太守의 丞으로 해박한 지식에 글을 잘 지었는데, 鹽鐵 정책에 대한 논의의 서술을 확대하면서 條目(體系)을 세우고 논란의 종결까지 수만 자를 기록하여 治亂의 방책을 찾으려 하였으니, 이 분야에서 일가의 法理를 세웠다고 할 수 있다. 66권, 〈公孫劉田王楊蔡陳鄭傳〉 참고.

283 《劉向》의 저술 67편 - 《新序》 10권, 《說苑》 20권, 《列女傳頌圖》 8권이 완전하지는 않으나 今存. 《世說》은 散失.

284 《揚雄》의 저술 38편 - 《太玄》 19권 중 10권은 四庫全書 子部 術數類로 書存. 《法言》 13권 중 10권은 子部 儒家類로 書存, 《州箴(주잠)》, 《官箴(관잠)》 2권은 書存. 《樂記》는 書亡.

이상 儒家 53家, 836편이다.

原文

儒家者流 蓋出於司徒之官, 助人君順陰陽明教化者也. 游文於《六經》之中, 留意於仁義之際, 祖述堯舜, 憲章文武, 宗師仲尼, 以重其言, 於道最爲高.

孔子曰, "如有所譽, 其有所試." 唐虞之隆, 殷周之盛, 仲尼之業, 已試之效者也. 然惑者旣失精微, 而辟者又隨時抑揚, 違離道本, 苟以譁衆取寵. 後進循之, 是以《五經》乖析, 儒學漸衰, 此辟儒之患.

〖국역〗

儒家流(유가류)는 (周)의 관직 司徒(사도)에서 시작되었는데,[285] 人君이 음양의 순리에 따르고 敎化를 唱導(창도)하는 일을 돕는 職分이다. 儒家는 《六經》을 연구하고 仁과 義의 추구에 專心하며, 堯舜(요순)의 道를 祖述(조술)[286]하고 (周) 文王과 武王의 王法을 본받으며,[287] 仲尼를 宗師로 받들고 그 말씀을 중히 여기며 正道를 귀하게

285 蓋出於司徒之官 – 蓋는 덮을 개. 뚜껑. 발어사. 대개, 대략. 발어사로 쓰인 경우 우리말로 옮기지 않아도 좋다. 어찌 아니할 합. 司徒(사도)는 周의 六卿 중에서 地官. 나라의 토지와 백성에 대한 敎化 담당.

286 祖述 – 祖는 始也. 述은 修也. 堯舜을 儒家의 시작으로 생각하고, 그 道를 서술하다.

287 원문 憲章文武 – 憲은 法으로 삼다. 章은 명확하게 드러내다.

여긴다.

孔子는 "누군가를 칭찬한다면 그럴만한 이유가 있을 것이다."라고 말하였다.[288] 唐虞(당우, 堯舜) 시대의 융성이나 殷(은)과 周(주)의 興盛, 仲尼(孔子)의 제자 교육은(業) 이미 유가가 거둔 효과일 것이다. 그러나 현혹한 자는 유가의 미세한 말단을 추구하거나[289] 아주 미세한 부분에 집착하는 실수가 있고, 偏僻(편벽)한 儒者는 수시로 언제나 高揚에 따라 유가의 근본에서 멀리 벗어나며 대중을 현혹하여 존중을 받으려 한다.[290] 後進들이 이러한 폐단을 따르게 되니(循之, 좇을 순), 이로써 《五經》의 근본과 더욱 어긋나며 유학은 점차 쇠미하였으니, 이는 편벽한 유생이 유발하는 환난일 것이다.

2. 道家

原文

《伊尹》五十一篇.

《太公》二百三十七篇.

---

288 이 구절은《論語 衛靈公》子曰, "吾之於人也, 誰毁誰譽? 如有所譽者, 其有所試矣. ~. 斯民也, 三代之所以直道而行也."

289 然惑者旣失精微 - 惑者는 유가 사상의 근본을 깨닫지 못한 사람. 失精微는 유가의 미세한 부분에 집착하는 실수를 범한다는 뜻.

290 원문 苟以譁衆取寵 - 譁는 시끄러울 화. 諠(떠들썩할 훤)과 같음. 寵은 尊也. 존중받으려 한다. 이 부분은 유가의 폐단을 지적한 글이다.

《謀》八十一篇,

《言》七十一篇,

《兵》八十五篇.

《辛甲》二十九篇

《鬻子》二十二篇.

《筦子》八十六篇.

《老子鄰氏經傳》四篇.

《老子傅氏經說》三十七篇.

《老子徐氏經說》六篇.

劉向《說老子》四篇.

《文子》九篇.

《蜎子》十三篇.

《關尹子》九篇.

《莊子》五十二篇.

《列子》八篇.

《老成子》十八篇.

《長盧子》九篇.

《王狄子》一篇.

《公子牟》四篇.

《田子》二十五篇.

《老萊子》十六篇.

《黔婁子》四篇.

《宮孫子》二篇.

《鶡冠子》一篇.

《周訓》十四篇.

《黃帝四經》四篇.

《黃帝銘六》篇.

《黃帝君臣》十篇.

《雜黃帝》五十八篇.

《力牧》二十二篇.

《孫子》十六篇.

《捷子》二篇.

《曹羽》二篇.

《郎中嬰齊》十二篇.

《臣君子》二篇.

《鄭長者》一篇.

《楚子》三篇.

《道家言》二篇.

右道三十七家, 九百九十三篇.

〖국역〗

《伊尹(이윤)》 51편.[291]

291 《伊尹(이윤)》 51편 - 書亡. 伊尹(이윤, ?前1649 - ?1549)의 姒는 姓, 伊氏,

《太公》237편.[292]

《謀》81편,

《言》71편,

《兵》85편.[293]

《辛甲(신갑)》29편.[294]

名은 摯(지). 商朝의 名臣. 중국 주방장의 神. 商 湯王(탕왕)의 廚師(주사, 주방장), 商湯에게 음식을 올릴 기회를 틈타 천하 형세를 분석 - 이에 탕왕은 이윤을 阿衡(아형, 재상 후에는 이윤을 지칭하는 말로 변했다)에 임명. 탕왕의 아들 太甲(태갑)이 즉위하고 昏庸(혼용) 無能하자, 이윤은 太甲을 桐地(今 河北省 臨漳)에 放流했다가 3년 뒤에 다시 즉위케 했다. 이를 復辟(복벽)이라 한다. 前漢에서도, 昭帝 붕어 후에 昌邑王 劉賀(유하)가 霍光(곽광)에게 옹립되었다가 27일 만에 폐출되고 宣帝를 즉위시킨다. 이처럼 신하에 의한 主君의 폐출을 伊霍之事(이곽지사)라 한다.

292 《太公》- 書亡. 太公望(생졸년 미상), 姜은 姓. 呂는 氏. 名은 尙. 字는 子牙. 周 文王과 周 武王의 軍師였다. 보통 姜尙, 姜子牙, 呂尙, 呂望(여망)으로 부르며 姜太公, 呂太公, 齊太公, 太公, 太公望, 尙父(상보), 師尙父(사상보)는 별칭이다. 師尙父(사상보)는 師傅(사부)이며 존경받고(尙) 부친과도 같다(父)는 뜻으로, 태공의 모든 것을 종합한 말이다. 太公望은 周朝를 도와 殷商을 토벌하는데 有功하여 齊國에 봉해졌다.(姜齊의 始祖). 殷을 멸망시킨 戰功으로 武聖, 兵家之聖으로 칭송된다. 唐初에 武成王廟를 세워 제사하며 文廟(孔子)와 동격으로 숭배했다. 강태공이 渭水(위수)에 낚시를 할 때, 긴 낚싯대에 짧은 줄, 구부리지 않은 곧은 낚싯바늘에 뒤로 돌아앉아 낚시를 했다. 여기서 '姜太公이 낚시를 한다(姜太公釣魚). - 그래도 원하는 자는 걸려든다(願者上鉤).' 라는 俗〔속언, 정확히는 歇後語(헐후어)〕이 생겼다. 중국인들은 만사가 잘 풀릴 때 '太公在此(태공이 여기에 있다).' 라고 말한다.

293 《謀》81편, 《言》71편, 《兵》85편 - 《太公》237편 내용을 분류한 것이다.

294 《辛甲(신갑)》- 書亡. 辛甲은 殷 紂王의 신하. 諫言(간언)을 75번이나 올렸어도 따르지 않자, 殷을 떠나 周의 신하가 되었다. 周 武王의 太史이다.

《鬻子(육자)》 22편.[295]

《筦子(관자)》 86편.[296]

《老子鄰氏經傳(노자인씨경전)》 4편.[297]

---

295 《鬻子(육자)》 - 今存 1권 14편. 鬻子 육자. 名은 熊(웅), 周의 軍師. 周에서 楚에 封하여 楚國의 始祖. 鬻은 팔 육, 성 육, 죽 죽.

296 《筦子(관자)》 - 《管子》. 書存. 四庫全書에는 法家類로 분류. 24권 86편. 筦은 피리 관. 管(피리 관)과 同. 대나무로 만든 악기의 총칭. 管子는 管仲(前 725 - 645年), 姬姓에 管氏. 名은 夷吾(이오), 字는 仲, 諡는 敬, 齊 桓公의 相. 春秋시대 法家의 대표 인물. 中國 역사상 宰相의 典範. 내정을 改革하면서 商業도 중시. 九合 諸侯하며 兵車에 의지하지 않았다. 《史記 管晏列傳》에 입전. 《論語》에는 공자의 管仲에 대한 언급이 많다. 곧 《論語 八佾》 子曰, "管仲之器小哉!" ~. / 《論語 憲問》 問管仲. 曰, "人也. 奪伯氏騈邑三百, 飯疏食, 沒齒無怨言." / 《論語 憲問》 子路曰, "桓公殺公子糾, 召忽死之, 管仲不死." 曰, "未仁乎?" 子曰, "桓公九合諸侯, 不以兵車, 管仲之力也. 如其仁, 如其仁." / 《論語 憲問》 子貢曰, "管仲非仁者與? 桓公殺公子糾, 不能死, 又相之." 子曰, "管仲相桓公, 霸諸侯, 一匡天下, 民到于今受其賜. 微管仲, 吾其被髮左衽矣. ~. 管鮑之交(관포지교)의 주인공. 北宋 蘇洵(소순)의 〈管仲論〉이 유명하다.

297 《老子鄰氏經傳》 - 今存 2권 81장. 통칭 《老子道德經》, 王弼(왕필) 역주. 老子, 姓은 李, 名은 耳(이). 鄰氏(인씨, 이웃 린)는 老子之學을 전수한 사람. 《史記 老子韓非列傳》에 의하면, 노자는 楚나라 苦縣(고현, 今 河南省 동부 周口市 관할 鹿邑縣) 사람으로, 주 왕실의 守藏室史(도서관장 格)를 역임했다. 일찍이 공자가 노자를 찾아가 禮에 대해 물었다고 했으니, 노자는 공자보다 나이가 많았던 것 같다. 공자는 노자를 매우 존경하였고, 노자를 만나본 뒤 마치 龍과 같다고 찬탄했다. 그 뒤 周 왕실이 쇠퇴하자 그는 관직을 떠나 은둔생활을 하려고 했다. 그가 河南 함곡관을 지날 때, 關所를 지키던 尹喜(윤희)는 노자를 맞이하여 글을 남겨 달라고 요청했다. 이에 노자는 후인들을 위하여 한 권의 글을 남겼는데, 바로 《老子道德經 / 五千言》이며 그 뒤 행적은 알려진 바 없다고 한다.

《老子傅氏經說(노자부씨설경)》 37편.[298]

《老子徐氏經說》 6편.[299]

劉向《說老子》 4편.[300]

《文子》 9편.[301]

《蜎子(연자)》 13편.[302]

《關尹子(관윤자)》 9편.[303]

노자는 160세 또는 200세를 살았다고 하나 믿을 수 없고 楚나라의 老萊子(노래자)가 老子라고 하는 사람도 있으며, 太師 儋(담)이 노자라 말하는 사람도 있어 일정하지 않다.

298 《老子傅氏經說》 - 書亡. 述老子學.

299 《老子徐氏經說》 - 書亡. 徐氏 - 字는 少季, 臨淮人, 傳老子.

300 劉向《說老子》 4편 - 書亡. 劉向의 《說苑》, 《新序》에 老子에 대한 해설이 있다.

301 《文子》 - 文子는 老子의 弟子, 孔子와 비슷한 시기. 周 平王(재위 前 770 - 720년)이 아니라 楚의 平王(재위 前 528 - 516년) 시기의 인물로 추정. 1973년에 중국 河北省 定縣에서 《文子》의 竹簡本 殘本(잔본)이 출토되었다는 주석이 있다.

302 《蜎子(연자)》 13편 - 書亡. 蜎子의 蜎은 장구벌레 연, 깊고 넓은 모양 연. 성씨. 名은 淵(연), 楚人, 老子의 弟子.

303 《關尹子(관윤자)》 - 早亡. 關尹은 關令 尹喜. 名은 喜. 老子 過關에 喜는 去吏하고 老子를 따라갔다는 주석이 있다. 지금 중국에서, 일반적으로 노자상의 좌우에는 南華眞人(莊子)과 無上眞人(尹喜)의 상을 함께 모신다. 노자가 《道德經》을 저술하고 강론했다는 곳은, 今 陝西省 西安市 周至縣(주지현) 終南山 기슭의 樓觀臺(누관대)이다. 누관대의 說經臺는 노자가 윤희에게 《道德經》을 준 곳이라 하여 특히 신성시하고 있다. 누관대에는 老子祠가 있고, 노자와 관련 있는 여러 유물과 70여 개 비석이 있어 문물 자료와 함께 (唐) 歐陽詢(구양순)이나 (元) 조맹부 등 역대 명필의 글씨를 감상할 수 있다고 한다.

《莊子》 52편.[304]

《列子》 8편.[305]

《老成子》 18편.[306]

《長盧子(장로자)》 9편.[307]

《王狄子(왕적자)》 1편.[308]

《公子牟(공자모)》 4편.[309]

---

304 《莊子》 52편 – 今存 33편. 莊子는 莊周(장주, ?前 369 – 286년) 莊氏. 名은 周, 一說에 字는 子休. 孟子와 거의 동시대. 戰國 시대 宋國 蒙縣(몽현, 今 河南省 동쪽 끝 商丘市) 사람. 漆園吏(칠원리)를 역임. 老子 사상의 계승자, 뒷날 老子와 함께 '老莊' 으로 병칭. 唐 玄宗 天寶 연간에 莊周를 南華眞人에 봉하고 그 《莊子》를 《南華經》이라 했다. 四庫全書에서는 子部 道家類로 분류. '莊周夢蝶(장주몽접)' '莊周試妻 / 扇墳(선분)' 의 故事가 유명하다. 《史記 老子韓非列傳》에 立傳.

305 《列子》 8편 – 書亡. 今存 《列子》 8편은 魏晉 시대의 僞作이라 알려졌다. 《列子》 일명 《沖虛眞經》. 저자는 鄭人 列禦寇(열어구), 莊子보다 先代이다. 〈天瑞〉, 〈黃帝〉, 〈周穆王〉, 〈仲尼〉, 〈湯問〉, 〈力命〉, 〈楊朱〉, 〈說符〉 等 8편. 寓言과 故事가 많다. 우리에게 잘 알려진 '愚公移山(우공이산)', '杞人憂天(기인우천)', '歧路亡羊(기로망양)', '男尊女卑', '朝三暮四' 등이 있다. 唐代에는 《道德經》, 《莊子》, 《文子》, 《列子 (沖虛眞經)》를 道教 4部 經典이라 했다.

306 《老成子》 – 書亡. 《列子 周穆王》에서 '老成子는 尹文 선생한테 幻(환, 홀릴 환)을 배웠다.' 는 기록이 있다고 하였다.

307 《長盧子(장로자)》 – 書亡. 《列子 天瑞》 '杞人憂天' 에 長盧의 이름이 보인다.

308 《王狄子(왕적자)》 – 書亡. 無考.

309 《公子牟(공자모)》 – 書亡. 牟(소가 우는 소리 모)는 魏의 公子. 莊子보다 앞선 사람.

《田子》 25편.[310]

《老萊子(노래자)》 16편.[311]

《黔婁子(검루자)》 4편.[312]

《宮孫子》 2편.[313]

《鶡冠子(할관자)》 1편.[314]

---

310 《田子》 - 書亡. 田子(전자)는 田駢(전변, 나란히 할 변). 齊人, 稷下에 遊學. 談論을 좋아하여 天口騈(천구변)이라 불렀다. 天口는 막힘이 없는 達辯이란 뜻.

311 《老萊子(노래자)》 - 書亡. 老萊子(노래자, 前 599 - 479년)의 萊는 姓, 失其名. 春秋 시대 楚國人. 《史記 老子韓非列傳》에 그의 저서 15편이 있다는 기록이 있다. 공자가 열국을 주유하면서 陳과 蔡 사이에서 곤경에 처했었는데 그 뒤에 노래자와 만났다는 이야기가 있다. 《二十四孝》 중 색동옷에 장난질하며 부모를 기쁘게 했다는 '戲彩娛親(희채오친)'의 주인공. 부모가 계시다면 자식은 자신이 늙었다고 말할 수 없다(《禮記》, '父母在, 互言不稱老.') 부모 앞에서는 80이 넘어도 여전히 어린애일 뿐! 노래자는 색동옷을 입고 부모 앞에서 어린애처럼 장난질을 쳤고, 물통을 들고 오다가 일부러 넘어져 옷을 더럽혔다며 울기도 했다. '老萊衣'는 노인의 효심을 뜻하는 말이 되었다. 《二十四孝》는 元代 郭居敬(곽거경)이 엮은 효자 24명의 이야기이다.

312 《黔婁子(검루자)》 - 書亡. 黔婁(검루, 黔은 검을 검. 생졸년 미상.)는 전국시대 齊의 隱士(은사). 관직을 사양하고 곤궁 속에 일생을 마쳤다. 黔婁는 貧士의 代稱. 검루가 죽었는데, 그의 옷은 그 시신을 다 가리지도 못했다고 한다. 검루가 죽었을 때, 曾子가 조문했다고 한다.

313 《宮孫子》 - 書亡. 宮孫은 姓也. 不知名.

314 《鶡冠子(할관자)》 1편 - 今存 3권 19편. 四庫全書에는 子部, 雜家類로 분류. 鶡은 새 이름 할. 꿩과 비슷한 새라는 주석이 있다. 그 새의 깃털로 만든 冠을 착용했다. 楚人, 深山에 은거했다.

唐代 柳宗元이 〈辯鶡冠子〉라는 글에서 好事者가 지은 僞書라는 내용

《周訓》 14편.[315]

《黃帝四經》 4편.[316]

《黃帝銘(황제명)》 6편.[317]

《黃帝君臣》 10편.[318]

《雜黃帝》 58편.[319]

《力牧(역목)》 22편.[320]

《孫子》 16편.[321]

《捷子(첩자)》 2편.[322]

이 있어 다들 그렇게 생각했으나, 일부 학자는 '〈鶡冠子〉가 道家와 法家를 논했으며 《管子》와 비슷한 내용이라.' 는 주장도 있었다. 1973년, 馬王堆(마왕퇴) 漢墓에서 출토된 대량의 帛書에도 이 글이 있어 《鶡冠子》는 僞書가 아닌 것이 증명되었다.

315 《周訓》 – 書亡. 無考.

316 《黃帝四經》 – 書亡. 老子의 《德經》과 비슷한 내용으로 추정. 黃帝는 託名(탁명)이라는 주석이 있다.

317 《黃帝銘》 6편 – 今存 黃帝의 《金人銘》, 《巾几銘(건궤명)》이라는 글이 전해지는데, 文辭가 賤陋(천루)하다는 주석이 있다.

318 《黃帝君臣》 – 書亡. 六國時代의 저술로 추정. 《老子》와 유사한 내용이라는 주석이 있다.

319 《雜黃帝》 – 書亡. 六國 시대 賢者의 저술일 것이라는 주석이 있다.

320 《力牧(역목)》 – 書亡. 六國 시대의 저술. 力牧(역목)에 가탁. 力牧은 黃帝의 相.

321 《孫子》 – 書亡. 六國 시대 저술. 吳나라의 孫子(孫武)나 齊의 孫子(孫臏)이 아니다.

322 《捷子(첩자)》 – 書亡. 捷은 이길 첩. 《史記》에 接子(접자)라는 이름이 보인다. 《漢書 古今人表》에는 尸子(시자)와 鄒子(추자) 사이에 이름이 실렸다. 齊人으로 武帝 시대라는 설명은 착오일 것이다.

《曹羽(조우)》 2편.[323]

《郎中嬰齊(낭중영제)》 12편.[324]

《臣君子》 2편.[325]

《鄭長者》 1편.[326]

《楚子》 3편.[327]

《道家言》 2편.[328]

이상 道家는 37家에 993편이다.[329]

原文

道家者流, 蓋出於史官, 歷記成敗存亡禍福古今之道, 然後知秉要執本, 淸虛以自守, 卑弱以自持, 此君人南面之術也. 合於堯之克攘,

《易》之嗛嗛, 一謙而四益, 此其所長也. 及放者爲之, 則欲絶去禮學, 兼棄仁義, 曰獨任淸虛可以爲治.

---

323 《曹羽(조우)》 2편 – 書亡. 楚人, 武帝 때 齊王에게 유세했다는 주석이 있다. 기타 無考.

324 《郎中嬰齊(낭중영제)》 – 書亡. 劉向 云 故 待詔(대조, 관직명). 姓은 미상.

325 《臣君子》 – 書亡.

326 《鄭長者》 – 書亡. 不知姓名.

327 《楚子》 – 書亡. 無考.

328 《道家言》 – 書亡. 不知作者.

329 통계에 착오가 있다는 주석.

【국역】

道家流는 대개 史官에서 배출되었으니, 歷代의 成敗와 흥망과 禍福에 관련한 古今의 대도를 기록하였고, 그러다 보니 요점을 파악하고 근본을 견지하고 淸靜과 허무로 自守하며 낮은 곳에(卑) 미약하게(弱) 자신을 견지하였는데, 이는 또한 人君이 南面하는 術數이다. 이는 恭敬(공경)을 바탕으로 한 堯의 克讓(극양)과 합치한다.[330]

《易》에서 겸손하고 겸손을 말한 것은[331] 한 번의 겸손에 4가지가 유익하니,[332] 이것이 겸손의 장점이다. 放逸(방일, 蕩也)한 자가 道家를 배우게 되면 禮學을 없애고 아울러 仁義마저 포기하면서, 나 혼자만 淸靜謙虛해도 태평을 이룰 수 있다고 말한다.[333]

---

330 《書 虞書 堯典》에 堯의 덕을 칭송하여 '允恭克讓(윤공극양)'이라 하였으니, 이는 堯가 信實한 恭敬을 바탕으로 한 辭讓之心(사양지심)을 가졌다는 뜻이다. 攘은 讓. 讓의 古字.

331 원문 嗛嗛 – 謙卦 初六의 爻辭. 初六, 「謙謙君子는 用涉大川하니 吉하다.」 嗛은 謙(공손할 겸)의 古字. 謙遜(겸손).

332 원문 一謙而四益 – 이는 謙卦(☷☶ 地山謙)의 彖辭(단사)에 나온다. 겸손으로 四益하다 하였으니 四益은 天益, 地益, 神益, 人益을 말한다. 원문은 「謙은 亨하나니, 天道는 下濟而光明하고, 地道는 卑而上行한다. 天道는 虧盈而益謙하고, 地道는 變盈而流謙하며, 鬼神은 害盈而福謙하고, 人道는 惡盈而好謙한다. 謙尊而光하고 卑而不可逾하나니, 君子之終이다.」

333 이는 모든 道家가 仁義를 방치한다는 뜻이 아니고 방탕한 자가 어설프게 道家를 배우면 그렇게 된다는 뜻으로, 道家의 단점(폐단)을 지적한 말이다.

3. 陰陽家

原文

《宋司星子韋》三篇.

《公檮生終始》十四篇.

《公孫發》二十二篇.

《鄒子》四十九篇.

《鄒子終始》五十六篇.

《乘丘子》五篇.

《杜文公》五篇.

《黃帝泰素》二十篇.

《南公》三十一篇.

《容成子》十四篇.

《張蒼》十六篇.

《鄒奭子》十二篇.

《閭丘子》十三篇.

《馮促》十三篇.

《將鉅子》五篇.

《五曹官制》五篇.

《周伯》十一篇.

《衛侯官》十二篇.

于長《天下忠臣》九篇.

《公孫渾邪》十五篇.

《雜陰陽》三十八篇.

右陰陽二十一家, 三百六十九篇.

〖국역〗

《宋司星子韋(송사성자위)》 3편.[334]

《公檮生終始(공도생종시)》 14편.[335]

《公孫發》 22편.[336]

《鄒子(추자)》 49편.[337]

---

334 《宋司星子韋》 - 書亡. 宋 景公(경공) 때 司星(天文) 담당 관리인 子韋(자위)의 저서. 子韋는 熒惑星(형혹성, 火星)이 (二十八宿 중 東方) 心宿(심수) 사이에 머물자 '주군에게 큰 재앙이 일어날 것이라.' 고 경고했다.

335 《公檮生終始》 - 書亡. 陰陽家 鄒奭(추석)의 저서. 檮는 나무등걸 도, 사람 이름 도(주). 鄒奭(추석, 騶奭, 생졸년 미상)은 戰國시대 齊國 稷下學宮(직하학궁)의 學者. 鄒衍(추연)의 음양학설을 자기 나름대로 수용했다. 稷下學宮에 있으면서 愼到(신도), 田騈(전병)과 나란히 명성을 누렸다.

336 《公孫發》 - 書亡. 六國 시대 인물.

337 《鄒子》 49편 - 書亡. 鄒는 나라 이름 추. 鄒衍(추연, ?前 305 - 240년)은 齊人. 燕 昭王의 사부. 稷下의 학궁에서 硏學. 號는 談天衍(담천연). 鄒衍(추연)은 戰國 시대 陰陽家의 創始者이고 대표적 인물이다. 주연의 주요 學說은 '五德終始說' 인데, 이는 후대에 정말 큰 영향을 끼쳤고 논쟁거리를 제공하였다. 五德終始(오덕종시)의 歷史觀, 곧 모든 물질은 金, 木. 水, 火, 土로 구성되었고 사물의 변화 발전과정에서 5행이 相剋(상극)하고 相生하며 순환 발전하는데, 이는 必然이며 自然이라고 주장하였다. 《史記 孟子荀卿列傳》에서는 추연의 저서가 《終始》, 《大聖》 등 10여만 자라고 했다.

《鄒子終始》 56편.[338]

《乘丘子(승구자)》 5편.[339]

《杜文公》 5편.[340]

《黃帝泰素》 20편.[341]

《南公》 31편.[342]

《容成子》 14편.[343]

《張蒼(장창)》 16편.[344]

---

338 《鄒子終始》 – 書亡. 五德終始說에 관한 추연의 저술.

339 《乘丘子》 – 書亡. 陰陽書. 乘丘(승구)는 桑丘(상구)로도 표기.

340 《杜文公(두문공)》 – 書亡. 六國 시대 韓國人.

341 《黃帝泰素》 – 書亡. 六國 시대 韓 公孫의 陰陽五行에 관한 저서. 泰素(태소)는 黃帝의 道를 의미.

342 《南公》 – 書亡. 六國 시대 楚의 도사. 음양의 이치에 밝은 사람.

343 《容成子》 – 書亡. 容成子(容成公)는 전설에서 黃帝의 曆法을 만든 사람. 신선. 東晋 葛洪(갈홍)의 《神仙傳》에서는 容成公의 字는 子黃, 道東人. 玄素之道를 실행하여 延壽가 無極이라고 했다.

344 《張蒼》 – 書亡. 張蒼(장창, 前 253 – 152)은 秦漢 시기의 儒學者, 陰陽家의 대표적 인물. 《九章算術》 증보 편찬하였고, 曆法은 秦의 〈顓頊曆(전욱력)〉을 채용하였다. 蕭何는 相國이었고, 秦나라 때부터 柱下御史로 천하의 도서와 計籍 업무에 밝고, 또 算學과 律曆을 잘 알아 장창은 列侯이지만 승상부에 근무하면서 郡國에서 올라오는 보고를 처리하게 하였다. 뒷날 賈誼에게 영향. 文帝 때 승상 역임. 장창은 승상을 그만둔 뒤에 입에 치아가 없어 젖을 먹고 살았는데 여인을 유모로 두었다. 장창의 처첩은 백 단위로 세어야 했는데, 한 번 잉태한 여인은 다시 가까이하지 않았다고 한다. 나이가 1백 세가 넘어 죽었다. 저서 18편이 있는데, 주로 陰陽과 律曆에 관한 내용이다. 42권, 〈張周趙任申屠傳〉에 입전.

《鄒奭子(추석자)》 12편.[345]

《閭丘子(여구자)》13편.[346]

《馮促(풍촉)》 13편.[347]

《將鉅子(장거자)》 5편.[348]

《五曹官制》 5편.[349]

《周伯》 11편.[350]

《衛侯官》 12편.[351]

---

345 《鄒奭子》 - 書亡. 鄒奭子(추석자)는 齊人, 號曰 雕龍奭(조룡석).

346 《閭丘子》 - 書亡. 閭丘子(여구자)의 名은 快(쾌). 魏人.

347 《馮促(풍촉)》 - 書亡. 鄭人. 無考.

348 《將鉅子(장거자)》 - 書亡. 六國 시대 인물. 기타 無考.

349 《五曹官制》 - 書亡. 賈誼(가의)의 저서로 추정, 가의는 漢이 건국된 지 20여 년이 지났고 천하가 하나로 통합되었으니 당연히 正朔(정삭)을 바꾸며, 服色과 제도를 바꾸고 官名을 새로 제정하며 禮樂을 일으켜야 한다고 생각하였다. 그리하여 그 儀法의 초안을 마련하였으니 복색은 황색을 숭상하고, 수는 五를 기본으로 하며 모든 관직명을 바꿔야 한다고 상주하였다. 그러나 文帝는 아직 그럴만한 겨를이 없다고 미루었다. 그렇지만 여러 법령을 개정하고 열후가 본국으로 돌아가게 한 주장은 모두 가의가 발의한 것이었다. 이에 문제는 가의를 공경의 지위에 임명하려고 논의케 하였다. 그러나 絳侯 周勃(주발)과 灌嬰(관영), 東陽侯, 馮敬(풍경) 같은 사람들이 모두 가의를 싫어하였고 가의를 헐뜯는 말을 했다. "洛陽 사람은 나이도 어린 초학자인데도 오직 권력을 잡고 싶어서 여러 일에 분란만 일으킨다." 그러자 문제도 나중에는 가의를 멀리하면서 가의의 건의를 채용하지 않았으며, 가의를 長沙王의 太傅로 임명하였다.

350 《周伯》 - 書亡. 전국시대 齊人, 기타 無考.

351 《衛侯官》 - 書亡. 漢代의 저술. 不知 作者. 衛侯는 衛尉(위위). 궁궐 수비 담당.

于長(우장)의 《天下忠臣》 9편.[352]
《公孫渾邪(공손혼야)》 15편.[353]
《雜陰陽》 38편.[354]

이상 陰陽家 21家, 369(368)편이다.

原文

陰陽家者流, 蓋出於羲和之官, 敬順昊天, 歷象日月星辰, 敬授民時, 此其所長也. 及拘者爲之, 則牽於禁忌, 泥於小數, 舍人事而任鬼神.

〖국역〗

陰陽家(음양가) 유파는, 대개 羲和(희화)의 관직에서 나왔는데,[355]

---

352 于長 《天下忠臣》 - 書亡. 于長(우장)은 平陰縣 사람. 漢代. 천하의 忠臣을 五行으로 연관 지어 설명했기에 陰陽家로 분류했다는 주석이 있다.

353 《公孫渾邪(공손혼야)》 - 書亡. 公孫渾邪는 公孫賀(공손하)의 조부. 戰功으로 平曲侯가 되었다. 公孫賀(공손하, ? - 前 91. 公孫은 복성. 장군이며 太僕 역임. 衛青의 매부). 공손하의 선조는 본래 흉노족이었다. 公孫昆邪는(공손혼야, 昆邪는 흉노 單于 아래 왕의 명칭. 昆 사람 이름 혼. 混, 渾과 同. 맏이 곤) 景帝 때 隴西郡守였고 將軍으로 吳, 楚의 반란 진압에 공을 세워 平曲侯에 봉해졌고 저서 10여 편이 있다. 공손하는 武帝 말기 巫蠱(무고) 사건 때 주살되었다. 공손하는 66권, 〈公孫劉田王楊蔡陳鄭傳〉에 입전.

354 《雜陰陽》 - 書亡. 작자 미상.

355 羲和之官 - 羲和(희화)는 羲氏와 和氏의 합칭. 전설에 의하면, 堯가 羲仲

(羲和는) 昊天(호천, 上天)의 뜻을 받들고 天象과 日月과 星辰(성신)을 살펴 농사철을 알려주었으니, 이는 그런 관리들의 長技였다. 그러나 막힌 사람들이 陰陽을 담당하게 되면 禁忌(금기)에 얽매이고, 미세한 小數에 집착하여 人事를 버려두고 임의로 鬼神을 섬기게 된다.[356]

4. 法家

原文

《李子》三十二篇.

《商君》二十九篇.

《申子》六篇.

《處子》九篇.

《愼子》四十二篇.

《韓子》五十五篇.

《游棣子》一篇.

《鼂錯》三十一篇.

(희중)과 羲叔(희숙), 그리고 和仲과 和叔 형제들에게 명하여 사방에 나눠 살면서 天象(天文)을 관찰하여 계절의 변화를 사람들에게 알려주게 하였다.

356 원문 泥於小數, 舍人事而任鬼神 - 泥는 진흙 니. 막히다(滯也). 舍는 그만둘 사(廢也), 집 사.

《燕十事》十篇.

《法家言》二篇.

右法十家, 二百一十七篇.

〖국역〗

《李子》32편.[357]

《商君》29편.[358]

《申子》6편.[359]

《處子(처자)》9편.[360]

《愼子(신자)》42편.[361]

---

357 《李子》 – 書亡. 저자 李悝(이회, 前 455–395년)는 子夏(자하)의 弟子, 魏文侯의 相. 魏國 安邑人(今 山西省 夏縣). 魏國의 變法을 주관. 重農과 法治를 병행하며 부국강병을 추진했다. 商鞅(상앙)과 韓非(한비)에 큰 영향, 法家의 始祖로 알려졌다. 悝는 농담할 회, 근심할 이

358 《商君》 29편 – 今 일부분 存. 商鞅(상앙, 前 390–338년)은 戰國 시대 정치가, 法家의 대표적 인물. 衛國 國君의 후예라 衛鞅(위앙)으로도 호칭. 또는 公孫鞅. 봉읍이 商(상)이라서 商君, 商鞅(상앙)으로도 호칭. 秦 孝公의 相을 역임. '徙木立信(사목입신)' 의 故事가 유명. 《史記 商君列傳》에 입전.

359 《申子》 – 書亡. 申子는 申不害(신불해, 前 420–337년)로 申子는 존칭. 戰國 시대 鄭國 京邑人〔今 河南省 滎陽市(형양시)〕. 鄭國이 韓國에 멸망한 이후 法家 학설로 韓 昭侯의 宰相이 되었다. 法家 중 '術' 을 강조. 《史記 老子韓非列傳》에 입전.

360 《處子(처자)》 – 書亡. 《史記 孟子荀卿列傳》 '而趙亦有公孫龍爲堅白同異之辯, 劇子之言' 의 劇子(극자)가 이 사람이라는 주석이 있다.

《韓子》55편.[362]

《游棣子(유체자)》1편.[363]

《鼂錯(조조)》31편.[364]

361《愼子》42편 – 일부 殘存(잔존),《史記 孟子荀卿列傳》에 입전. 愼到(신도, 前 395 – 315년)는 趙國 邯鄲(한단) 출신. 孟子보다 약간 앞선 시기의 인물. 戰國時의 道家, 法家 思想家. 法家에 三派가 있었으니 愼到는 '勢' 申不害는 '術'. 商鞅(상앙)은 '法'을 중시했다. 신도는 韓에서 주로 활동했다.

362《韓子》55편 – 今存. 韓非(한비, ?前 281 – 233년)는 戰國 시대 말기 韓國(한국)에서 출생. 法家 思想의 대표적 인물. '法, 術, 勢'를 동시에 존중하는 이론을 세워 법가사상을 집대성했다. 韓非는 戰國 七雄 중 가장 약소국인 韓國의 宗室 公子로 출생했다. 심하게 말을 더듬었지만 文筆은 유창하고 우수했다. 前 255 – 247년 사이에 同學 李斯(이사)와 함께 儒家의 大師인 荀子(순자) 문하에서 帝王之術을 공부했지만 이사는 자신이 韓非를 이길 수 없다는 것을 잘 알고 있었다. 韓非는 자신의 학설의 바탕을 道家의 黃老之術에 두고 老子《道德經》을 연구하여《解老》,《喩老》등의 저술을 남겼다. 한비는《孤憤(고분)》,《五蠹(오두)》,《顯學(현학)》,《難言(난언)》및《韓非子》를 저술했다. 한비는 秦에 사신으로 갔다가 秦王 政(정)의 마음에 들지 못했고 결국 투옥되었다가 승상 李斯의 사주로 독살되었다.

363《游棣子(유체자)》– 書亡. 無考. 棣는 산앵두나무 체.

364《鼂錯(조조)》– 書亡. 鼂錯(조조, 前 200 – 154)는 '晁錯', '朝錯'으로도 표기. 鼂는 아침 조.《史記》와《漢書》에는 鼂錯로 기록되었다. 晁(아침 조)는 朝의 古字. 조조는 潁川(영천) 사람으로, 申不害와 商鞅(상앙)의 刑名學을 軹縣(지현)의 張恢(장회) 선생한테 배웠다. 조조는 엄격하고 강직하며 각박한 사람이었다. 文帝 재위 시에 세상에《尙書》를 전공한 사람이 없고, 오직 齊에 伏生(복생)이라는 秦의 博士가 있었으나 90세가 넘어 장안으로 부를 수가 없었다. 太常은 조조를 보내《尙書》를 복생에게 가서 배우게 하였고 조조는 돌아와 배운 것과 학설을 上書하였다. 文帝

《燕十事》 10편.[365]

《法家言》 2편.[366]

이상 法家 10家, 217편이다.

原文

法家者流, 蓋出於理官, 信賞必罰, 以輔禮制. 《易》曰, 「先王以明罰飭法.」 此其所長也. 及刻者爲之, 則無教化, 去仁愛, 專任刑法而欲以致治, 至於殘害至親, 傷恩薄厚.

〖국역〗

法家(법가)의 유파는 理官(이관, 법관)에서 유래되었는데 信賞必罰(신상필벌)로 禮制를 보완하려 했다. 《易 噬嗑卦(서합괘)》[367]에서도

는 이를 옳다고 칭찬하였고, 이에 조조를 太子家令으로 임명하였다. 조조는 언변도 좋아 태자의 신임을 얻었고, 태자궁에서는 조조를 '智囊(지낭)' 이라고 불렀다. 조조는 太子家令으로 근무하였기에 景帝의 신임이 두터웠다. 〈削藩策(삭번책)〉을 주장하여 吳楚七國의 亂의 원인을 제공하였다. 吳와 楚 七國이 함께 모반하면서 조조를 주살하겠다는 명분을 내세웠다. 경제와 조조는 군사 출동을 협의하면서 조조는 경제가 몸소 군사를 거느리고 자신은 장안에 머물면서 수비하고자 하였다. 조조는 결국 政敵인 爰盎(원앙)에 밀려 처형되었다. 49권, 〈爰盎鼂錯傳〉에 입전.

365 《燕十事》 – 書亡. 作者 미상.

366 《法家言》 – 書亡. 作者 미상.

367 《易 噬嗑卦(서합괘)》 – '火雷噬嗑 ☲☳' 噬嗑(서합)은 '깨물다' 의 뜻. 噬는 씹을 서. 嗑은 입을 다물 합.

「先王은 상벌을 분명히 시행하고 국법을 嚴整히 한다.」고 하였으니, 이는 법가의 장점이다.

그러나 각박한 자가 법을 관장하면 敎化가 없고 仁愛를 멀리하며, 오로지 刑法에 의지하여 통치하고, 가까운 친족에게도 잔인하여 은애와 온후한 인정을 해치게 된다.

5. 名家

原文

《鄧析》二篇.

《尹文子》一篇.

《公孫龍子》十四篇.

《成公生》五篇.

《惠子》一篇.

《黃公》四篇.

《毛公》九篇.

右名七家, 三十六篇.

〖국역〗

《鄧析(등석)》 2편.[368]

《尹文子》1편.[369]

《公孫龍子》14편.[370]

《成公生》5편.[371]

《惠子(혜자)》1편.[372]

368《鄧析(등석)》- 今存. 四庫全書에는 子部 法家類로 分類. 鄧析(등석, 前 545-501년)은 春秋 시대 말기 鄭國의 思想家. 鄭子産과 같은 시기. 名家의 주요인물. 저서인《鄧析子》의 眞僞에 대해서는 의논이 많다. 荀子는 鄧析과 惠施(혜시)를 함께 비판하였다. 등석은 刑名之治를 주장하면서 竹刑을 제정해야 한다고 주장했는데, 이는 귀족이 반대하였다. 鄧析(등석)은 鄭의 鼎(정)에 주조된 刑律을 개정하려고 자신이 생각한대로 刑律을 竹簡에 기록하여, 이를 실행해야 한다고 주장하였다. 竹刑은 죽간에 써진 刑律이란 뜻이지만 시행되지 못했다. 등석은 鄭國 大夫 駟歂(사천)에게 피살되었다.

鄭子産(?- 前 522年)은 姬姓, 名僑, 字는 子産. 春秋 말기 鄭國의 재상. 鄭國 백성의 존경을 받았다. 中國 宰相의 典範으로 추앙.

369《尹文子》1편 - 今存. 四庫全書에 子部 雜家類로 분류. 全書 1편, 상. 하 2권, 6천여 字. 尹文(윤문)의 形名 이론을 주축으로 政治之道를 논했다. 名家에서 鄧析(등석)의 학맥을 계승하여 公孫龍(공손룡)에 영향을 주었다. 저자 尹文은 宋銒(송견)과 함께 稷下(직하)에서 유학했다.

370《公孫龍子》14편 - 일부 殘存(잔존). 公孫龍〔공손룡, 前 320-250年, 字는 子秉(자병)〕은 平原君의 門客. 名家의 대표 인물. '白馬非馬', 그리고 '離堅白(이견백)'의 논쟁으로 유명. 惠施(혜시) 또한 공손룡과 비슷한 명성을 누렸다.

371《成公生》- 書亡. 成公生은 姓이 成公(성공), 生은 호칭. 李斯의 아들 李由(이유)가 三川郡守일 때 함께 어울렸다고 한다.

372《惠子》- 書亡. 惠施(혜시, ?前 370-310년)는 戰國 시대 宋國人. 莊子와 같은 시대 인물.《莊子》에 혜시의 담론이 많이 들어있다.〈天下篇〉속의 '歷物十事',〈秋水篇〉의 '濠梁之辯' 등이 그 예이다.

《黃公》 4편.[373]

《毛公》 9편.[374]

이상 名家 7家에 36편이 있다.

原文

名家者流, 蓋出於禮官. 古者名位不同, 禮亦異數. 孔子曰, "必也正名乎! 名不正則言不順, 言不順則事不成." 此其所長也. 及警者爲之, 則苟鉤析亂而已.

〖국역〗

名家[375]의 源流는 禮官에서 나왔다. 옛날에 신분과 지위가 맞지 않으면 의례의 거행도 달랐다.[376] 孔子가 말했다. '반드시 (爲政에

---

373 《黃公》 - 書亡. 4편. 黃公은 黃疵(황자). 秦 始皇帝의 博士. 歌詩를 잘 지었고, 名家의 학문에 밝았다.

374 《毛公》 - 書亡. 毛公은 趙人. 公孫龍 등과 함께 平原君 趙勝(조승)의 문객이었다. 《史記 魏公子列傳 (信陵君 魏 公子 無忌)》에 毛公이 '藏於博徒'란 말이 있다.

375 名家(명가) - 司馬談의 〈論六家要旨〉에서 六家의 하나. 先秦 諸子百家의 하나. 논리학파. 古代 名家의 辯者(변자)들은 實(실)과 名(명)의 명제를 논리적으로 탐구하였으니, 著名란 命題로는 '白馬非馬', '堅白石', '合同異' 등이 있고, 저명한 人物로 鄧析(등석), 公孫龍(공손룡), 宋鈃(송견), 尹文(윤문), 惠施(혜시) 등이 있다.

376 禮亦異數 - 異數는 숫자가 달라진다. 예를 들어 天子는 7廟, 제후는 5廟, 대부는 3廟, 士는 1개의 묘당에서 조상을 제사했다.

서) 명분을 바로잡아야 한다. 명분이 不正하면 言辭가 不順하고, 言不順하면 만사가 不成한다.'[377] 이는 名家의 장점이다. 그러나 거짓된 자가 명분을 내세우면[378] 혼란만 키울 뿐이다.[379]

6. 墨家

原文

《尹佚》二篇.

《田俅子》三篇.

---

377 《論語 子路》子曰, "必也正名乎!" 子路曰, "有是哉, 子之迂也! 奚其正?" 子曰, "野哉, 由也! ~. 名不正, 則言不順, 言不順, 則事不成, ~. 故君子名之必可言也, 言之必可行也. 君子於其言, 無所苟而已矣." 명분이 바르지 않다면 그런 명분에 따라 하는 말이 순리에서 벗어나게 된다. 순리가 아니라면, 또 순리로 설명할 수 없다면 억지나 궤변으로 합리성을 입증해야 한다. 그것은 불가능하다. 그러니 國事가 제대로 성취될 수 없고, 國政이 제대로 추진되지 않는다면 예악이 무너진다. 예악이 붕괴한다면 곧 질서의 문란이고 문화와 학문, 理性과 合理가 제자리를 잡지 못하며, 反知性的, 非文化的, 沒價値的인 僞善(위선)이나 非理, 악덕과 폭력이 난무하게 된다. 이는 法治가 무너진 것이고, 질서유지를 위한 최하위개념인 형벌마저 바로 서지 못한 것이니, 이런 상황에서 백성이 안정된 생활을 하며 자유를 누리겠는가? 백성은 손발을 놀릴 수가 없을 것이다(手足無措, 수족무조). 지금 '手足無措'는 불안한 시대, 공황상태에서 어찌해야 좋을지 모르는 상황을 뜻한다.

378 원문 及警者爲之 - 警는 속일 교(詐也), 소리 지를 교.

379 원문 苟鉤析亂而已 - 鉤는 갈고랑이 구, 析은 쪼갤 석.

《我子》一篇.

《隨巢子》六篇.

《胡非子》三篇.

《墨子》七十一篇.

右墨六家, 八十六篇.

〖국역〗

《尹佚(윤일)》 2편.[380]

《田俅子(전구자)》 3편.[381]

《我子(아자)》 1편.[382]

《隨巢子(수소자)》 6편.[383]

《胡非子(호비자)》 3편.[384]

《墨子》 71편.[385]

---

380 《尹佚(윤일)》 - 書亡. 尹佚(윤일, 생졸년 미상. 尹逸. 史佚)은 周 成王, 康王 시기의 太史. 佚은 편안할 일,

381 《田俅子(전구자)》 - 書亡. 田俅(전구, 田鳩, 田系)는 齊國人. 墨子의 제자. 묵가의 巨子之位를 이어받았다는 주석이 있다. 俅는 공손할 구.

382 《我子》 - 書亡. 墨子의 제자.

383 《隨巢子(수소자)》 - 書亡. 墨翟(묵적, 묵자)의 제자.

384 《胡非子(호비자)》 - 書亡. 墨翟(묵적, 묵자)의 제자. 胡非가 複姓. 생졸년 미상. 齊國人, 墨子는 楚에 유세한 이후 齊에서 오래 활동, 齊國人 제자가 있었다.

385 《墨子》 71편 - 일부 殘存(잔존). 墨子(묵자, ?前 468 - 376년)는 子姓, 墨은

이상 墨子 6家, 86편이다.

原文

墨家者流, 蓋出於淸廟之守. 茅屋采椽, 是以貴儉, 養三老五更, 是以兼愛, 選士大射, 是以上賢. 宗祀嚴父, 是以右鬼, 順四時而行, 是以非命, 以孝視天下, 是以上同, 此其所長也. 及蔽者爲之, 見儉之利, 因以非禮, 推兼愛之意, 而不知別親疏.

〖국역〗

墨家는 종묘를 지키는 관직에서(淸廟之守) 시작되었다. 띠풀 지붕(茅屋, 모옥. 草家)에 참나무 서까래(采椽)로 지은 집에 살면서[386]

氏, 名은 翟(적). 春秋 시대 말기, 戰國 시대 초기의 인물. 宋國人(今 河南省 동쪽 끝 商丘市). 一說 魯國人. 《史記 孟子荀卿列傳》에 '蓋墨翟, 宋之大夫. 善守御 爲節用. 或曰並孔子時, 或曰在其後.' 라 하였기에, 宋人이라 했다. 묵자의 성명, 국적에 대해서는 여러 異論이 많다. 묵자는 형벌을 받아 손발이 굳었고 얼굴도 墨刺(묵자)의 형벌로 검었다는 주장이 있다. 묵자는 非儒, 兼愛(겸애), 非攻, 尙賢, 尙同, 明鬼, 非命, 天志(天도 人格과 같은 의지의 소유주체). 非樂(비악), 節葬(절장), 節用(절용), 交相利 등 儒家와 상반되는 주장을 내세웠고, 당시 영향력이 매우 커서 '儒墨' 이란 말이 통했다. 《千字文》의 「墨悲絲染(묵비사염)」은 《墨子 所染》에서 나왔다.

386 茅屋采椽(모옥채연) – 茅는 띠 모. 잔디. 采는 떡갈나무. 상수리나무〔棌는 참나무 채, 柞木(작목)〕. 질박 검소한 집.

검소를 귀하게 여겼고, 노인을 부양하면서[387] 兼愛(겸애)를 실천했으며, 選士에 大射禮를 행하여 賢者를 높였다. 조상의 제사를 받들고 어른을 존경하며(宗祀嚴父) 귀신을 중히 모셨다.[388] 四時에 순응하며 실행하니 운명이 아니라는 뜻이고(非命),[389] 온 천하 모두에게 孝行을 행하며 모두가 동일하다고 생각했으니,[390] 이는 墨家의 장점이다. 그러나 막힌 愚者(우자)가 이를 따르면 검약의 이득을 알아 儀禮를 실천하지 않고 겸애의 뜻을 추론하여 親疎(친소)의 구별을 모르게 된다.

---

387 養三老五更 – 백성 중에서 50세 이상으로 덕행이 있고 백성을 잘 이끌 만한 자를 골라 三老로 삼아 鄕(향)마다 1인을 두었다. 향의 삼로 중에서 1인을 선발하여 縣의 三老로 임명하여 현령, 현승, 현위를 도와 백성을 교화하게 하였는데 요역과 방수를 면제하였다. 五更(오경)은 경험이 많은 노인을 의미한다. 五更(오경, 五叟로도 표기. 叟는 늙은이 수)은 年老하여 致仕하고 경험(곧 五事인 貌, 言, 視, 聽, 思)이 풍부한 사람이란 뜻으로, 보통 지팡이를 짚지 않아도 되는 公卿으로 致仕(치사)한 사람 중에서 고른다는 주석이 있다. 漢代에 황제가 年老한 三老와 更事致仕한 사람을 모시는 예를 시행한 것은 백성에게 孝悌를 널리 펴기 위한 뜻이었다.

388 是以右鬼 – 右는 높이다. 右鬼는 鬼神을 믿다. 右는 尊尙하다. 漢代에도 右를 높였다.

389 非命 – 儒者의 執命에 반대하며 人德의 수양과 積善을 권장하였는데, 이는 儒家에서 강조하는 위로부터의 敎化에 反하는 뜻이다. 이 문장에는 墨家의 주장을 비난하는(譏) 뜻이 있다.

390 上同은 계급이 아닌, 모두가 同一하다 보아 나라를 다스릴 수 있다고 생각하였다. 墨子는 〈節用〉, 〈兼愛(겸애)〉, 〈上賢〉, 〈明鬼神〉, 〈非命〉, 〈上同〉 등 여러 편에서 자신의 그런 철학을 강조하였다.

7. 從橫家

原文

《蘇子》三十一篇.

《張子》十篇.

《龐煖》二篇.

《闕子》一篇.

《國筮子》十七篇.

秦《零陵令信》一篇.

《蒯子》五篇.

《鄒陽》七篇.

《主父偃》二十八篇.

《徐樂》一篇.

《莊安》一篇.

《待詔金馬聊蒼》三篇.

右從橫十二家, 百七篇.

〖국역〗

《蘇子(소자)》 31편.[391]

---

391 《蘇子(소자)》 - 書亡. 蘇子는 蘇秦(소진, ? - 前 284년, 字는 季子). 東周 雒邑人. 鬼谷子(귀곡자)의 徒弟(도제). 戰國 시대 縱橫家(종횡가). 蘇秦과

《張子》 10편[392]

《龐煖(방훤)》 2편.[393]

《闕子(궐자)》 1편.[394]

《國筮子(국서자)》 17편.[395]

張儀(장의)는 鬼谷子 아래서 함께 縱橫(종횡)의 술수를 배웠다. 이후 몇 년 동안 제후를 찾아 유세했지만 인정을 받지 못했다. 다시 각고하며 《陰符》를 정독한 다음에 유세에 나서 燕 文公의 인정을 받고 사신으로 趙國에 나갔다. 소진은 6國이 合縱(합종)하여 抗秦(항진)해야 한다는 戰略을 유세하여 결국 6국의 연맹을 이루며 '從約長(종약장)' 이 되어 六國의 相印을 지닐 수 있었으며, 이후 15년간 秦은 函谷關을 나올 수 없었다. 나중에 齊가 燕을 침략했고, 소진은 齊에 점령한 땅을 돌려주라고 설득했는데 결국 齊에서 보낸 자객에게 살해되었다. 소진이 성공한 동안 張儀의 연횡책이 설득력을 얻었다. 《史記 蘇秦列傳》에 입전.

392 《張子》 - 書亡. 張儀(장의, 前 373 - 310년)는 魏國 安邑人(今 山西省 夏縣). 戰國 시기의 저명한 縱橫家. 蘇秦과 함께 鬼谷子(귀곡자)의 徒弟로 수학했다. 楚에서 도적으로 몰려, 수백 대를 얻어맞고도 '혀는 남아 있으니 괜찮다.' 고 말했다. 秦과 和親하고 동맹하여 평화를 유지하자는 連橫策(연횡책, 連衡)을 주장하여 秦 惠文王에게 중용되었고 蘇秦의 합종책을 해체시켰다. 前 311년, 秦 惠文王이 죽고 그 아들 武王이 즉위하자, 武王과 사이가 안 좋았던 장의는 고국 魏에 돌아와 죽었다. 1973年 長沙의 馬王堆(마왕퇴) 漢墓에서 출토된 《戰國縱橫家書》의 기재에 의하면, 蘇秦은 前 284년, 張儀는 前 310년에 죽었고, 일부 내용은 《史記》나 《資治通鑑》과 다르다고 하였다. 《史記 張儀列傳》에 立傳.

393 《龐煖(방훤)》 - 書亡. 龐은 클 방. 煖은 따뜻할 난, 온난할 훤(煖音 許遠反이라는 주석이 있다.) 龐煖(방훤, 생졸년 미상. 一作 龐煥, 龐援)은 《史記 廉頗藺相如列傳(염파인상여열전)》의 馮煖(풍훤). 趙國의 將領, 縱橫家.

394 《闕子(궐자)》 - 書亡. 闕(집 궐)이 姓.

395 《國筮子(국서자)》 - 書亡. 國이 姓. 筮는 점대 서. 無考.

秦《零陵令信(영릉령신)》 1편.[396]

《蒯子(괴자)》 5편.[397]

《鄒陽(추양)》 7편.[398]

《主父偃(주보언)》 28편.[399]

---

396 秦《零陵令信》 - 書亡. '秦의 零陵(영릉) 縣令인 信(신)이란 사람이 올린 글' 이란 뜻. 승상 李斯(이사)를 힐난하는 내용이라는 주석이 있다.

397 《蒯子》 - 書亡. 蒯通(괴통)은 人名. 蒯는 풀이름 괴, 땅이름 괴, 성씨 괴. 本名은 徹. 武帝의 이름 '徹' 을 諱하여 후세 史家들이 '通' 으로 고쳐 썼다. 辯才無雙, 韓信의 謀士. 대장군 韓信은 괴통의 헌책을 받아들여 齊 땅을 모두 평정하고 임시 齊王이 되었다. 漢王은 그때 滎陽(형양)에서 楚에 패배했었는데, 張良을 보내 한신을 齊王으로 임명하여 齊 땅을 안정시켰다. 이때가 한신의 절정기였고, 漢王은 열세였던 시기였다. 괴통은 '하늘이 주어도 취하지 않으면 도리어 화를 당하고, 때가 되었는데도 실행하지 않는다면 재앙을 받는다.' 또 속언에 '들판의 새를 사냥했으면 사냥개를 삶아먹고(野禽殫, 走犬亨), 敵國이 격파되면 謀臣을 죽여버린다(敵國破, 謀臣亡).' 면서 韓信에게 三分天下를 권했었다. 천하가 안정되었고, 그 뒤에 한신은 죄에 걸려 폐위당해 淮陰侯(회음후)가 되었는데, 나중에 모반죄에 걸려 죽기 전에 탄식하며 말했다. "괴통의 말을 따르지 않아 여자의 손에 죽게 된 것을 후회하노라!(悔不用蒯通之言, 死於女子之手!)" 45권, 〈蒯伍江息夫傳〉에 입전.

398 《鄒陽(추양)》 7편 - 書亡. 鄒陽(추양, ? - 前 120)은 문장가. 縱橫家로 분류됨. 景帝 때, 吳王 劉濞(유비)가 반역할 조짐을 보이자 〈上吳王書〉를 올려 간했으나 듣지 않자 梁 孝王 劉武를 찾아갔다. 그러나 참언으로 하옥되자 〈獄中上梁王書〉를 올려 자기 변호를 했다. 이는 전형적인 전국시대 문장의 辯士 風格으로 유명하다. 51권, 〈賈鄒枚路傳〉에 입전. 《史記 魯仲連鄒陽列傳》 참고.

399 《主父偃(주보언)》 - 書亡. 主父偃(주보언, ? - 前 126)의 主父는 복성. 父(보)는 남자에 대한 미칭. 偃은 넘어질 언. 主父偃(주보언)은 齊國의 臨菑(임치) 사람이었다. 종횡가의 遊說術을 배웠고 만년에 《易經》과 《春

《徐樂(서악)》 1편.[400]

《莊安(장안)》 1편.[401]

《待詔金馬聊蒼(대조금마 요창)》 3편.[402]

秋》, 그리고 百家의 학술을 공부했다. 齊의 여러 제후나 왕자, 儒生들은 서로 주보언을 배척하여 齊에서 인정받지 못했다. 나중에 우여곡절 끝에 무제에게 상서했고 무제의 인정을 받았다. 무제는 "公은 어디에 있었는가? 어찌 이제야 만나게 되었는가!"라고 말하면서 주보언을 郎中에 임명하였다. 주보언은 자주 상서하여 정사를 논했는데 謁者, 中郎將, 中大夫로 승진하여 일 년에 4번이나 자리를 옮겼다. 武帝는 主父偃의 推恩令을 채택하여 제후가 자제를 분봉하고 땅을 나누어줄 수 있게 하였는데 결과적으로 제후왕의 세력을 크게 약화시켰다. 武帝 衛皇后를 尊立하였고 燕王 劉定國의 음행을 밝혀내는데 주보언의 힘이 컸다. 대신들은 모두 주보언의 입을 두려워하며 수천 금의 재물을 바쳤다. 어떤 사람이 주보언에게 말했다. "너무 멋대로 한다!" 그러자 주보언이 말했다. "내가 成人이 되어 떠돌며 배우기 40여 년, 출세하지 못했기에 부모도 나를 자식으로 여기기 않았고, 형제들도 나를 거두지 않았으며, 빈객들도 나를 외면했으니 궁색했던 시절이 너무 길었습니다. 사내가 태어나 大夫가 되어 출세하지 못한다면 큰 솥에 팽살당할 뿐입니다! 날은 저물고 길은 멀기에 常理를 따를 수 없습니다." 나중에 주보언 일족은 멸족되었다. 64권, 〈嚴朱吾丘主父徐嚴終王賈傳 上〉에 입전.

400 《徐樂(서악)》 – 書亡. 徐樂(서악, 생몰년 미상)은 전한 무제의 신하. 無終縣人〔今 天津直轄市 관하의 薊縣(계현)〕. 《漢書》에 元朔 원년(前 128)에 올린 〈上武帝書〉가 수록되었다. 64권, 〈嚴朱吾丘主父徐嚴終王賈傳 上〉에 입전.

401 《莊安》 – 書亡. 본명 嚴安(엄안). 臨菑(임치) 사람. 엄안이 전임 丞相史의 자격으로 올린 〈上武帝書〉가 《漢書》 64권, 〈嚴朱吾丘主父徐嚴終王賈傳 下〉에 수록되었다.

402 《待詔金馬聊蒼(대조금마요창)》 – 書亡. 3편. 待詔金馬는 관직명. 聊蒼〔요창, 聊 의지할 요(료)〕가 姓. 武帝 때 趙人. 그 밖에 無考. 待詔(대조)는

이상 從橫家 12家, 107편.

原文

從橫家者流, 蓋出於行人之官. 孔子曰, "誦《詩》三百, 使於四方, 不能專對, 雖多亦奚以爲?" 又曰, "使乎, 使乎!" 言其當權事制宜, 受命而不受辭, 此其所長也. 及邪人爲之, 則上詐諼而棄其信.

〚국역〛

從橫家(종횡가, 縱橫)[403]는 行人의 관직에서 시작되었다.[404] 孔子가 말했다. "《詩》 3백 편을 외우더라도 사방에 사자로 나가 專對하지

徵士(징사)의 한 종류이며 漢代의 특수 관직명. 詔는 황제의 명령을 기록한 문서. 명망이 있는 人才를 重用하기 전에 우선 待詔(조서는 기다린다는 뜻)라는 직명을 부여한다. 황제의 부름을 받아 대기하다가 조서를 받고 그에 따른 임무를 수행 또는 자문에 응하는 관직. 待詔의 종류로 待詔金馬, 待詔殿中, 待詔保宮, 待詔公車, 待詔黃門, 待詔丞相府 등이 있다. 특수한 분야의 전문가인 경우, 예를 들어 太史, 治曆, 音律, 本草의 경우에는 ○○待詔라고 불렀다.

403 從橫家 - 南北曰 縱(從), 東西曰 橫. 전국시대 후반에 秦은 막강했고 나머지 6국은 군사력이 약했다. 이에 衆弱이 남북으로 연합하여 서쪽의 彊秦에 대항해야 한다는 외교방책이 합종책이었다. 秦과 화평하여 국가를 보전하며 다른 약국의 침략을 막을 수 있다는 방책이 連橫策이다.(연횡책, 連衡, 여기 衡은 가로 횡). 이런 주장을 펴는 縱橫家는 權變(권변, 상황에 따는 능동적 변화)을 숭상하며 文辭와 辯說에 뛰어났었다.

404 行人 - 使者.《周禮》에서는 秋官에 속한 大行人, 小行人이 있었다.

못한다면 비록 많이 외운들 무얼 하겠는가?"[405] 또 "使者로다. 훌륭한 사자로다!(使乎, 使乎!)"[406] 하였는데, 이 말은 使者가 상황에 따라 일을 적절하게 처리한 것이니, 사자는 명을 받지만 해야 할 말을 받지는 않으니,[407] 이는 종횡가의 장점이다. 그러나 사악한 자가 遊說(유세)를 하면 윗사람을 속이거나 신의를 잃게 된다.[408]

8. 雜家

原文

《孔甲盤盂》二十六篇.

---

405 《論語 子路》 子曰, "誦詩三百, 授之以政, 不達, 使於四方, 不能專對, 雖多, 亦奚以爲?" 이는 《詩》의 실용성을 강조한 말이다. 《詩經》의 그 본질은 詩歌라는 문학 형식이고, 거기에 이런 저런 지식인의 潤飾(윤식)이 보태지면서 周 귀족 자제의 교재로 활용되었다. 그래서 귀족 자제들은 13세가 되면 樂과 詩를 배웠다고 한다. 이런 詩를 배우면서 우아하고 고상한 언어로 자신의 뜻이나 여러 사실을 표현하였고 교제와 외교에서도 詩를 인용하게 되었다.

406 《論語 憲問》 蘧伯玉使人於孔子. 孔子與之坐而問焉, 曰, "夫子何爲?" 對曰, "夫子欲寡其過而未能也." 使者出. 子曰, "使乎! 使乎!"

407 受命而不受辭 – 사신으로 상대방 나라에 갈 때, 예를 들어 군주를 설득하여 동맹을 체결하라는 사명을 받지만, 무슨 말을 하라는 명령을 받아가지는 않는다. 곧 사신으로 나가서는 상황에 따라 대처해야 한다는 뜻.

408 원문 則上詐諼而棄其信 – 詐는 속일 사. 諼은 속일 훤. 거짓말(詐言).

《大禹》三十七篇.

《五子胥》八篇.

《子晩子》三十五篇.

《由余》三篇.

《尉繚子》二十九篇.

《尸子》二十篇.

《呂氏春秋》二十六篇.

《淮南內》二十一篇.

《淮南外》三十三篇.

《東方朔》二十篇.

《伯象先生》一篇.

《荊軻論》五篇.

《吳子》一篇.

《公孫尼》一篇.

《博士臣賢對》一篇.

《臣說》三篇.

《解子簿書》三十五篇.

《推雜書》八十七篇.

《雜家言》一篇.

右雜二十家, 四百三篇. (入兵法.)

【국역】

《孔甲盤盂(공갑반우)》 26편.[409]

《大禹(대우)》 37편.[410]

《五子胥(오자서)》 8편.[411]

《子晩子(자만자)》 35편.[412]

《由余(유여)》 3편.[413]

《尉繚子(위료자)》 29편.[414]

《尸子(시자)》 20편.[415]

---

409 《孔甲盤盂(공갑반우)》 - 書亡. 孔甲(공갑)은 黃帝의 史官, 夏帝인 孔甲은 관련 없는 인물. 夏帝 孔甲(공갑)은 귀신으로 분장하고 음란한 행위를 좋아했던 昏君(혼군)이었다. 盤盂(반우)는 둥근 받침(盤, 소반 반)에 4각형의 사발(盂는 사발 우). 거기에 자신을 훈계하는 글을 銘(새길 명)이라 한다.

410 《大禹(대우)》 - 書亡. 夏禹가 지었다고 한다.

411 《五子胥(오자서), 伍子胥》 - 書亡. 伍員(오원, ? - 前 484년)은 春秋 시대 吳나라의 장군. 본래 楚의 公族. 박해를 피해 吳에 망명. 吳王 闔閭(합려)에 의해 重用되어 大破 楚國했다. 吳王 夫差(부차)가 繼位한 뒤에 참소를 받아 죽었다.

412 《子晩子》 - 書亡. 齊人, 議兵을 좋아했다는 주석이 있다. 기타 無考.

413 《由余(유여)》 - 書亡. 본래 晉에서 戎人(융인) 땅에 이주했던 사람. 秦에 사신으로 와서 穆公(목공, 繆公)을 만나 大夫가 되었다. 《史記 秦本紀》에 관련 기록이 있다.

414 《尉繚子(위료자)》 - 書亡. 尉(위)는 姓에 繚(감길 료)가 名. 六國 시대 저작. 《尉繚子》의 작자를 魏 惠王 시대의 隱士(은사), 또는 秦始皇 시기의 大梁人 尉繚(위료)로 라는 주장이 있다. 兵形勢書로 분류된 《尉繚》 31篇과 다른 책으로 알려졌다. 1972년 山東省 臨沂市(임기시) 銀雀山(은작산) 漢墓에서 《尉繚子》의 殘簡(잔간)이 출토되었는데, 이를 보면 《尉繚子》가 漢代에도 유행했음을 알 수 있다.

《呂氏春秋(여씨춘추)》 26편.[416]

《淮南內(회남내)》 21편.[417]

---

415 《尸子(시자)》 – 書亡. 尸(주검 시). 尸子는 尸佼(시교, 前 390 – 330년)는 戰國 시대의 晉國人(또는 魯國, 楚國人 / 《史記 孟子荀卿列傳》에는 楚人). 儒家 또는 雜家로 분류. 商鞅(상앙)의 門客으로 상앙의 변법에 참여했다. 상앙이 피살되자 蜀으로 망명했고 거기서 죽었다. '四方上下曰宇, 往古來今曰宙' 라 하여 宇宙(우주)란 말을 처음 만들어낸 사람으로 알려졌다.

416 《呂氏春秋(여씨춘추)》 26편 – 書存. 秦相 呂不韋(여불위)가 智略之士를 모아 편집한 책. 呂不韋(여불위, 前 292 – 235)는 처음에는 大商人(奇貨可居의 故事), 13년간 秦國의 相 역임. 門客을 모아 《呂氏春秋》를 편찬했는데, 先秦 雜家의 대표적 인물(兼儒墨하고 合名法). 뒷날 嫪毒(노애) 집단의 견제를 받아 相國에서 물러나 河南에 거처하다가 蜀으로 유배되자 三川郡(今 洛陽)에서 자살했다. 《史記 呂不韋列傳》 참고.

《呂氏春秋》는 八覽, 六論, 十二紀로 총 20여만 言. 여불위는 책이 완성되자, 《呂氏春秋》는 天地 萬物과 古往今來의 事理를 모두 다 집대성했다고 자부하면서 함양성 성문에 책과 함께 1천금의 상금을 걸어놓았다(懸賞金). 그러면서 《呂氏春秋》에 一字라도 가감하거나 고칠 곳이 있다면 1천금을 상으로 주겠다고 공표했다(一字千金). 그러나 아무도 고치겠다고 나서는 사람이 없었다. 권세는 그처럼 무서웠다.

417 《淮南內》 21편 – 書存. 저자는 淮南王 劉安(前 179 – 122)으로, 고조의 막내아들 劉長의 아들이니, 고조의 孫子이다. 景帝 때 吳楚七國의 난에는 가담하지 않았다. 淮南王 劉安은 사람됨이 학문과 彈琴(탄금)을 좋아하였지만 사냥이나 말달리기를 좋아하지 않았으며, 음덕을 베풀어 백성을 잘 보살펴 이름을 후세에 전하려 하였다. 劉安이 책을 좋아하였지만 그가 모은 책은 대개 浮華한 책이 많았다. 회남왕 유안은 빈객과 方術에 통한 사람들을 불러 모았고 門客과 함께 《淮南子》(原名은 鴻烈) 저술하였다. 《內書》 21편을 지었으며 그 외에 《中篇》 8권이 있고, 神仙과 黃白之術을 포함하는 총 20여만 자의 저술이었다. 그 당시에 武帝도 학문을 좋아했기에 유안을 諸父(숙부)로 받들었고, 언변에 박식하고 文辭

《淮南外》 33편.[418]

《東方朔(동방삭)》 20편.[419]

《伯象先生(백상선생)》 1편.[420]

《荊軻論(형가론)》 5편.[421]

가 뛰어나 유안을 매우 존중하였다. 유안은 武帝 元狩 元年(前 122) 반란 계획이 드러나자, 아들과 함께 자살했다. 그러나 민간에서는 得道하여 신선이 되었다고 믿었다.('一人得道, 雞犬升天' 의 주인공). 두부를 최초로 만들었기에 지금도 두부 집에서는 신으로 모신다.

418 《淮南外》 33篇 - 書亡. 淮南 內篇은 論道, 外篇은 雜說이라는 주석이 있다.

419 《東方朔(동방삭)》 20편 - 일부 殘存(잔존). 武帝는 즉위하면서 천하에 方正, 賢良, 文學, 材力의 인재를 구하면서 일반적인 절차에 구애받지 말고 천거하라고 하였다. 동방삭이 장안에 올라와 상서했다. "~. 臣 동방삭은 모두 44만자를 외우고 있습니다. 臣 동박삭은 22세이며, 신장은 9자 3치이며 눈은 구슬을 매단 듯하고, 치아는 조개처럼 가지런하며, 孟賁(맹분)처럼 용감하고 慶忌(경기)처럼 민첩하며, 鮑叔(포숙)처럼 염치를 알고 尾生(미생)처럼 신의를 지키는 사람이기에, 저는 천자의 大臣이 되어야 합니다. 臣 동방삭은 죽음을 무릅쓰고 재배하며 아뢥니다." 동방삭의 글은 오만불손하며 한껏 자신을 칭찬했는데도 무제는 특별하다고 생각하여, 待詔公車에 임명하였으나 봉록은 박했고 천자를 알현하지도 못했다. 이후 동방삭은 무제의 신임을 받으며 무난한 관직생활을 했지만 고위직에 오르지는 못했다. 동방삭의 글로는 〈答客難〉, 〈非有先生之論〉 2편이 가장 우수하다. 그 나머지 〈封泰山〉, 〈責和氏璧〉 및 〈皇太子生禖〉, 〈屛風〉, 〈殿上柏柱〉, 〈平樂觀賦獵〉이나 八言과 七言詩 상, 하편, 그리고 〈從公孫弘借車〉 등이 있다.

420 《伯象先生》- 書亡. 隱者의 저서로 추정.

421 《荊軻論(형가론)》- 書亡. 荊軻가 燕 태자 丹을 위해 秦王 政을 刺殺(척살)하려 했던 일은 前 227년이었다. 司馬遷의 《史記 刺客列傳》 중 '圖窮匕見(도궁비현)' 의 순간은 독자도 숨을 멈춘다. 여기서는 唐 駱賓王

《吳子》 1편.[422]

《公孫尼(공손니)》 1편.[423]

《博士臣賢對》 1편.[424]

《臣說(신열)》 3편.[425]

《解子簿書(해자부서)》 35편.[426]

《推雜書(추잡서)》 87편.[427]

《雜家言(잡가언)》 1편.[428]

이상 雜家 20家, 403편이다.

(낙빈왕, 640? - 684?)의 五言絶句로 설명을 대신한다.

〈역수에서 장사를 전송하다(於易水送人)〉

여기서 燕태자 旦과 작별하는데(此地別燕丹),

壯士의 두발은 冠을 추켜올렸다(壯士髮衝冠).

옛날의 그 사람 이미 죽고 없지만(昔時人已沒),

오늘의 이 강물 더욱 차가웁구나!(今日水猶寒!)

- 필자의 《唐詩大觀》(卷 一) -

422 《吳子》 1편 - 書亡. 兵權謀家의 吳起(오기)와는 다른 책.

423 《公孫尼(공손니)》 - 書亡. 儒家의 《公孫尼子》와는 다른 책.

424 《博士臣賢對》 - 書亡. 저자는 漢代의 博士인 이름이 賢(현). 韓非子와 商鞅(상앙)을 비판하는 내용.

425 《臣說(신열)》 - 書亡. 武帝 때 說(열)이란 사람이 지은 賦(부)라는 주석이 있다. 이 부분이 雜家에 대한 책을 소개하는데, 賦는 아마 衍字(연자, 쓸모없이 들어간 字)라는 주석도 있다. 詩賦家에 《臣說(신열)》 9편이 있다.

426 《解子簿書(해자부서)》 - 書亡. 기타 無考.

427 《推雜書(추잡서)》 - 書亡. 無考.

428 《雜家言(잡가언)》 - 書亡. 王道와 覇道를 논한 책. 不知作者.

原文

雜家者流, 蓋出於議官. 兼儒,墨, 合名,法, 知國體之有此, 見王治之無不貫, 此其所長也. 及盪者爲之, 則漫羨而無所歸心.

〖국역〗

雜家 학파는 議官(의관)에서 시작되었다. 儒家와 墨家의 사상을 아우르고(兼儒, 墨), 名家와 法家의 주장도 통합하나니(合名, 法), 治國의 大體가 여기에도 있음을 볼 수 있고,[429] 王者 治國의 道가 다양함을 알 수 있는 것이[430] 雜家의 장점이다. 그러나 방종한 자가 이런 학문을 하면 放漫(방만)하여 어디에 귀착할 바를 모른다.

9. 農家

原文

《神農》二十篇.

《野老》十七篇.

《宰氏》十七篇.

---

429 원문 知國體之有此 – 國體는 治國의 大體. 此는 雜家之說.

430 원문 見王治之無不貫 – 王者의 治國에 百家之道가 다 필요하기에 한 가지 사상이나 주장만으로 일관할 수 없다.

《董安國》十六篇.

《尹都尉》十四篇.

《趙氏》五篇.

《氾勝之》十八篇.

《王氏》六篇.

《蔡癸》一篇.

右農九家, 百一十四篇.

〖국역〗

《神農》 20편.[431]

《野老》 17편.[432]

《宰氏(재씨)》 17편.[433]

《董安國(동안국)》 16편.[434]

---

431 《神農》 20편 - 書亡. 神農氏(신농씨)에 가탁했으나 五行이나 占卜 등 미신적 내용이 많고, 重農을 강조하나 농업 기술이나 실무 내용은 없다는 주석이 있다. 神農氏(신농씨, 烈山氏, 連山氏)는 신화 속 인물. 지금의 여러 이미지는 戰國 시대의 기록으로 추정. '神農이 모든 초목을 맛보아(嘗百草)' 의료와 농경을 가르친 사람. 그래서 '藥王', '五穀王', '五穀先帝', '神農大帝' 등으로 추앙. 地皇으로도 호칭.

432 《野老》 - 書亡. 野老는 늙은 농부(年老居田野, 相民耕種). 六國 시대 齊나 楚 일대 농사 관련 서적. 《呂氏春秋》의 〈上農〉, 〈任地〉, 〈辨土〉, 〈審時〉편과는 무관.

433 《宰氏(재씨)》 - 書亡. 無考.

434 《董安國(동안국)》 - 書亡. 漢代 內史라는 주석, 어느 帝인지 미상. 내사

《尹都尉(윤도위)》 14편.[435]

《趙氏》 5편.[436]

《氾勝之(범승지)》 18편.[437]

《王氏》 6편.[438]

《蔡癸(채계)》 1편.[439]

이상 農家는 9家, 114편이 있다.

原文

農家者流, 蓋出於農稷之官. 播百穀, 勸耕桑, 以足衣食,

는 각 제후국의 행정실무 담당자. 제후국의 相 아래 자리.

435 《尹都尉(윤도위)》 - 書亡. 不知何世. 都尉는 武官 직명. 각 郡의 치안과 군사 관련 업무 담당.

436 《趙氏》 - 書亡. 本書 〈食貨志〉에 나오는 趙過(조과)란 사람으로 추정한다는 주석도 있다. 武帝는 趙過(조과)를 搜粟都尉(수속도위, 군량 조달 책임자)에 임명하였다. 조과는 쉽게 경작할 수 있도록 一畝(무)의 땅에 3개의 밭도랑을 만들게 했다. 해마다 밭도랑의 위치를 바꿔(易) 농사짓게 하였기에 代田(대전)이라고도 했다.

437 《氾勝之(범승지)》 - 書亡. 《氾勝之書》. 氾勝之는 成帝 때 議郎. 모범 농사법을 권장. 나중에 御使가 되었다. 黃河 流域의 農業 生産 經驗을 종합 개선하여 區田法, 溲種法(수종법), 穗選法(수선법), 嫁接法(가접법) 등을 보급. 중국에서 가장 빠른 시기의 農書로 알려졌다.

438 《王氏》 - 書亡. 내용 미상.

439 《蔡癸(채계)》 - 書亡. 宣帝 時 弘農太守. 〈食貨志〉에 '(선제 때) 蔡癸(채계)는 농사를 좋아하여 각 郡國을 돌며 勸農했는데 大官까지 승진하였다.' 라는 기록이 있다.

故八政一曰食, 二曰貨. 孔子曰, "所重民食", 此其所長也. 及鄙者爲之, 以爲無所事聖王, 欲使君臣並耕, 誖上下之序.

〖국역〗

農家는 농사를 담당하는 農稷(농직)의 官에서 시작되었다. 온갖 곡식을 재배하고 농사와 길쌈을 권장하여 衣食을 넉넉케 하나니, 그래서 八政[440]의 첫째가 식량이고 둘째가 物貨이다. 孔子는 "백성의 양식을 소중히 여겨야 한다."고 하였으니,[441] 이는 農家의 장점이다. 그러나 비루한 자가 일을 담당하면 聖王이라도 받들 필요가 없다며, 주군이나 신하 모두 농사일을 해야 한다며 상하의 질서를 어지럽힌다.[442]

10. 小說家

原文

《伊尹說》二十七篇.

---

440 〈洪範九疇〉의 八政은 一曰食, 二曰貨, 三曰祀(사, 제사), 四曰司空(사공, 백성 안정), 五曰司徒(사도, 백성 교화), 六曰司寇(사구, 司法), 七曰賓(빈, 손님 접대, 외교), 八曰師(軍事)를 말한다.

441 "所重民食" -《論語 堯曰》"~ 所重, 食喪祭." 食量, 喪禮, 祭祀를 소중히 여기다.

442 원문 誖上下之序 - 誖는 어지러울 패. 어지럽히다(亂也).

《鬻子說》十九篇.

《周考》七十六篇.

《青史子》五十七篇.

《師曠》六篇.

《務成子》十一篇.

《宋子》十八篇.

《天乙》三篇.

《黃帝說》四十篇.

《封禪方說》十八篇.

《待詔臣饒心術》二十五篇.

《待詔臣安成未央術》一篇.

《臣壽周紀》七篇.

《虞初周說》九百四十三篇.

《百家》百三十九卷.

右小說十五家, 千三百八十篇.

【국역】

《伊尹說(이윤설)》 27편.[443]

---

443 《伊尹說(이윤설)》 – 書亡. 道家書에 《伊尹(이윤)》 51편이 있으나 書亡. 伊尹(이윤, ?前 1649 – ?1549)의 姓은 姒, 伊氏, 名은 摯(지). 商朝의 名臣. 중국 주방장의 神. 商 湯王(탕왕)의 廚師(주사, 주방장), 商湯에게 음식을 올릴 기회를 틈타 천하 형세를 분석. 이에 탕왕은 이윤을 阿衡(아형, 재

《鬻子說(육자설)》 19편.[444]

《周考》 76편.[445]

《青史子》 57편.[446]

《師曠(사광)》 6편. [447]

《務成子(무성자)》 11편.[448]

《宋子》 18편.[449]

《天乙》 3편.[450]

《黃帝說》 40편.[451]

상, 후에는 이윤을 지칭하는 말로 변했다.)에 임명했다. 伊尹과 관련한 전설과 그 生平이 충분히 소설적 요소가 많다. 그 언어가 천박하여 伊尹에 가탁한 것이라는 주석이 있다.

444 《鬻子說(육자설)》 – 書亡. 道家의 《鬻子》와는 다른 책.

445 《周考》 – 書亡. 無考.

446 《青史子》 – 書亡. 青史는 複姓. 晉 太史 董狐(동호)의 아들이 青史의 땅에 피봉된 뒤, 거주하며 姓으로 삼았다는 주석이 있다. 周 史官의 記事라는 주석도 있다.

447 《師曠(사광)》 – 書亡. 〈兵書略〉 陰陽家의 《師曠(사광)》 8편은 다른 책. 師曠(字는 子野)은 晋國의 盲人 樂師. 平公의 신하.

448 《務成子》 – 書亡. 務成子는 務成昭, 巫成(무성)으로도 표기. 道教 興起이전, 전설 속의 神仙. 堯가 務成子에게 배웠다는 전설이 있다.

449 《宋子》 – 書亡. 黃老 사상에 관한 내용. 宋子는 宋鈃(송견). 《莊子 天下》와 《荀子 非十二子》에서는 '宋鈃(송견)', 《孟子 告子》에서는 '宋牼(송경)', 《韓非子 顯學》에서는 '宋榮(송영)' 등으로 나온다. 전국시대 宋나라의 사상가. 道家, 墨家, 名家, 雜家, 小說家에서 모두 宋子를 볼 수 있다.

450 《天乙》 – 書亡. 天乙은 商의 湯王(탕왕). 후인의 가탁일 것이라는 주석이 있다.

451 《黃帝說》 – 書亡. 황당한 내용이라 후인의 가탁일 것이라는 주석이 있다.

《封禪方說(봉선방설)》 18편.[452]

《待詔臣饒心術(대조신요심술)》 25편.[453]

《待詔臣安成未央術(대조신안성미앙술)》 1편.[454]

《臣壽周紀(신수주기)》 7편.[455]

《虞初周說(우초주설)》 943편.[456]

《百家》 139권.[457]

이상 小說 15家에, 1,380(1,390)편이다.[458]

---

452 《封禪方說》 – 書亡. 봉선의 절차에 관한 내용일 것이라는 주석.

453 《待詔臣饒心術(대조신요심술)》 – 書亡. 武帝 때. 待詔는 관직명. 饒(요)는 이름. 황제에게 올라가는 모든 글에 이름만 쓸 수 있고 姓은 쓸 수 없다. 곧 臣 ○○이면 된다. 心術이 書名이다.

454 《待詔臣安成未央術》 – 書亡. 저자 이름이 安成(안성). 未央(미앙)은 끝이 없다. 道家의 養生術에 관한 내용.

455 《臣壽周紀(신수주기)》 – 書亡. 宣帝 時 項國(항국)의 圉縣(어현) 사람. 項國(항국)은 미상.

456 《虞初周說(우초주설)》 – 書亡. 虞初(우초)는 인명. 洛陽人. 張衡(장형)의 〈西京賦〉에 나오는 '小說九百, 本自虞初'가 이를 언급했다. '周書를 바탕으로 한 이야기' 정도로 예상할 수 있는데, 943편의 분량이 어느 정도인지 짐작할 수 없다.

457 《百家》 – 書亡. '城門失火하니 禍及池中魚라.'는 속언이 있다. 이 말을 가지고 얼마나 많은 이야기를 만들 수 있겠는가? 池中魚를 人名으로 생각하고 이야기를 꾸밀 수 있고, 城池의 물고기로 생각해도 된다. 엉뚱한 일로 善人이 피해를 본다는 뜻으로 교훈을 만들어내도 좋다. 이것이 옛사람이 생각한 小說이다.

458 여기 小說이란 짤막한 이야기, 간단하고 자잘한 逸話(일화) 또는 세상에 떠도는 이야기를 재정리한 글이란 뜻으로 사용되었다. 이 小說 작품은

原文

小說家者流, 蓋出於稗官. 街談巷語, 道聽塗說者之所造也. 孔子曰, "雖小道, 必有可觀者焉, 致遠恐泥, 是以君子弗爲也." 然亦弗滅也. 閭里小知者之所及, 亦使綴而不忘. 如或一言可采, 此亦芻蕘狂夫之議也.

凡諸子百八十九家, 四千三百二十四篇.

『국역』

小說家 유파는 稗官(패관)[459]에서 나왔다. 街談巷語(가담항어)[460]나 道聽塗說(도청도설)하는 백성이 만들어낸다. 孔子[461]는, "비록 小道

작가에 의하여 짜임새 있게 구성된 작품이 아니고, 철학적 의미를 가진 짤막한 주장이나 정사에 수록되지 않은 野史의 내용이거나, 또는 方士들에 관한 이야기이다. 이런 소설들은 길이가 짧고 재미있으며, 修身에 도움이 되거나 변설이나 언행에 도움이 된다는 공통점이 있다. 이후 중국문학사에서 小說과 비슷한 뜻으로 사용되는 말로는 說話(설화), 稗官(패관), 評話(평화), 變文(변문) 등이 있다. 여기의 소설은 뒷날 明清시대 四大奇書와 같은 長篇章回小說 탄생의 씨앗이 되었다.

459 稗官(패관) – 稗는 피 패. 밭곡식 이름. 우리나라에서는 먼 옛날은 모르겠으나 밭곡식 피를 거의 재배하지 않았다. 논에 나는 벼와 아주 비슷한, 고약한 잡초인 '피'가 있다. 稗는 잘다. 굵거나 크지 않다. 街談巷說(가담항설)을 자질구레하고 시시콜콜한 이야기로 보았다. 稗官은 小官. 패관을 보내 민간에 떠도는 이야기를 채집하여 그로써 民情을 살폈다.

460 街談巷語 – 巷은 골목 항. 마을의 안 길.

461 《論語 子張》에 나오는 子夏의 말이다. 子夏曰, "雖小道, 必有可觀者焉, 致遠恐泥, 是以君子不爲也." 여기서 小道는 百工의 技藝(기예) 또는 농

이나 반드시 볼만한 점이 있으며, 큰 뜻을 이루는데 장애가 될 수 있어 군자는 그런 일을 하지 않는다."고 하였고, 그러하기에 또 없어지지도 않는다.[462] 마을의 작은 지식을 가진 자들이 만들어내기에 그치지 않고 또 잊히지도 않는다. (小說이) 나무꾼이나 허튼 소리나 하는 사람의 의논일지라도[463] 받아들일 만한 것이 있을 것이다.

諸子는 총 189家에 4,324편이다.

사나 원예, 醫術과 占卜(점복), 음악 등의 재능을 의미한다. 百家의 書는 異端의 雜書라고 해설한 사람도 있다. 名筆, 畵家(화가), 石刻(석각), 바둑(下棋), 악기 연주나 마술, 심지어 골패의 기술조차도 깊이 연구하지 않는다면, 피나는 수련이나 엄격한 법도 하에 익히지 않고서는 大家의 명성을 누릴 수가 없다. 곧 어떤 기예에도 그 분야만의 특별한 원칙이나 도리가 있고 절차탁마의 과정을 거치게 마련인데, 군자가 그런 기예에 깊이 몰입하다 보면 원대한 大道를 잊거나 막혀버리기에 군자는 그런 기예를 배우지 않는다고 했다.

462 원문 然亦弗滅也 - 小道에도 나름대로의 道가 있어 없어지지 않는다. 공자는 "종일 飽食(포식)하고 아무 일도 하지 않는 사람은 정말 어쩔 수 없다. 바둑(博奕, 박혁)을 둘 수도 있지 않은가? 그런 것이라도 하는 것이 오히려 나을 것이다."라고 말했다.《論語 陽貨》. 공자가 말한 博奕(박혁)은 바둑으로 번역하지만 본래 博은 일종의 주사위 놀이이고, 奕(혁)은 장기나 바둑을 뜻하며, 놀이 방법이 달랐다고 한다. 공자의 이런 말은 아무것도 하지 않는(無所用心) 것보다는 그래도 머리를 쓰는 놀이가 차라리 더 낫다는 뜻이었다. 사실 지금의 바둑은 아주 고차원의 두뇌 스포츠이며 거기에도 분명히 지키고 닦아야 할 棋道(기도)가 있다. 그 심오한 경지는 여러 명칭이 통용되지만 棋聖이라는 칭호가 만들어진 것을 보면 小道 중 으뜸이 아니겠는가?

463 원문 此亦芻蕘狂夫之議也 - 芻는 꼴 추. 가축의 飼料(사료). 蕘는 풋나무 요. 芻蕘(추요)는 꼴을 베거나 나무하는 사람. 狂夫(광부)는 거리낌 없이 말하는 사람.

原文

諸子十家, 其可觀者九家而已. 皆起於王道既微, 諸侯力政, 時君世主, 好惡殊方. 是以九家之說蠭出並作, 各引一端, 崇其所善, 以此馳說, 取合諸侯. 其言雖殊, 辟猶水火, 相滅亦相生也. 仁之與義, 敬之與和, 相反而皆相成也.

《易》曰, '天下同歸而殊塗, 一致而百慮.' 今異家者各推所長, 窮知究慮, 以明其指, 雖有蔽短, 合其要歸, 亦六經之支與流裔. 使其人遭明王聖主, 得其所折中, 皆股肱之材已.

仲尼有言, "禮失而求諸野." 方今去聖久遠, 道術缺廢, 無所更索, 彼九家者, 不猶瘉於野乎? 若能修六藝之術, 而觀此九家之言, 舍短取長, 則可以通萬方之略矣.

〖국역〗

諸子 10家에서 볼만한 것은 9家뿐이다. 모두 王道가 쇠미하여 제후가 정치를 주도한 뒤에 일어났는데, 이는 그 당시 세속 군주의 好惡(호오)가 달랐기 때문이다. 九家의 학설이 떼를 지어 일어나 각각 한 끝을 잡고 장점을 강조하며 자기 이론으로 제후를 聚合(취합, 取合)하려 했다. 그 말이 서로 달랐으나 비유하자면(辟는 譬), 물불이(水火) 서로를 없애며 돕는 것과 같았다. 仁과 義, 敬과 和는 서로 상반하면서 상생한다(相生, 相成).

《易》[464]에서는 「天下는 同歸하나 길이 다르고(殊塗), 하나가 되지

464 《易 繫辭 下》의 구절.

만 생각은 제각각(百慮)이라.」고 하였다. 지금 서로 다른 학파(九家)가 각각 장점을 내세우고 온갖 지혜와 사려를 다하여 그 주장을 밝히는데, 비록 그 폐단과 단점이 있지만 그 요지와 귀착점은 역시 六經의 끝이라 할 수 있다.[465] 가령 어떤 사람이 明王이나 聖主를 만나더라도 합치하는 바가 있어야만 주군을 보좌하는 역할을 할 수 있을 것이다.

공자가 말했으니 "(都邑에) 禮가 사라졌다면 外野에서 구해야 한다."고 하였는데,[466] 지금은 聖人이 살던 시대와 오래 되었고 道術도 부족하거나 없어져 찾을 곳이 없다지만[467] 저 諸子 九家에서 찾는다면 外野에서 찾는 것보다 낫지 않겠는가?[468] 저들 九家가 만약 六藝(六經)의 학술을 연찬하여 단점을 버리고 장점을 취할 수만 있다면[469] 가히 萬方에 통할 수 있는 智略을 깨칠 수 있을 것이다.[470]

---

465 원문 亦六經之支與流裔 – 裔는 옷자락 예(衣末也), 후손 예. 諸家의 주장을 육경에 비유하자면 水의 下流, 衣의 末裔와 같다.

466 원문 禮失而求諸野 – 都邑에서 失禮했다면 外野에서 구할 수 있다. 이 말은 禮의 근본을 추구하면 예를 지켜나갈 수 있다는 뜻으로 해석해야 한다.

467 원문 無所更索 – 索은 찾을 색. 구하다(求也).

468 원문 不猶瘉於野乎? – 瘉(병 나을 유)는 愈와 同. 愈는 더 낫다. 좋다(勝也).

469 원문 舍短取長 – 舍(집 사, 버릴 사)는 버리다(廢也).

470 원문 則可以通萬方之略矣 – 萬方은 天下. 萬方之略은 天下之道. 略은 道術.

四. 詩賦略

1. 賦(一)[471]

原文

屈原賦二十五篇.

471 賦(부)는 文體의 하나로 押韻(압운)한 문장이다. 楚辭(초사)에서 변화 발전하였는데 외형상 詩나 散文이라고 한 가지로 단정할 수 없는 詩文의 混成體이다. 《詩經》은 內容上 風, 雅, 頌(송)으로, 作法上으로는 賦(부), 比(비), 興(흥)으로 분류한다. 이때 賦는 鋪(펼 포, 늘어놓다)의 뜻이니, 곧 '言志를 鋪陳한 형식' 이며, 거기에는 朗誦(낭송)의 뜻을 포함한다. 不歌하고 誦(송)하는 것이 賦(부)이다. 賦는 漢代에 유행한 文學 형식으로 詩歌와 산문의 특성을 합한 형태라 할 수 있다. 前漢의 賈誼(가의), 枚乘(매승), 司馬相如가 漢代 賦의 代表的 작가이다.

漢賦는 辭藻(사조)가 화려하고 筆勢가 힘차다지만, 대개 내용은 공허하고 글자와 뜻이 어려워 읽고 이해하기가 쉽지 않다. 司馬相如 이후에 後漢 班固의 〈兩都賦〉, 張衡의 〈二京賦〉, 曹植의 〈洛神賦〉, 西晉 陸機의 〈文賦〉, 左思의 〈三都賦〉가 유명하고, 또 東晉 陶淵明(도연명)의 〈歸去來辭〉도 賦의 명편이며, 唐 杜牧(두목)의 〈阿房宮賦(아방궁부)〉, 宋 歐陽脩의 〈秋聲賦〉, 소식의 〈赤壁賦〉도 모두 賦의 명작이다. 본 〈藝文志〉에는 楚 屈原 이후 漢代의 賦와 詩를 수록했다. 班固는 賦를 抒情(서정)을 위주로 한 屈原賦 계열(一), 漢代 陸賈(육가) 계열의 賦(二), 孫卿(손경, 荀子) 계열의 賦(三), 그리고 雜賦(잡부)로 분류된 賦(四)로 分類하여 수록하였는데, 그 근거는 명확하지 않으나 楚辭 계열의 賦와 漢代의 부를 별도로 구분한 것은 그만한 차이가 있기 때문이라 생각할 수 있다.

중국에서는 각 시대를 대표하는 문학 형태로 '漢文(한문), 唐詩(당시),

唐勒賦四篇.

宋玉賦十六篇.

趙幽王賦一篇.

莊夫子賦二十四篇.

賈誼賦七篇.

枚乘賦九篇.

司馬相如賦二十九篇.

淮南王賦八十二篇.

淮南王羣臣賦四十四篇.

太常蓼侯孔臧賦二十篇.

陽丘侯劉偃賦十九篇.

吾丘壽王賦十五篇.

蔡甲賦一篇.

上所自造賦二篇.

兒寬賦二篇.

光祿大夫張子僑賦三篇.

陽成侯劉德賦九篇.

宋詞(송사), 元曲(원곡), 明清 小說' 이란 말이 있는데, 漢代에는 敍事, 抒情을 위한 長文의 賦와 記事의 名文이 비약적으로 발전했다. 이런 長文의 詩賦나 명문은 秦代 붓(毛筆)의 실용화와 漢代 織物 산업의 발전으로 크게 늘어난 비단의 생산, 이어 後漢 蔡倫(채륜)의 종이(紙)의 발명에 원인을 찾을 수 있다.

劉向賦三十三篇.
王褒賦十六篇.

右賦二十家, 三百六十一篇.

〔국역〕

屈原(굴원) 賦(부) 25편.[472]
唐勒(당륵) 賦 4편.[473]
宋玉(송옥) 賦 16편.[474]

---

472 屈原(굴원, 前 340 – 278)은 戰國시대 楚의 三閭大夫(삼려대부). 楚 懷王(회왕)에게 충간을 했으나 방축되어 단옷날에 湘水(상수)에 투신했다. 문학 장르로 楚辭의 元祖. 그의 작품으로는 〈離騷(이소), 2,490字의 大作〉, 〈九章〉, 〈天問〉, 〈九歌〉, 〈漁父辭〉 등이 있다. 〈離騷〉는 天地간을 幻游(환유)하는 초현실적인 내용이나 修辭(수사)에 치중한, 이전에는 볼 수 없던 새로운 시가 형식이었다. 〈離騷〉를 굴원의 작품으로 보지 않고, 武帝 때 淮南王이었던 劉安(? – 前 122년)의 游仙詩(유선시)이며 굴원의 다른 작품도 漢代의 시가라는 주장도 있다. 굴원을 참소를 당한 충신의 모델로 만들었고, 〈離騷〉에 '經' 字를 붙여 《離騷經》으로 부르게 한 장본인은 後漢의 王逸(왕일)이다. 王逸(왕일, 생졸년 미상)의 字는 叔師(숙사)로 安帝 元初 연간(서기 114 – 119)에 校書郎이 되었다. 順帝 때 侍中이 되었고 《楚辭章句》를 저술하였는데, 세상에 널리 알려졌고 現存한다. 그의 賦, 誄(뢰), 書, 論 및 雜文 등 총 21편과 《漢詩》 123편이 있다. 屈原은 《史記》 84권, 〈屈原賈生列傳〉에 立傳.

473 唐勒(당륵, 생졸년 미상) – 戰國 時代 後期 楚辭와 賦 作家, 楚國人. 宋玉(송옥), 景差(경차), 楚 頃襄王(경양왕 재위 전 298 – 263)와 같은 시대. 〈大言賦〉가 다른 책에 전한다.

474 宋玉(송옥, 생졸년 미상, 字는 子淵) – 戰國 후기 楚國의 辭賦 작가. 屈原 이

趙 幽王(조 유왕) 賦 1편.[475]

莊夫子(장부자) 賦 24편[476]

賈誼(가의) 賦 7편.[477]

후 楚辭 최고의 작가. 굴원과 함께 '屈宋' 이라 병칭. 潘岳(반악) 만큼 유명한 미남이었다. 대표작은 〈九辯〉, 〈登徒子好色賦〉, 〈高唐賦〉, 〈神女賦〉 등이다.

475 趙 幽王 劉友(? - 前 181) - 고조의 아들. 呂后의 조카와 결혼했지만 사이가 안 좋았고 결국 呂后에게 잡혀 餓死(아사)했다. 文帝 때 劉友의 장남 劉遂(유수)를 趙王으로 삼았고, 劉友의 다른 아들 劉辟强(유벽강)을 河間王에 봉했다. 38권, 〈高五王傳〉에 입전. 굶어 죽기 전에 지은 노래가 실려 있다.

476 莊夫子(장부자) - 莊忌(장기, 嚴忌). 辭賦 作家. 漢初 梁 孝王의 門客. 辭賦 24편 중 〈哀時命〉 1편 전함.

477 賈誼(가의, 誼 옳을 의) - 젊은 나이에 前漢 文帝의 신임과 인정을 받아 22세에 나라의 文獻과 典籍을 관장하는 최연소 博士가 되었다. 가의의 천재성은 文帝가 감탄할 정도라서 1년 뒤에는 太中大夫로 승진하였다. 가의는 새로운 制禮로 秦(진)의 여러 제도를 대체하려 했고, 文帝도 가의의 제안을 채용하려 했으나 관료와 종실의 반대에 부딪쳐 좌절되었고 기원전 177년에는 長沙王의 太傅(태부)로 좌천된다. 가의는 이런 폄직에 불만을 가질 수밖에 없었다. 가의는 湘江(상강)을 거닐면서 〈弔屈原賦(조굴원부)〉를 지어 억울하게 유배되어 멱라수에 투신한 屈原을 弔喪하였다. 장사왕의 태부로 3년을 지냈는데, 불길한 조짐으로 알려진 鵩鳥(복조, 부엉이)가 집에 날아든 것을 보고 〈鵩鳥賦(복조부)〉를 지었다. 〈弔屈原賦〉와 〈鵩鳥賦〉는 그의 離騷体(이소체) 賦의 대표작이다. 前漢 文帝 7年(기원전 173), 문제는 가의를 洛邑(洛陽)으로 불러들인다. 곧 文帝는 가의를 자신이 가장 아끼는 梁 懷王(회왕)의 太傅(태부)로 임명한다. 가의는 이 무렵 太傅의 책임을 다하면서 각종 政論文을 지어 올리며 자신의 주장을 펴는데 〈治安策〉과 〈論積貯疏〉가 이 시기의 대표적 논술이었고, 문채가 찬란하고 논리가 정연하다는 평을 듣는다. 그러

枚乘(매승) 賦 9편.[478]

司馬相如(사마상여) 賦 29편.[479]

나 文帝 11년(前 169)에 양회왕이 落馬(낙마)하여 죽는 참사가 일어났고, 가의는 자신이 親王을 제대로 보필하지 못했다며 종일 통곡하기를, 1년여 계속하며 우울하게 2년을 지내고 나이 33세에 죽는다. 司馬遷(사마천)은 《史記 屈原賈生列傳》을 지었고, 班固의 《漢書》에도 〈賈誼傳〉이 있다. 굴원과 가의의 문학을 자랑으로 여기기 때문에, 중국 湖南省의 省都인 長沙市는 '굴원과 가의의 고향' 이라는 뜻으로 '屈賈之鄕' 이라 하며 굴원과 가의의 유적을 보존하고 있다.

478 枚乘(매승, ? – 前 140) – 字는 叔, 淮陰人(今 江蘇省 淮安市). 梁 孝王의 빈객으로 소위 梁園에 형성된 문학가 그룹의 대표적 인물. 〈梁王菟園賦(양왕토원부)〉가 유명. 또 問答體에, 7段으로 짜여진 〈七發〉도 널리 알려졌다. 〈七發〉은 楚 태자가 병이 나자, 吳客이 찾아와 음악, 수레, 말 등 주변의 사물에 대하여 죽 늘어놓고 또 상세히 묘사하며 위로하지만 아무런 효과가 없었지만 聖人의 要言妙道를 설명하자 태자가 병이 나았다는 줄거리인데, 주변의 여러 사물에 대한 묘사를 극진하게 전개할 뿐 깊은 뜻이 없는 내용이다. 곧 賦는 敷(펼 부, 진술할 부)와 통한다.

479 司馬相如(前 179? – 118) – 漢賦의 代表作家, '賦聖' 이라는 칭송도 있다. 卓文君과의 私奔(사분)은 널리 알려진 이야기이다. 《漢書 藝文志》에 사마상여의 賦 29편명이 올랐는데, 잘 알려진 것으로는 〈子虛賦〉, 〈上林賦〉, 〈大人賦〉, 〈哀秦二世賦〉 등이 있다. 〈子虛賦〉는 子虛先生, 烏有先生(烏有는 어디에도 없다는 뜻), 그리고 亡是公(망시공) 등 가공인물을 등장시켜 楚王의 사냥을 자랑하고, 그런 부화한 것을 꾸짖는다. 이어 〈上林賦〉에서는 천자의 사냥 모습을 늘어놓는데, 무엇이 있고 어떻다는 장황한 묘사가 가득하다. 〈大人賦〉의 大人은 신선이다. 이는 求仙에 몰두한 武帝를 위한 賦이다. 이상 4개 賦 名篇 이외에 散文인 〈諭巴蜀檄(유파촉격)〉, 〈難蜀父老文〉, 〈封禪文〉 등은 모두 57권 단독 입전한 〈司馬相如傳〉에 수록되었다. 우리말 번역은 譯者의 《原文完譯 漢書》(全 10권 중 4권) 참고, 《史記 司馬相如列傳》 참고.

淮南王(회남왕) 賦 82편.[480]

淮南王(회남왕)의 여러 신하가 지은 賦 44편.[481]

太常 蓼侯(요후) 孔臧(공장) 賦 20편.[482]

陽丘侯 劉偃(유언) 賦 19편.[483]

吾丘壽王(오구수왕) 賦 15편.[484]

蔡甲(채갑) 賦 1편.[485]

上(漢 武帝) 직접 지은 賦 2편.[486]

---

480 淮南王(회남왕) 劉安 - 《淮南子》의 저자는 劉安(前 179 - 122). 고조의 막내아들 劉長의 아들이니, 고조의 孫子이다.

481 今 〈招隱士〉 1篇만 전한다.

482 孔臧(공장) - 魯國人 孔子 11世孫. 蓼侯(요후) 孔藂(공총)의 아들. 漢 文帝 9년, 御史大夫. 무제 元朔 2년(前 127), 太常 역임. 4편의 작품이 전한다.

483 劉偃(유언) - 漢 景帝의 第 八子인 趙 敬肅王 劉彭祖(유팽조)의 아들. 무제의 조카.

484 吾丘壽王(오구수왕) - 吾丘는 복성 虞邱로도 표기. 《春秋》 전공. 賦 작품이 전하지 않음. 武帝에게 바른 말 상소를 잘했지만 뒷날 업무상 법을 어겨 주살되었다. 64권, 〈嚴朱吾丘主父徐嚴終王賈傳〉(上)에 입전.

485 蔡甲(채갑) 賦 - 不傳. 人名 無考.

486 漢 武帝는 文學을 애호하고 문학적 재능을 가진 황제였다. 曹操나 曹丕(조비)만큼 유명한 문학 황제였다. 무제의 작품으로는 〈溝洫志(구혁지)〉에 수록된 〈瓠子歌(호자가)〉를 비롯하여 〈天馬歌〉, 〈秋風辭〉, 그리고 〈外戚傳〉에 수록된 〈悼李夫人賦〉가 널리 알려졌다. 〈秋風辭〉는 武帝가 河東郡에 행차하여 后土祠에 제사를 지낸 뒤 즐거운 마음으로 황하 중류에서 群臣과 飮燕하며 기뻐 지은 歌辭이다. 원문은 아래와 같다.

秋風起兮白雲飛, 草木黃落兮鴈南歸. / 蘭有秀兮菊有芳, 攜佳人兮不能忘.
泛樓船兮濟汾河, 橫中流兮揚素波. / 簫鼓鳴兮發棹歌, 歡樂極兮哀情多.
少壯幾時兮奈老何! 《文選》 卷45에 수록.

兒寬(예관) 賦 2편.[487]

光祿大夫 張子僑(장자교) 賦 3편.[488]

陽成侯 劉德(유덕) 賦 9편.[489]

劉向(유향) 賦 33편.[490]

王褒(왕포) 賦 16편.[491]

이상 賦(一)은 작가 20인 361편이다.[492]

487 兒寬(예관, ?-前 103)-兒는 倪(어린애 예)와 通. 성씨. 武帝 太初 원년(前 104) 司馬遷과 함께 太初曆을 제정, 시행케 했다. 저서로 《兒寬》 9편이 있다.

488 張子僑(장자교) 賦 3편-인명 미상. 작품 不傳.

489 劉德(유덕, ?-前 57)-宗正 劉辟彊의 아들, 유향의 부친, 劉歆(유흠)의 祖父.

490 劉向(유향) 賦 33편-今存 12편.

491 王褒(왕포) 賦 16편-王褒(생졸년 미상. 字는 子淵)는 蜀郡 출신. 작품으로 〈聖主得賢臣賦〉, 〈甘泉賦〉, 〈四子講德論〉. 〈洞簫賦〉 등이 알려졌다. 宣帝와 元帝 시기에 활동.

492 賦(一)에는 屈原의 《離騷(이소)》와 같은 抒情의 賦를 모았다. 이어 陸賈(육가) 계열과 孫卿(손경, 荀子) 계열, 그리고 雜賦로 분류 수록하였는데, 그 분류 기준에 대한 설명은 없다.

2. 賦(二)

原文

陸賈賦三篇.

枚皐賦百二十篇.

朱建賦二篇.

常侍郎莊怱奇賦十一篇.

嚴助賦三十五篇.

朱買臣賦三篇.

宗正劉辟彊賦八篇.

司馬遷賦八篇.

郎中臣嬰齊賦十篇.

臣說賦九篇.

臣吾賦十八篇.

遼東太守蘇季賦一篇.

蕭望之賦四篇.

河內太守徐明賦三篇.

給事黃門侍郎李息賦九篇.

淮陽憲王賦二篇.

揚雄賦十二篇.

待詔馮商賦九篇.

博士弟子杜參賦二篇.

驃騎將軍朱宇賦三篇.

右賦二十一家, 二百七十四篇.

〖국역〗

陸賈(육가) 賦 3편.[493]

枚皐(매고) 賦 102편.[494]

朱建(주건) 賦 2편.[495]

---

493 陸賈(육가, 前 240–170년) – 楚人. 전한의 政治家, 文學者. 高祖의 천하 평정을 도왔는데 口辯이 뛰어나다는 이름이 있어 제후에게 자주 사신으로 나갔다. '行仁義, 法先聖'과 '逆取라도 順守하며 文武 並用'의 統治을 方略을 제시했다. 《新語》를 저술하여 漢代 儒學의 기초 마련, 賈誼(가의), 董仲舒(동중서)에 영향. 陸生이라 호칭. 43권, 〈酈陸朱劉叔孫傳〉에 立傳. 《史記 酈生陸賈列傳》에 입전.

494 枚皐(매고, 생졸년 미상) – 枚乘(매승)의 서자. 字는 少孺(소유)이다. 매고는 經學에는 밝지 못했고 우스갯소리를 하는 광대나 악인과 비슷하였으며, 賦로 장난질이나 하여 귀인들이 경시하면서 東方朔(동방삭)과 같은 부류로 대접받았다. 매고는 글을 빨리 지었는데, 명을 받으면 곧 글을 지어 올렸기에 그가 지은 賦가 많았다. 司馬相如도 글을 잘 지었으나 속도가 느렸기에 그의 작품은 많지 않았지만 매고보다 우수했다. 매고도 그의 辭賦에서 자신의 賦가 사마상여만 못하다고 하였으며 또 賦를 짓는 것이 우스갯짓이며 '광대와 같은 취급을 당했다'며 자신도 광대와 같은 부류로 생각하였다. 그는 東方朔을 깎아내렸고 자신을 지저분하다고 하였다. 그의 글은 굽실거리며 상황에 따라 아부하면서 뜻에 영합하며 웃기는 글이 많았고 한가한 여유나 완곡한 표현도 없었다. 모두 120편의 부가 있으나 천박하여 읽을 수 없는 것이 수십 편이었다. 51권, 〈賈鄒枚路傳〉 枚乘傳에 附傳.

495 朱建(주건, ?–前 177) – 楚나라 사람. 그래서 일찍이 淮南王 黥布(경포)

常侍郎 莊怱奇(장홀기) 賦 11편.[496]

嚴助(엄조) 賦 35편.[497]

朱買臣(주매신) 賦 3편.[498]

宗正 劉辟彊(유벽강) 賦 8편.[499]

의 相이었다. 경포가 漢에 반기를 들 때 주건은 반역하지 말라고 하였다. 경포는 듣지 않고 반란을 일으켰다. 漢이 경포 토벌을 끝낸 뒤, 주건이 경포에게 바른 말을 했다는 것을 알고 高祖는 주건을 平原君에 봉했고, 주건은 장안으로 이사하였다. 주건은 구변이 좋고 아주 청렴 강직하며 행동이 구차하지 않았고 의리를 지키며, 남의 환심을 사려 하지 않았다. 43권, 〈酈陸朱劉叔孫傳〉에 입전. 《史記》 97권, 〈酈生陸賈列傳〉 참고.

496 常侍郎 莊怱奇(장홀기) – 莊忌(장기, 嚴忌)의 아들인 莊助(嚴助). 무제에 의해 등용, 신임을 받았다. 枚皐(매고)와 같이 활동. 64권, 〈嚴朱吾丘主父徐嚴終王賈傳〉 (上)에 입선.

497 위 莊怱奇(장홀기)나 嚴助(莊助)나 동일인이다. 후한 明帝의 이름 莊을 諱(휘)하여 嚴(엄)으로 쓰다 보니 이런 혼란이 생겼다. 본명(莊忌)과 별명(莊怱奇)도 혼동할 수 있고, 하여튼 조심에 또 조심해야 한다.

498 朱買臣(주매신, ? – 前 115)의 字는 翁子(옹자)로 吳縣 사람이다. 가난했지만 독서를 좋아하여 가업에는 마음을 쓰지 않으면서, 나무를 해다가 팔아먹고 살았는데 나뭇짐을 지고 가면서도 글을 외웠다. 아내는 주매신을 부끄럽게 여겼다. 주매신은 회계군 태수가 되었고, 주매신을 버리고 떠나간 아내는 나중에 자살하였다. 覆水難收(복수난수)의 주인공. 64권, 〈嚴朱吾丘主父徐嚴終王賈傳〉 (上)에 입전.

499 宗正 劉辟彊(유벽강) – 劉辟彊(유벽강)의 字는 少卿으로 《詩》를 즐겨 공부했고 글을 잘 지었다. 武帝時에 종실의 자제로 二千石(高官)에 쓸만한 사람을 논의할 때 유벽강은 여러 종실 중 으뜸이었다. 청정하고 욕심 없이 생활하면서 늘 학문을 즐기고 벼슬하려 하지 않았다. 宗正 劉辟彊의 아들이 劉德(유덕, ? – 前 57). 유덕의 次子가 유명한 劉向. 劉向도 종정을 역임했다. 36권, 〈楚元王傳〉에 입전.

司馬遷(사마천) 賦 8편.[500]

郎中 臣 嬰齊(영제) 賦 10편.[501]

臣 說(열) 賦 9편.[502]

臣 吾(오) 賦 18편.[503]

遼東太守(요동태수) 蘇季(소계) 賦 1편.[504]

蕭望之(소망지) 賦 4편.[505]

河內太守 徐明(서명) 賦 3편.[506]

給事黃門侍郎 李息(이식) 賦 9편.[507]

淮陽 憲王(회양 헌왕) 賦 2편.[508]

揚雄(양웅) 賦 12편.[509]

---

500 司馬遷〔사마천, 前 145(135) - 86〕 - 〈報任少卿書〉는 자신의 일생을 돌아보며 《史記》 저술의 과정과 뜻을 밝힌 友人(任安)에게 보내는 서신이다. 이는 《漢書 司馬遷傳》에 수록. 司馬遷의 〈悲士不遇賦〉는 짧은 글이나 명문이다. 《藝文類聚》 30卷에 수록. 董仲舒의 〈士不遇賦〉도 있다.

501 道家에도 《郎中嬰齊》가 있다. 同一人으로 추정.

502 臣 說(열) - 無考.

503 臣 吾(오) - 無考.

504 遼東太守 蘇季(소계) - 無考.

505 蕭望之(소망지, ? - 前 46) - 元帝의 사부. 經學者로 五經과 《齊詩》, 《論語》에 박통. 78권, 〈蕭望之傳〉에 입전.

506 河內太守 徐明 - 字는 長君, 東海人, 元, 成帝世 때 5개 郡의 太守 역임.

507 給事黃門侍郎 李息(이식) - 景帝, 武帝 시대 장군, 흉노 원정 참여. 大行令 역임. 55권, 〈衛青霍去病傳〉에 附傳.

508 淮陽 憲王(회양 헌왕) - 宣帝의 아들. 名은 劉欽.

509 揚雄(양웅, 楊雄, 前 53 - 서기 18) - 前漢 말기의 문인, 철학자. 양웅은 經으로는 《易經》보다 더 중요한 것이 없다 하여 《太玄》을 저술하였고, 성

待詔 馮商(풍상) 賦 9편.[510]

博士弟子 杜參(두삼) 賦 2편.[511]

驃騎將軍(표기장군) 朱宇(주우) 賦 3편.[512]

이상 賦(二)는 21家, 274(275)편이다.[513]

인의 말씀으로는《論語》보다 더한 책이 없기에《法言》을 저술하였으며, 字書로는《倉頡(창힐)》보다 나은 것이 없다 하여《訓纂(훈찬)》을 지었고, 잠언으로는〈虞箴(우잠)〉보다 나은 것이 없다 하여〈州箴〉을 지었으며, 賦는〈離騷(이소)〉보다 나은 것이 없기에 그 反意로 뜻을 넓혔고, 문학으로는 司馬相如보다 더 좋은 것이 없다고 생각하여 4편의 賦(부)를 지었다. 揚雄의〈反離騷(반이소)〉,〈甘泉賦(감천부)〉,〈河東賦〉,〈校獵賦(교렵부)〉,〈長楊賦(장양부)〉,〈解嘲(해조)〉,〈解難(해난)〉,〈酒箴(주잠)〉, 그리고《法言 序目》등이《漢書 揚雄傳》上, 下에 수록되었다. 이들 작품의 우리말 번역은 譯者의《原文完譯 漢書》(全 10권 중 8권) 참고.

510 待詔 馮商(풍상) – 전한 史學者. 字는 子高. 五鹿充宗(오록충종)에게 梁丘之學(易經)을 배웠다. 문장을 잘 지었고 博通强記했다. 司馬遷《史記》의 후속 작업으로 열전 10여 편을 보완 저술하였다고 한다.《藝文類聚》에 풍상의〈燈賦〉가 있다.

511 博士弟子 杜參(두삼) – 杜陵人, 成帝 陽朔 元年(前 24년)에 病死, 時年 20여 세. 不傳.

512 驃騎將軍(표기장군) 朱宇(주우) – 驃騎將軍府(표기장군부)의 屬吏 朱宇(주우).

513 賦(二)는 陸賈(육가) 계열의 賦로, 어떤 사물에 대한 설명 위주의(說辭) 賦라는 주석이 있다.

3. 賦(三)

原文

孫卿賦十篇.

秦時雜賦九篇.

李思孝景皇帝頌十五篇.

廣川惠王越賦五篇.

長沙王羣臣賦三篇.

魏內史賦二篇.

東暆令延年賦七篇.

衛士令李忠賦二篇.

張偃賦二篇.

賈充賦四篇.

張仁賦六篇.

秦充賦二篇.

李步昌賦二篇.

侍郎謝多賦十篇.

平陽公主舍人周長孺賦二篇.

雒陽錡華賦九篇.

眭弘賦一篇.

別栩陽賦五篇.

臣昌市賦六篇.

臣義賦二篇.

黃門書者假史王商賦十三篇.

侍中徐博賦四篇.

黃門書者王廣呂嘉賦五篇.

漢中都尉丞華龍賦二篇.

左馮翊史路恭賦八篇.

右賦二十五家, 百三十六篇.

〖국역〗

孫卿(손경) 賦 10편.[514]

秦時 雜賦(잡부) 9편.[515]

李思(이사)의 孝景皇帝 頌(송) 15편.[516]

---

514 孫卿(손경) 賦 – 孫卿(손경)은 荀況(순황), 곧 荀子(순자). 荀卿(순경, 名은 況. 約 前 316 – 237년?. 宣帝 이름을 피하여 孫으로 표시). 趙人, 齊의 稷下學宮의 祭酒 역임. 齊人이 참소하자 荀卿은 楚에 이주. 春申君(춘신군)이 蘭陵令에 임명. 春申君 死後에 관직 사임, 蘭陵에 거주. 李斯(이사)는 荀卿의 제자였었다. 漢代 儒學 사상과 政治에 큰 영향을 끼쳤다. 《荀子 賦篇》에 〈禮〉, 〈知〉, 〈雲〉, 〈蠶(잠)〉, 〈箴(잠)〉의 5편의 賦가 있고, 또 《荀子 成相篇》에도 賦가 있다. 《荀子 賦篇》은 최초로 '賦' 편명을 삼았고 이후 賦는 文體의 名稱으로 사용되었다. 순자는 '인생에 절실하게 느낀 바 있기에 賦로 읊으며, 시간이 많아도 모르기에 이를 특별히 밝혀 둔다.(所賦之事, 皆生人所切, 而時多不知, 故特明之.)' 고 하였다.

515 秦時 雜賦(잡부) – 不傳. 어떤 형태의 문장인지 고찰할 수가 없다.

516 李思(이사)의 孝景皇帝 頌(송) 15편 – 不傳.

廣川國 惠王 劉越(유월) 賦 5편.[517]

長沙王의 群臣이 지은 賦 3편.[518]

魏國 內史의 賦 2편.[519]

東暆令(동이령) 延年(연년) 賦 7편.[520]

衛士令(위사령) 李忠(이충) 賦 2편.[521]

張偃(장언) 賦 2편.[522]

賈充(가충) 賦 4편.[523]

張仁(장인) 賦 6편.[524]

秦充(진충) 賦 2편.[525]

李步昌(이보창) 賦 2편.[526]

---

517 廣川國 도읍은 信都縣(今 河北省 衡水市 관할의 冀州市). 관할 지역은 河北省 남부와 山東省 일부. 信都國이라고도 한다. 惠王은 劉越(유월, ? - 前 137년), 景帝의 아들, 母 王夫人(王 皇后가 아니다). 武帝의 異腹 兄. 凡庸(범용)한 인물. 53권, 〈景十三王傳〉에 입전.

518 長沙王의 群臣이 지은 賦 3편. - 不傳.

519 魏國 內史의 賦 2편. - 不傳.

520 東暆令(동이현령) 延年(연년) 賦 7편. - 不傳. 樂浪郡 東暆縣(동이현, 暆는 해가 기울 이)은, 今 江原道 江陵市.

521 衛士令(위사령) 李忠(이충) 賦 2편. - 不傳. 衛士令은 衛尉(위위)의 속관. 질록 6백석.

522 張偃(장언) 賦 2편. - 不傳.

523 賈充(가충) 賦 4편. - 不傳. 賈充(217 - 282년) 曹魏와 西晋의 大臣, 西晉 建國功臣으로 司馬昭와 司馬炎의 심복인 賈充(가충)이 아니다.

524 張仁(장인) 賦 6편. - 不傳.

525 秦充(진충) 賦 2편. - 不傳.

526 李步昌(이보창) 賦 2편. - 不傳. 〈儒家〉에도 李步昌 이름이 나온다.

侍郎 謝多(사다) 賦 10편.[527]

平陽公主 舍人 周長孺(주장유) 賦 2편.[528]

雒陽 錡華(의화) 賦 9편.[529]

眭弘(휴홍) 賦 1편.[530]

別栩陽(별후양) 賦 5편.[531]

臣 昌市(창시) 賦 6편.[532]

臣 義(의) 賦 2편.[533]

黃門書者 假史 王商(왕상) 賦 13편.[534]

侍中 徐博(서박) 賦 4편.[535]

黃門書者 王廣(왕광) 呂嘉(여가) 賦 5편.[536]

---

527 侍郎 謝多(사다) 賦 10편. – 不傳.

528 平陽公主 舍人 周長孺(주장유) 賦 2편. – 不傳. 平陽公主는 景帝의 장녀. 무제의 누나. 曹參의 후손, 平陽侯와 결혼하였기에 平陽公主라 호칭.

529 雒陽 錡華(의화) 賦 – 不傳. 雒陽은 洛陽. 錡는 악기 이름 의, 성씨 의, 솥 기. 華는 名.

530 眭弘(휴홍) 賦 – 不傳. 眭弘(수홍)은 眭孟(휴맹). 성씨 수(先隨反), 움펑눈 휴. 孟은 字. 75권, 〈眭兩夏侯京翼李傳〉에 입전.

531 別栩陽(별후양) 賦 5편. – 부전. 別栩陽(별후양)을 栩陽亭을 떠난다는 뜻으로 보는 사람과 사람 이름으로(別이 姓氏) 풀이하는 두 가지 주석이 있다. 栩는 상수리나무 후(音은 詡).

532 臣 昌市(창시) 賦 – 不傳.

533 臣 義(의) 賦 – 不傳.

534 黃門書者 假史 王商(왕상) – 不傳. 黃門 부서에서 代書하는 임시직(假史). 史는 吏의 뜻.

535 侍中 徐博(서박) 賦 – 不傳. 侍中은 加官의 하나.

536 黃門書者 王廣(왕광) 呂嘉(여가) 賦 – 不傳. 王廣(왕광)과 呂嘉(여가)는 인

漢中 都尉丞 華龍(화룡) 賦 2편.[537]

左馮翊史 路恭(노공) 賦 8편.[538]

이상 賦(三)은 25家, 136편이다.

4. 賦(四)

原文

〈客主賦〉 十八篇.

〈雜行出及頌德賦〉 二十四篇.

〈雜四夷及兵賦〉 二十篇.

〈雜中賢失意賦〉 十二篇.

〈雜思慕悲哀死賦〉 十六篇.

〈雜鼓琴劍戲賦〉 十三篇.

〈雜山陵水泡雲氣雨旱賦〉 十六篇.

〈雜禽獸六畜昆蟲賦〉 十八篇.

명으로 해석.

537 漢中 都尉丞 華龍(화룡) 賦 – 不傳. 漢中은 군명. 都尉는 郡의 군사와 치안 담당관. 太守보다 질록이 약간 낮음. 丞(승)은 副職. 華龍(화룡)은 인명.

538 左馮翊史 路恭(노공) 賦 – 不傳. 三輔의 하나인 左馮翊(좌풍익)에 근무하는 관리(史는 吏). 路恭(노공)은 임명. 賦 8편.

〈雜器械草木賦〉三十三篇.

〈文雜賦〉三十四篇.

〈成相雜辭〉十一篇.

〈隱書〉十八篇.

右雜賦十二家, 二百三十三篇.

〖국역〗

〈客主賦(객주부)〉 18편.[539]

〈雜行出及頌德賦(잡행출 및 송덕부)〉 24편.[540]

〈雜四夷及兵賦(잡사이 및 병부)〉 20편.[541]

〈雜中賢失意賦〉 12편.[542]

〈雜思慕悲哀死賦(잡사모비애사부)〉 16편.[543]

〈雜鼓琴劍戲賦(잡고금검희부)〉 13편.[544]

〈雜山陵水泡雲氣雨旱賦(잡산릉수포운우한부)〉 16편.[545]

---

539 〈客主賦〉 – 不傳. 客人과 主人의 문답 형식으로 世事를 諷諭(풍유)하는 賦.

540 〈雜行出及頌德賦(잡행출 및 송덕부)〉 – 不傳. 君主 出行의 威容과 미덕을 칭송하는 賦. 雜은 여러 사람의 賦를 모아 한 권으로 엮었다는 뜻. 이하 雜에 들어간 書目에 해당.

541 〈雜四夷及兵賦(잡사이 및 병부)〉 – 不傳.

542 〈雜中賢失意賦〉 – 不傳. 中은 忠의 뜻. 忠臣과 賢臣의 失意를 묘사한 賦.

543 〈雜思慕悲哀死賦(잡사모비애사부)〉 – 不傳.

544 〈雜鼓琴劍戲賦(잡고금검희부)〉 – 不傳.

545 〈雜山陵水泡雲氣雨旱賦(잡산릉수포운우한부)〉 – 泡는 거품 포. 泡沫(포

〈雜禽獸六畜昆蟲賦(잡금수육축곤충부)〉 18편.[546]

〈雜器械草木賦(잡기계초목부)〉 33편.[547]

〈文雜賦〉 34편.[548]

〈成相雜辭〉 11편.[549]

〈隱書(은서)〉 16편.[550]

이상 雜賦 12家, 233篇이다.[551]

말), 雨旱(우한)은 장마와 가뭄. 山川과 氣象(기상)에 관련한 賦.

546 〈雜禽獸六畜昆蟲賦(잡금수육축곤충부)〉 – 不傳. 動物(禽獸, 六畜, 昆蟲)에 관한 賦.

547 〈雜器械草木賦(잡기계초목부)〉 – 不傳. 생활의 여러 용구나 가구, 초목을 묘사한 賦.

548 〈文雜賦〉 – 不傳. 〈大雜賦〉로 된 판본도 있음.

549 〈成相雜辭〉 – 不傳. 成相은 곡식을 찧는(절구질) 일을 할 때의 구호나 추임새. 또는 비슷한 것(相)을 모아 이루어졌다는 뜻.

550 〈隱書(은서)〉 – 不傳. 劉向은 그의 別錄에서 隱書에 대하여 '의문이 되는 것을 묻고 거기에 깊이 생각하여 대답하니 깨우치지 않는 것이 없다.' 는 뜻으로 풀이했다. 또는 隱語로 세상을 풍유하며 은밀한 뜻을 내비치는 그러한 내용의 글로 풀이하였다.

551 雜賦(잡부)의 雜은 종합하다. 모으다(匯集, 회집)의 뜻. 서로 다른 주제를 모을 수도 있고, 같은 주제로 여러 사람의 작품을 모을 수도 있다.

5. 歌詩

原文

〈高祖歌詩〉 二篇.

〈泰一雜甘泉壽宮歌詩〉 十四篇.

〈宗廟歌詩〉 五篇.

〈漢興以來兵所誅滅歌詩〉 十四篇.

〈出行巡狩及游歌詩〉 十篇.

〈臨江王及愁思節士歌詩〉 四篇.

〈李夫人及幸貴人歌詩〉 三篇.

〈詔賜中山靖王子噲及孺子妾凭未央材人歌詩〉 四篇.

〈吳楚汝南歌詩〉 十五篇.

〈燕代謳雁門雲中隴西歌詩〉 九篇.

〈邯鄲河間歌詩〉 四篇.

〈齊鄭歌詩〉 四篇.

〈淮南歌詩〉 四篇.

〈左馮翊秦歌詩〉 三篇.

〈京兆尹秦歌詩〉 五篇.

〈河東蒲反歌詩〉 一篇.

〈黃門倡車忠等歌詩〉 十五篇.

〈雜各有主名歌詩〉 十篇.

〈雜歌詩〉 九篇.

〈雒陽歌詩〉 四篇.

〈河南周歌詩〉 七篇.

〈河南周歌聲曲折〉 七篇.

〈周謠歌詩〉 七十五篇.

〈周謠歌詩聲曲折〉 七十五篇.

〈諸神歌詩〉 三篇.

〈送迎靈頌歌詩〉 三篇.

〈周歌詩〉 二篇.

〈南郡歌詩〉 五篇.

右歌詩二十八家, 三百一十四篇.

〖국역〗

〈高祖歌詩(고조 가시)〉 2편.[552]

〈泰一雜甘泉壽宮歌詩(태일잡감천수궁 가시)〉 14편.[553]

---

552 〈高祖歌詩〉 - 今存 2首. 〈大風歌〉는 〈高祖紀〉. 〈鴻鵠歌(홍곡가)〉는 40권, 〈張良傳〉에 수록되었다. 鴻鵠(홍곡)은 큰 기러기와 고니. 큰 새. 영웅, 큰 뜻을 품은 사람. 戚(척)夫人이 눈물을 흘리며 울자, 高祖가 말했다. "나를 위해 楚舞를 춘다면, 내가 楚歌를 불러주겠다." 〈큰 기러기 높이 날아 단번에 천리를 가네.(鴻鵠高飛, 一擧千里.) / 날개가 다 생겨 四海를 가로지르네.(羽翼以就, 橫絶四海.) / 사해를 가로지르니 또 어떻게 하리! (橫絶四海, 又可奈何!) / 주살이 있다 한들 이제 어디에 쏘겠는가!(雖有矰繳, 尙安所施!)〉

553 〈泰一雜甘泉壽宮歌詩〉 - 泰一은 太一神祠. 雜은 종합. 甘泉壽宮은 甘

〈宗廟歌詩(종묘 가시)〉 5편.[554]

〈漢興以來兵所誅滅歌詩(한흥이래 병소주멸 가시)〉 14편.[555]

〈出行巡狩及游歌詩(출행순수 및 유가시)〉 10편.[556]

〈臨江王及愁思節士歌詩(임강왕 및 수사절사 가시)〉 4편.[557]

〈李夫人及幸貴人歌詩(이부인 및 행귀인 가시)〉 3편.[558]

泉宮에 있는 神君을 제사하는 건물. 武帝 元狩 5년(前 118년), 무제가 臥病 시 사람을 보내 제사하자, 병이 나았다. 이에 壽宮을 짓고 太一神을 모셨다.

554 〈宗廟歌詩〉 - 〈帝臨〉, 〈青陽〉 등 5首가 알려졌다. 근래의 《先秦漢晉魏南北朝詩》라는 책의 〈漢詩 四〉에 수록되었다는 주석이 있다.

555 〈漢興以來兵所誅滅歌詩〉 - 이는 漢의 鼓吹鐃歌(고취뇨가, 軍歌)로 《先秦漢晉魏南北朝詩》라는 책의 〈漢詩 四〉에 수록되었다.

556 〈出行巡狩及游歌詩〉 - 今傳. 武帝의 〈瓠子歌〉, 〈盛唐〉, 〈樅陽(종양)〉, 〈上之回〉 등의 시가가 여러 곳에 분산 수록되었다.

557 〈臨江王及愁思節士歌詩〉 - 臨江王은 臨江國 閔王 劉榮(유영, ? - 前 148). 景帝의 長子. 景帝 前元 4년(前 153) 황태자에 책봉. 모친 栗姬(율희)에 대한 경제의 애정이 식자, 율희는 질투하게 되고 결국 태자 폐위로 이어졌다. 임강국에 새로 지은 文帝 묘당의 공터(壖地. 壖은 공지 연)를 점유했다는 혐의로 소환되자 두려워 자살하였다. 53권, 〈景十三王傳〉에 입전. 愁思는 걱정. 이 죽음을 백성이 슬퍼하며 노래를 지어 불렀다고 하였다. 節士는 주군을 위해 충절을 지킨 士人이란 뜻. 唐 李白의 〈臨江王節士歌〉라는 詩도 여기에서 유래하였다.

558 〈李夫人及幸貴人歌詩〉 - 武帝의 李夫人은 李延年(이연년)과 李廣利의 여동생. 무제의 총애를 받아 昌邑 哀王을 낳았다. 병들어 죽기 전에 무제가 문병하며 얼굴을 보려 했으나 이부인은 "여인은 모습을 단정히 하지 않고서는 주군이나 부친을 뵐 수 없다." 면서 끝내 얼굴을 보이지 않았다. 용모로 총애를 받았으니, 병든 얼굴을 보여, 병자 모습의 기억을 남기기 싫다는 깊은 뜻이었다. 무제는 李夫人 초상을 그려놓고 슬퍼했

〈詔賜中山靖王子噲及孺子妾冰未央材人歌詩(조사 중산정왕자 쾌 및 유자 첩빙 미앙재인 가시)〉 4편.[559]

〈吳楚汝南歌詩(오초여남 가시)〉 15편.[560]

〈燕代謳雁門雲中隴西歌詩(연대구 안문 운중 농서 가시)〉 9편.[561]

〈邯鄲河間歌詩(한단 하간 가시)〉 4편.[562]

〈齊鄭歌詩(제정 가시)〉 4편.[563]

〈淮南歌詩(회남 가시)〉 4편.[564]

〈左馮翊秦歌詩(좌풍익진 가시)〉 3편.[565]

으며 직접 賦를 지어 칭송했다. 제목 〈悼懷李夫人賦〉. 97권, 〈外戚傳〉(上)에 입전 수록. 제목의 幸貴人(총애 받은 貴人)은 인명 미상.

559 〈詔賜中山靖王子噲及孺子妾冰未央材人歌詩〉 - 中山靖王은 경제의 아들, 劉勝(유승, ? - 前 113)은 武帝의 이복형 噲(시원할 쾌)는 人名. 孺子(유자)는 妃嬪의 작호. 妾은 妾室. 冰(빙)은 인명. 未央은 궁궐명. 材人은 天子內官. 才人. 간단히 〈未央材人歌〉로 불린다. 中山國 영역은 常山郡의 동부 지역. 치소는 盧奴縣(今 河北省 定州市).

560 〈吳楚汝南歌詩〉 - 四面楚歌의 楚歌이다. 지방의 民家를 말함. 楚漢 대결 시 汝南(여남)은 楚의 영역이었다.

561 〈燕代謳雁門雲中隴西歌詩〉 - 不傳. 燕과 代는 國名. 漢의 북방이었다. 謳는 노래할 구. 雁門, 雲中, 隴西는 모두 郡名.

562 〈邯鄲河間歌詩〉 - 漢代 民歌의 〈陌上桑(맥상상)〉의 秦氏 女 이름은 羅敷(나부)인데, 곧 邯鄲(한단) 사람이다. 邯鄲은 군현 이름이고, 河間도 郡國 이름이다.

563 〈齊鄭歌詩〉 - 不傳.

564 〈淮南歌詩〉 - 不傳.

565 〈左馮翊秦歌詩〉 - 左馮翊(좌풍익)과 다음의 京兆尹(경조윤) 지역은 본래 秦都 咸陽 땅이니, 그곳 民歌를 秦의 歌詩라 했다.

〈京兆尹秦歌詩(경조윤진 가시)〉 5편.[566]

〈河東蒲反歌詩(하동 포반 가시)〉 1편.[567]

〈黃門倡車忠等歌詩(황문창거충 등 가시)〉 15편.[568]

〈雜各有主名歌詩(잡각유주명 가시)〉 10편.[569]

〈雜歌詩(잡가시)〉 9편.[570]

〈雒陽歌詩(낙양 가시)〉 4편.[571]

〈河南周歌詩(하남주 가시)〉 7편.[572]

〈河南周歌聲曲折(하남주 가성 곡절)〉 7편.[573]

〈周謠歌詩(주요 가시)〉 75편.[574]

〈周謠歌詩聲曲折(주요 가시 성곡절)〉 75편.[575]

〈諸神歌詩(제신 가시)〉 3편.[576]

---

566 〈京兆尹秦歌詩〉 - 京兆尹(경조윤)은 행정구역이면서 그 지방관을 지칭한다.

567 〈河東蒲反歌詩〉 - 不傳. 河東郡은, 지금 山西省 서남부 지역. 蒲反(포반)은 蒲坂縣(포판현), 今 山西省 서남부 永濟市.

568 〈黃門倡車忠等歌詩〉 - 不傳. 黃門은 黃門署. 황문은 환관. 倡은 배우. 가수. 車忠은 인명.

569 〈雜各有主名歌詩〉 - 不傳.

570 〈雜歌詩〉 - 不傳. 無名人의 歌詩 모음.

571 〈雒陽歌詩〉 - 不傳.

572 〈河南周歌詩〉 - 不傳.

573 〈河南周歌聲曲折〉 - 不傳. 聲曲折(성곡절)은 樂譜(악보).

574 〈周謠歌詩〉 - 不傳.

575 〈周謠歌詩聲曲折〉 - 不傳.

576 〈諸神歌詩〉 - 不傳.

〈送迎靈頌歌詩(송영령 송가시)〉 3편.[577]
〈周歌詩(주 가시)〉 2편.[578]
〈南郡歌詩(남군 가시)〉 5편.[579]

이상 歌詩 28家, 314(316)편이다.

原文

凡詩賦百六家, 千三百一十八篇.

傳曰, '不歌而誦謂之賦, 登高能賦可以爲大夫.' 言感物造耑, 材知深美, 可與圖事, 故可以爲列大夫也.

古者諸侯卿大夫交接鄰國, 以微言相感, 當揖讓之時, 必稱詩以諭其志, 蓋以別賢不肖而觀盛衰焉. 故孔子曰 "不學詩, 無以言也" 也.

春秋之後, 周道漸壞,聘問歌詠不行於列國, 學詩之士逸在布衣, 而賢人失志之賦作矣. 大儒孫卿及楚臣屈原離讒憂國, 皆作賦以風, 咸有惻隱古詩之義. 其後宋玉,唐勒, 漢興枚乘,司馬相如, 下及揚子雲, 競爲侈麗閎衍之詞, 沒其風諭之義. 是以揚子悔之, 曰, '詩人之賦麗以則, 辭人之賦麗以

577 〈送迎靈頌歌詩〉 - 不傳. 祭祀用 歌詩.

578 〈周歌詩〉 - 不傳.

579 〈南郡歌詩〉 - 不傳. 漢代 南郡은, 今 湖北省의 襄樊市(양번시) 이남, 荊門市 以西 지역. 치소는 江陵縣.

淫. 如孔氏之門人用賦也, 則賈誼登堂, 相如入室矣, 如其不用何!

自孝武立樂府而采歌謠, 於是有代趙之謳, 秦楚之風, 皆感於哀樂, 緣事而發, 亦可以觀風俗, 知薄厚云. 詩賦爲五種.

〖국역〗

詩賦略은 총 106家에, 1,318편이다.

經傳에서는 '노래로 부르지 않고 암송하는 것을 賦(부)라 하고, 산에 올라(登高) 賦를 읊을 수 있어야 大夫이다.' 라고 하였다.[580] 사물에 마음이 감응하여 그를 표현할 수 있어야 재능이고,[581] 그런 능력으로 일을 함께 圖謀(도모)할 수 있어야만 大夫의 반열에 설 수 있다.[582]

옛날에(古者) 諸侯의 卿(경)이나 大夫가 鄰國(인국)에 외교적 접촉을 할 때, 그 微言(미언)을 서로 공감하고, 禮儀를 교환하며 반드시 詩를 읊어 그 뜻을 은유적으로 표현하였는데, 이는 (詩를 통하여, 외교 사절의) 賢明과 不肖(불초)를 판별하고 (그 나라의) 盛衰(성쇠)를

580 자신의 소회를 문장으로 표현하기, 곧 그만한 학식이나 표현 능력이 있어야 대장부이다.

581 원문 感物造耑, 材知深美 - 耑은 端(끝 단)의 古字. 感物하여 뜻을 표현할 수 있어야 한다.

582 원문 故可以爲列大夫也 - 周의 왕실이나 제후국의 정사 실무자는 모두 大夫였다. 大夫는 詩賦를 감상하고 그를 표현할 능력이 있어야 國事나 外交를 전담할 수 있다.

관찰할 수 있기 때문이었다. 그래서 孔子도 말했다. "不學詩면 말을 할 수 없다."[583]

春秋 시대 이후로, 周의 王道가 점차 붕괴되면서 列國 사이의 방문 외교(聘問, 빙문)나 (詩의) 歌詠(가영)도 행하지 않았고, 學詩한 逸士(일사)는 布衣(平民)로 지내야만 했으며, 賢人도 賦를 짓는데 뜻을 두지 않았다.

大儒인 孫卿(손경, 荀子)이나 楚臣인 屈原(굴원)은 참소를 당하고 憂國(우국)의 심경을 賦로 諷諭(풍유)하며[584] 古詩의 惻隱之義(측은지

583 《詩》를 공부하면 어떤 이득을 얻을 수 있는가에 대해서도 공자는 구체적으로 언급하였으니 "제자들은(小子) 왜 詩를 배우지 않는가? 詩를 통하여 感興을 일으키고(可以興), 사물을 제대로 볼 수 있으며(可以觀), 함께 어울려 즐기고(可以群), 정치적 원망을 은근히 표현할 수 있다(可以怨). 가깝게는 부모를 모시고, 나아가 주군을 받들며, 새나 짐승, 초목의 이름도 많이 알 수 있다."고 하였다. (《論語 陽貨》 子曰, "小子何莫學夫詩? 詩, 可以興, 可以觀, 可以群, 可以怨. ~.") 또 공자는 "詩三百을 외우더라도 정사를 맡아 처리하지 못하고, 사방에 사절로 나가 대응하지 못한다면, 비록 많이 외운다 하여 어디에 쓰겠는가?"(《論語 子路》 子曰, "誦詩三百, 授之以政, 不達, 使於四方, 不能專對, 雖多, 亦奚以爲?") 라고 詩의 실용성을 강조하였다. 그리고 공자는 "詩로 흥을 깨워주고(興), 禮로 사회생활의 기준을 정하고(立), 樂으로 인격도야를 완성한다. (《論語 泰伯》 子曰, "興於詩, 立於禮, 成於樂.") 하여 詩와 禮樂의 상관성을 역설하였다.

아울러 공자는 아들 鯉(리)에게 "시를 배우지 않으면 말을 할 줄 모른다.(《論語 季氏》 ~. 對曰, "未也. 嘗獨立, ~ '不學詩, 無以言.' ~)"고 《詩經》를 공부하라고 훈계하였다. 공자는 詩를 통한 인격도야와 바른 심성의 계발과 감정의 교류를 강조하였으며, 사회생활 등 실용적인 면에서도 詩를 알아야 한다고 詩敎의 중요성을 누누이 강조하였다.

584 원문 離讒憂國 皆作賦以風 – 離는 입다. 당하다(遭也). 讒은 참소할 참.

의)를 표현하였다. 그 이후로 宋玉(송옥)이나 唐勒(당륵) 같은 시인, 그리고 漢興 이래로 枚乘(매승)이나 司馬相如(사마상여), 그리고 후대의 揚子雲(揚雄)에 이르기까지 다투듯 화려하고 번잡한 文辭(문사)로 (賦를 통한) 諷諭의 대의에 매몰되었다. 그러하기에 양웅은 자신의 詩賦를 후회하면서 "詩人의 賦는 화려한 것이 그 법칙이지만, 辭人(文人)의 賦는 화려하면 그 節度를 잃게 된다(淫)."고 하였다. 그리고 孔氏 門人(儒者)은 賦(부)를 활용하지 못하였으니, 賈誼(가의)가 登堂(등당)의 경지라면 司馬相如(사마상여)는 入室(입실)의 경지에 이르렀는데, 어찌 본받지 않을 수 있겠는가![585]

孝武帝가 (음악을 관장하는 부서) 樂府를 설립하고 민간의 歌謠(가요)를 채집하였는데,[586] 이에 代郡이나 趙의 가요, 秦과 楚風의 民歌가 모두 哀傷(애상)한 음악이었지만 사물에 따라 지어진 시가라서 그곳 백성의 풍속을 볼 수 있고 민심의 厚薄(후박)을 알 수 있었다. 詩賦는 五種으로 구분 수록하였다.

風은 諷. 諷諭(풍유).

585 원문 如其不用何! – 孔氏之門(儒家)에서는 賦를 짓지 않아 어찌할 줄 모른다. 賈誼나 司馬相如의 賦를 풍유의 기능을 유가에서는 적용할 방법이 없다는 뜻.

586 樂府는 武帝 때 설치한 음악을 담당하는 관청. 민가를 수집케 했는데, 여기에서 '樂府詩'라는 문학 형식이 나온다. 音監을 두어 악인들을 감독했다. 정원이 800명이 넘는 큰 부서였는데 哀帝가 즉위하면서 공식적으로 폐지되었다.

五. 兵書略

1. 兵權謀

原文

《吳 孫子兵法》八十二篇. (圖九卷).

《齊 孫子》八十九篇. (圖四卷).

《公孫鞅》二十七篇.

《吳起》四十八篇.

《范蠡》二篇.

《大夫種》二篇.

《李子》十篇.

《娷》一篇.

《兵 春秋》一篇.

《龐煖》三篇.

《兒良》一篇.

《廣武君》一篇.

《韓信》三篇.

右兵權謀十三家, 二百五十九篇.

【국역】

《吳 孫子兵法》 82편. (圖 9권).[587]

《齊 孫子》 89편. (圖 4권).[588]

《公孫鞅(공손앙)》 27편.[589]

《吳起(오기)》 48편.[590]

《范蠡(범려)》 2편.[591]

---

587 《吳 孫子兵法》 - 吳 나라의 孫武(손무, 前 545 - 470년. 字는 長卿)는 본래 齊國人. 孫武는 姑蘇城(今 江蘇 蘇州市) 밖 穹窿山(궁륭산)에 은거하며 《孫子兵法》을 완성. 나중에 闔廬(합려)의 신하. 楚를 격파하고 吳를 강국으로 만들었다. 손무의 3子 중 장남은 전사했고 차남 孫明(손명)이 富春侯에 봉해졌으니, 이 사람이 富春 孫氏의 시조이다. 뒷날 孫臏(손빈)은 孫武의 5世孫이었다. 後漢 말 孫堅(손견)은 富春 孫氏의 후예였다.

588 《齊 孫子》 - 齊나라의 孫子. 곧 孫臏(손빈, 前 382 - 316. 原名 孫伯靈)은 臏刑(빈형, 종지뼈를 자르는 형벌)을 받았기에 孫臏(손빈)으로 통칭.

589 《公孫鞅(공손앙)》 - 書亡. 兵法書. 公孫鞅은 衛鞅(위앙) 곧 商鞅. 法家의 《商君》 29편은 별도의 册.

590 《吳起》 - 雜家의 《吳子》와 다른 책. 吳起(오기, 前 440 - 381년)는 戰國初期의 兵法家. 兵家의 대표 인물. 衛國 左氏縣(今 山東省 定陶縣) 출신. 吳起는 魯, 魏, 楚 3국에 出仕(출사). 각국에서 능력을 인정받았다. 前 381년, 楚 悼王(도왕)이 죽은 뒤, 楚에서 兵變이 일어나며 피살되었다. 《吳子兵法》 6편만 존재. 곧 〈圖國〉, 〈料敵〉, 〈治兵〉, 〈論將〉, 〈應變〉, 〈勵士〉 등이다. 《孫子兵法》과 함께 《孫吳兵法》으로 통칭. 北宋 시대에 《吳子兵法》은 《武經七書》의 하나.

591 《范蠡(범려)》 - 書亡. 范蠡(범려, 前 536 - 448년. 字는 少伯)의 范은 풀이름 범. 蠡는 나무 좀먹을 려. 陶朱公으로 통칭. 經商致富하였고, 중국 상인의 財神으로 숭배된다. 越王 勾踐(구천)을 도와 吳를 멸망시킨 뒤에, 미녀 西施(서시)와 함께 五湖를 떠돌았다. 司馬遷은 '范蠡 三遷에 皆有榮名이라.' 칭찬했다. 世人들은 '忠以爲國하고 智以保身하며, 商以致富하

《大夫種(대부종)》 2편.[592]

《李子》 10편.[593]

《娷(추)》 1편.[594]

《兵 春秋》 1편.[595]

《龐煖(방훤)》 3편.[596]

《兒良(예량)》 1편.[597]

《廣武君(광무군)》 1편.[598]

여. 成名天下라.' 하였다. '千金之子는 不死於市라.' 는 속언이 있었다. 범려의 군사 관련 기본 사상은 '强하면 교만과 방종을 경계하며 안전한 곳에서 대비하고, 弱하면 은밀히 圖强하며 待機하였다가 움직이고, 用兵에는 상대의 허점을 노려 기습으로 승리하여 제압한다.' 로 요약할 수 있다. 《史記 貨殖列傳》에 입전. 《吳越春秋》 참고.

592 《大夫種(대부종)》 - 書亡. 范蠡(범려)와 함께 句踐(구천)을 섬겼다.

593 《李子》 - 書亡. 李悝(이회). 儒家의 《李克》, 法家의 《李子》와 별개의 책.

594 《娷(추)》 - 書亡. 娷는 겹칠 추(수), 일을 서로 부탁할 추, 성씨 추, 사람 이름 추.

595 《兵 春秋》 - 書亡. 兵家의 《春秋》란 뜻.

596 《龐煖(방훤)》 - 書亡. 龐은 클 방. 성씨. 煖은 따뜻할 난. 온난할 훤(煖音許遠反이라는 주석이 있다.) 龐煖(방훤, 생졸년 미상. 一作 龐煥, 龐援). 趙나라 장수.

597 《兒良(예량)》 - 書亡. 兒는 아이 아. 성씨 예. 六國 시대 사람.

598 《廣武君》 - 書亡. 廣武君 李左車(이좌거, 생졸년 미상)는 趙國의 名將 李牧(이목)의 孫子. 漢 건국 초기 회음후 韓信이 背水陣을 치고 趙軍을 격파한 뒤(前 204)생포한 이좌거에게 방략을 물었고, 이좌거가 말했다. "제가 알기론 '智者의 千慮에도 꼭 一失이 있고(智者千慮, 必有一失), 愚者의 千慮에도 쓸만한 하나는 있다.(愚者千慮, 必有一得.)' 고 하였습니다. 그래서 狂夫의 말일지라도 聖人은 가려 듣는다 하였습니다. 아마

《韓信》 3편.[599]

이상 兵書 權謀(권모) 13家, 259(272)편이다.

原文

權謀者, 以正守國, 以奇用兵, 先計而後戰, 兼形勢, 包陰陽, 用技巧者也.

〖국역〗

(兵家의) 權謀(권모)란, 正義로 守國하고, 奇襲(기습)으로 用兵하는 方略으로, 먼저 계략을 수립한 뒤에 작전을 실행하되, 形勢를 兼全(겸전)하고 陰陽(음양)을 아우르며, 技巧(기교)를 활용하는 (종합적인) 방략이다.

도 나의 건의가 쓸만한 것이 못될지라도 제 진심을 말씀드리겠습니다."라면서 軍陣의 요점을 설명한다. 34권, 〈韓彭英盧吳傳〉 참고.

599 《韓信》 - 書亡. 韓信은 淮陰侯(회음후, 前 230 - 196년)로 漢 開國名將. 漢初 三傑. 國士無雙(국사무쌍), 跨下之辱(과하지욕)의 주인공. 高祖보다 26세나 어렸다. 韓信에 관한 속언 중 '成敗一蕭何, 生死兩婦人' 이란 말이 있는데, 두 사람의 婦人이란 漂母(표모, 빨래할 표)와 呂后(여후)를 의미한다.

2. 兵形勢

原文

《楚兵法》七篇. (圖 四卷).

《蚩尤》二篇. (見《呂刑》).

《孫軫》五篇. (圖 二卷).

《繇叙》二篇.

《王孫》十六篇. (圖 五卷).

《尉繚》三十一篇.

《魏公子》二十一篇. (圖 十卷).

《景子》十三篇.

《李良》三篇.

《丁子》一篇.

《項王》一篇.

右兵形勢十一家, 九十二篇. 圖十八卷.

〖국역〗

《楚 兵法》7편. (圖 4권).[600]

《蚩尤(치우)》2편. (〈呂刑〉에서 볼 수 있다.)[601]

---

600 《楚 兵法》7편. (圖 4권). - 書亡.

601 《蚩尤(치우)》2편. (見呂刑). - 書亡. 蚩는 어리석을 치. 尤는 더욱 우. 멀

《孫軫(손진)》 5편. (圖 2권).[602]

《繇叙(요서)》 2편.[603]

《王孫(왕손)》 16편. (圖 5권).[604]

《尉繚(위료)》 31편.[605]

《魏公子》 21편. (圖 10권).[606]

《景子(경자)》 13편.[607]

《李良(이량)》 3편.[608]

리 떨어지다. 신화나 전설 속의 부족의 우두머리. 神農氏(炎帝) 후손의 한 갈래. 뒷날 黃帝(황제)와 크게 싸웠다. 이에 치우는 전쟁과 동의어로도 사용. 치우를 받드는 자에게는 전쟁의 신. 배척자들에게는 재앙의 상징. 중국 苗族(묘족)의 조상. 呂刑(여형)은 西周 周 穆王(목왕)이 呂侯에 명하여 제정한 周의 형벌의 원칙이라 할 수 있다. 《尙書 呂刑》 참고.

602 《孫軫(손진)》 - 書亡. 內容 未詳. 軫은 수레 뒤턱나무 진.

603 《繇叙(요서)》 - 書亡. 繇는 다를 요, 役事 요. 傜는 말미암을 유. 繇叙는 由余(유여)라는 주석이 있다. 由余는 춘추시대 秦 穆公(목공)을 도와 패업을 성취한 신하.

604 《王孫(왕손)》 - 書亡. 춘추시대 吳의 병법가 王孫雄(왕손웅)이라는 주석이 있다.

605 《尉繚(위료)》 - 書存. 四庫全書에는 子部 兵家類로 분류. 雜家의 《尉繚子 29편》과 별개.

606 《魏公子》 - 書亡. 魏孔子 無忌(무기)의 兵法書. 魏無忌(위무기, ? - 前 243년)는 魏 昭王(소왕)의 아들. 魏 安釐王(안리왕)의 이복 아우. 魏公子, 信陵君(신릉군)로 통칭. 관직은 魏國의 上將軍. 趙나라 平原君 趙勝(조승), 齊나라 孟嘗君(맹상군) 田文(전문). 楚나라 春申君 黃歇(황헐)과 함께 '戰國 四公子', 또는 '養士 四公子' 로 호칭. 《史記 魏公子列傳》에 입전.

607 《景子(경자)》 - 書亡. 楚將 景陽(경양).

608 《李良》 - 書亡. 秦 二世의 장군. 32권, 〈張耳陳餘傳〉에 漢初 趙王 張耳(장이)의 部將으로 이름이 나온다.

《丁子(정자)》 1편.[609]

《項王(항왕)》 1편.[610]

이상 兵家 形勢(형세) 11家에, 92(102)편이다. 圖는 18(21)권이다.

原文

形勢者, 靁動風擧, 後發而先至, 離合背鄕, 變化無常, 以

609 《丁子(정자)》 - 書亡. 丁公(丁固)으로 추정. 丁固는 楚漢戰 당시 項羽의 부장. 季布(계포)의 同母異父弟. 丁公은 항우의 장수로 彭城(팽성) 서쪽에서 高祖를 추격하여, 고조를 위기에 처하게 했다. 단병 접전할 때 漢王이 다급하여 정공을 돌아보며 말했다. "우리 둘이 왜 서로 괴롭혀야 하는가?" 이에 정공은 군사를 돌려 돌아갔다. 項王이 죽은 뒤, 정공이 高祖를 알현했는데, 고조는 정공을 軍中에 죄인으로 돌리게 하며 말했다. "정공은 項王의 신하였지만 불충하여 항왕으로 하여금 천하를 잃게 만든 자이다." 그리고서는 죽인 뒤에 말했다. "이후로 신하된 자가 정공을 본받는 일이 없게 하려고 죽인 것이다."

참고로, 季布(계포, 생졸년 미상)는 項羽와 동향 사람으로, 惠帝 때 중랑장. 文帝 때 하동군수를 역임했는데, '一諾千金(일락천금)' 成語의 주인공이다. 37권, 〈季布欒布田叔傳〉에 입전. 《史記 季布欒布列傳》 참고.

610 《項王(항왕)》 - 書亡. 項王은 項籍(항적, 前 232-202. 字는 羽, 項羽라 통칭). 前 207년 秦朝 멸망의 결정적 전투인 鉅鹿(거록)의 싸움에서 秦軍을 격파하고 스스로 西楚霸王(서초패왕)이 되었다. 楚漢戰爭 중 垓下(해하)의 전투에서 漢王 劉邦에게 패하자 長江의 북쪽 지류인 烏江(오강)에서 자결하였다. 그의 용기와 무예, 힘은 千古에 최고였으며('羽之神勇千古無二') 霸王(패왕)은, 곧 항우를 지칭하는 고유명사로 통한다. 一國의 지도자로는 무능했지만 인간적 본성에 솔직한 사내였다. '富貴하여 不歸故鄕이면, 如衣錦夜行이라.' 고 말한 그 인간적 매력은 폄하할 수 없을 것이다. 31권, 〈陳勝項籍傳〉에 입전. 《史記 項羽本紀》 참고.

輕疾制敵者也.

〖국역〗

(兵法에서) 形勢(형세)란 번개(靁)와 바람처럼 빠르게 움직이고, 늦게 출발하고서도 먼저 도착하며, 離合(이합)이나 向背(향배),[611] 그리고 수시로 상황에 따라 변화하며 경무장에 速攻(속공)으로 적을 제압하는 것이다.

3. 兵陰陽

原文

《太壹兵法》一篇.

《天一兵法》三十五篇.

《神農兵法》一篇.

《黃帝兵法》十六篇. (圖 三卷).

《封胡》五篇.

《風后》十三篇. (圖 二卷).

《力牧》十五篇.

611 離合背鄕 – 흩어지거나(離, 離散) 합치기(合, 合勢), 등지고 돌아서거나(背) 같이 나아가는 (鄕은 向) 군사 작전.

《鵊冶子》一篇. (圖一卷).

《鬼容區》三篇. (圖一卷).

《地典》六篇.

《孟子》一篇.

《東父》三十一篇.

《師曠》八篇.

《萇弘》十五篇.

《別成子望軍氣》六篇. (圖 三卷).

《辟兵威勝方》七十篇.

右(兵)陰陽十六家, 二百四十九篇, 圖十卷.

〖국역〗

《太壹兵法(태일병법)》1편.[612]

《天一兵法》35편.[613]

《神農兵法》1편.[614]

《黃帝兵法》16편. (圖 3권).[615]

《封胡(봉호)》5편.[616]

612《太壹兵法》- 書亡. 太壹은 太一. 太一神. 天神 중 가장 존귀한 신.

613《天一兵法》- 書亡. 天一은 星名. 天龍座.

614《神農兵法》- 書亡.

615《黃帝兵法》- 書亡.

616《封胡(봉호)》- 書亡. 封胡는 黃帝의 신하. 가탁한 이름.

《風后(풍후)》 13편. (圖 2권).[617]

《力牧(역목)》 15편.[618]

《鵊冶子(겹야자)》 1편. (圖 1권).[619]

《鬼容區(귀용구)》 3편. (圖 1권).[620]

《地典》 6편.[621]

《孟子(맹자)》 1편.[622]

《東父(동보)》 31편.[623]

《師曠(사광)》 8편.[624]

《萇弘(장홍)》 15편.[625]

《別成子望軍氣(별성자 망군기)》 6편. (圖 3권).[626]

《辟兵威勝方(피병위승방)》 70편.[627]

---

617 《風后(풍후)》 – 書亡. 風后는 黃帝의 신하. 가탁.

618 《力牧(역목)》 – 書亡. 力牧은 黃帝의 신하. 가탁. 道家의 《力牧》은 별개.

619 《鵊冶子(겹야자)》 – 書亡. 鵊은 두견이 겹, 성씨 겹.

620 《鬼容區(귀용구)》 – 書亡. 黃帝의 신하, 곧 鬼臾區(귀유구).

621 《地典》 – 書亡.

622 《孟子(맹자)》 – 書亡. 아래 五行家의 猛子(맹자)와 동일인 추정.

623 《東父(동보)》 – 書亡. 無考.

624 《師曠(사광)》 – 書亡. 師曠은 晉 平公의 신하. 盲人 樂師. 小說家의 《師曠》 6편과는 별개.

625 《萇弘(장홍)》 – 書亡. 15편. 萇弘(장홍, ? – 前 492년)은 東周의 저명한 학자. 정치가. 孔子가 萇弘을 찾아 音樂과 천문 지식을 배웠다.

626 《別成子望軍氣》 – 書亡. 別이 姓氏. 구름의 형상을 보고 길흉을 예언하는 方術을 望氣(망기)라고 한다. 望軍氣는 구름의 형상에 따라 軍事의 길흉을 판단하는 것이라 생각할 수 있다.

627 《辟兵威勝方(피병위승방)》 – 書亡. 辟는 避. 音은 피.

이상 (兵法) 陰陽家는 16歌에 249(227)편에 圖는 10권이다.

原文

陰陽者, 順時而發, 推刑德, 隨鬪擊, 因五勝, 假鬼神而爲助者也.

〖국역〗

(兵)陰陽家는 때에 맞춰 군사를 동원하고 형벌과 德化를 시행하며, 전투나 공격에서 五行 相勝의 원리를 따르고 귀신의 도움으로 용병할 수 있다는 주장이다.

4. 兵技巧

原文

《鮑子兵法》十篇. (圖 一卷).

《五子胥》十篇. (圖 一卷).

《公勝子》五篇.

《苗子》五篇. (圖 一卷).

《逢門射法》二篇.

《陰通成射法》十一篇.

《李將軍射法》三篇.

《魏氏射法》六篇.

《彊弩將軍王圍射法》五卷.

《望遠連弩射法具》十五篇.

《護軍射師王賀射書》五篇.

《蒲苴子弋法》四篇.

《劍道》三十八篇.

《手搏》六篇.

《雜家兵法》五十七篇.

《蹴鞠》二十五篇.

右兵技巧十三家, 百九十九篇.

〖국역〗

《鮑子兵法(포자병법)》10편. (圖 1권).[628]

《五子胥(오자서)》10편. (圖 1권).[629]

《公勝子(공승자)》5편.[630]

《苗子(묘자)》5편. (圖 1권).[631]

628《鮑子兵法》- 書亡. 鮑子(포자)는 無考. 鮑는 절인 어물 포, 전복 포.

629《五子胥(오자서)》- 書亡.《五子胥兵法》이어야 하나 前例 대로 '兵法' 二字 생략. 五子胥는 伍子胥. 雜家의《五子胥》8篇은 별개.

630《公勝子(공승자)》- 書亡. 公勝은 複姓. 公勝子는 無考.

631《苗子(묘자)》- 書亡. 無考.

《逢門射法(봉문사법)》 2편.[632]

《陰通成射法(음통성사법)》 11편.[633]

《李將軍射法(이장군사법)》 3편.[634]

《魏氏射法(위씨사법)》 6편.[635]

《彊弩將軍王圍射法(강노장군왕위사법)》 5권.[636]

---

632 《逢門射法》 - 書亡. 逢門(봉문, 蠭門)은 逢蒙(봉몽, 蠭門). 중국 전설에서 堯 시절에 하늘의 太陽 10개 중 9개를 쏘아 떨어트린 名弓이 羿(예)인데, 羿(예)보다 활을 더 잘 쏘았다는 사람이 逢門(逢蒙)이다.

633 《陰通成射法》 - 書亡. 無考.

634 《李將軍射法》 - 書亡. 李將軍은 李廣. 李廣(이광, ? - 前 119)은 흉노와 대소 70여 전투를 치룬 명장. 隴西郡(농서군) 成紀縣(성기현) 사람이다. 그 선조는 李信(이신)인데, 秦에서 장군으로 燕의 太子 丹(단)을 추격하여 체포한 사람이었다. 이광은 대대로 가문의 射法을 전수해왔다. 이광이 右北平郡에 있는 동안에 흉노는 이광을 '漢의 飛將軍'이라 부르면서 피하여 몇 년 동안 국경을 침범하지 못했다. 이광이 사냥을 나가 풀 속의 돌을 호랑이인줄 알고 쏘았는데(見草中石, 以爲虎而射之), 명중한 화살이 박혔는데 가서 확인하니 돌이었다(中石沒矢, 視之, 石也). 다른 날 다시 쏘았으나 끝내 박히지 않았다(他日射之, 終不能入矣). 54권, 〈李廣蘇建傳〉에 입전. 《史記 李將軍列傳》 참고.

635 《魏氏射法》 - 書亡. 無考.

636 《彊弩將軍王圍射法》 - 書亡. 彊弩將軍은 직명. 漢代 장군의 호칭은 직위가 아니라 그 장군의 임무나 특성에 맞춰 불렀다. 貳師將軍 李廣利(이광리)의 貳師(이사)는 西域의 城 이름이다. 거기서 汗血馬를 구해왔기에 이사장군이라 불렀다. 彊弩(강노)는 강력한 쇠뇌(弩)이다. 王圍(왕위)는 강궁을 잘 쏜 사람.
「秦과 漢 이래로 山東에서는 재상이 나오고, 山西에서 명장이 나온다고 하였다. 秦나라 장군인 白起는 郿縣(미현) 사람이고, 王翦(왕전)은 頻陽(빈양) 사람이었다. 漢이 건국된 이후 郁郅縣(욱질현)의 王圍(왕위)와 甘

《望遠連弩射法具(망원연노사법구)》 15편.[637]

《護軍射師王賀射書(호군사사왕하사서)》 5편.[638]

《蒲苴子弋法(포저자익법)》 4편.[639]

《劍道(검도)》 38편.[640]

《手搏(수박)》 6편.[641]

《雜家兵法(잡가병법)》 57편.[642]

《蹴鞠(축국)》 25편.[643]

이상 兵技巧類는 13(16)家에, 199(207)편이다.

延壽(감연수), 義渠縣(의거현)의 公孫賀와 傅介子(부개자), 成紀縣의 李廣과 李蔡, 杜陵(두릉)의 蘇建과 蘇武, 上邽(상규)의 上官桀과 趙充國, 襄武(양무)의 廉褒(염포), 狄道(적도)의 辛武賢과 辛慶忌가 모두 용기와 무예로 뚜렷하게 알려졌다. 蘇建 부자와 辛武賢 父子의 굳은 절개 또한 모두가 칭송의 반열에 올라야 하며 그 밖에도 이루 다 셀 수가 없다.」 이상은 班固의 論贊이다.

637 《望遠連弩射法具》 – 書亡. 連弩(연노)는 연속 발사할 수 있는 쇠뇌(弩).

638 《護軍射師王賀射書》 – 書亡. 護軍射師는 職名. 人名 王賀(왕하)는 미상.

639 《蒲苴子弋法》 – 書亡. 蒲苴子(포저자)는 楚人. 弋은 주살 익. 끈이 있는 작은 화살. 人弋.

640 《劍道》 – 書亡. 저자 미상.

641 《手搏(수박)》 – 書亡. 맨손 格鬪技. 씨름, 레슬링.

642 《雜家兵法》 – 書亡.

643 《蹴鞠》 – 書存. 25편. 蹴球(축구). 가죽으로 만들고 속을 채웠다. 군사 體力 강화를 위한 軍營 내 체육 활동.

原文

技巧者, 習手足, 便器械, 積機關, 以立攻守之勝者也.

〖국역〗

技巧(기교)란 손발의 練習(연습, 熟練)이고, 器械(기계, 개인 무기)의 숙달이며, 쇠뇌 같은 장비를 활용하여 공격과 수비에서 승리하는 기술이다.

原文

凡兵書五十三家, 七百九十篇, 圖四十三卷.

兵家者, 蓋出古司馬之職, 王官之武備也. 〈洪範〉八政, 八曰師. 孔子曰爲國者 "足食足兵", "以不教民戰, 是謂棄之." 明兵之重也.

《易》曰, 「古者弦木爲弧, 剡木爲矢, 弧矢之利, 以威天下.」 其用上矣. 後世燿金爲刃, 割革爲甲, 器械甚備. 下及湯武受命, 以師克亂而濟百姓, 動之以仁義, 行之以禮讓, 《司馬法》是其遺事也. 自春秋至於戰國, 出奇設伏, 變詐之兵並作.

漢興, 張良,韓信序次兵法, 凡百八十二家, 刪取要用, 定著三十五家. 諸呂用事而盜取之. 武帝時, 軍政楊僕捃摭遺逸, 紀奏兵錄, 猶未能備. 至於孝成, 命任宏論次兵書爲四種.

〚국역〛

兵書는 총 53家에 790편이고 圖版(도판)은 43권이다.[644]

兵家는 대개 옛 司馬[645]의 직분인 왕궁과 官府의 무장 경비에서 유래되었다. 〈洪範〉의 八政[646]에서도 여덟 번째가 師(사)라고 했다. 孔子는 나라를 다스리는 요점을[647] "足食과 足兵"이라 했고,[648] "백성을 훈련시키지 않는다면 백성을 버리는 것이라." 하여[649] 군사의(兵, 武備) 중요성을 분명히 밝혔다.

《易》에서는 「옛날에 나무를 휘어 활을 만들고, 나무를 다듬어 화살을 만들었으니, 활과 화살의 이점으로 천하에 위엄을 떨쳤다.」고

---

644 이 통계의 숫자나 가감에 대한 여러 주석이 있다.

645 司馬는《周禮》에서 夏官의 속했다. 武事를 관장하고 군대를 통솔했다.

646《尙書 周書 洪範》八政, 一曰食, 二曰貨, 三曰祀, 四曰司空, 五曰司徒, 六曰司寇, 七曰賓, 八曰師.

647《論語 顔淵》子貢問政. 子曰, "足食, 足兵, 民信之矣."

648 子貢(자공)이 政事의 要諦(요체)를 묻자, 공자는 '足食'을 제일 먼저 꼽았다. 족식은 식량을 풍족하게 한다는 뜻이니, 우선 백성의 배를 채워야 한다.《尙書 周書 洪範》의 八政의 첫째가 '一曰食'이다.《禮記 王制》에서는 나라에 9년 정도의 식량이나 군량 비축이 없다면 '不足'이라 했고, 3년 치 양식의 비축이 없다면 '나라가 나라도 아니다(國非其國).'라고 했다.(《禮記 王制》國無九年之蓄曰不足, 無六年之蓄曰急, 無三年之蓄曰國非其國也.) 다음으로 공자가 열거한 것은 '足兵'이다. 여기서 兵은 병력과 무기나 군수물자를 총칭한다. 나라에 文事가 중요하지만 반드시 武備(무비)가 있어야 한다. 공자는 세 번째로 '民信之'라고 했다. 이는 백성이 위정자를 신뢰하게 하는 것, 곧 나라의 정책은 백성으로부터 신뢰를 받아야 한다.

649《論語 子路》子曰, "以不教民戰, 是謂棄之." 백성을 적당히 훈련시키는 것도 足兵이다.

하였으니,[650] 최상의 용도였다. 후세에 쇠붙이를 녹여 칼을 만들었고, 가죽을 잘라 갑옷을 지었으며,[651] 여러 기계를 다 갖추었다. 그 이후로 湯王과 武王이 天命을 받고서 (武力으로) 혼란을 이겨내고 백성을 구제하였으며, 仁義로 군사를 동원하고 禮讓으로 전쟁을 억제하였으니, 《司馬兵法》은 그 유산이라 할 수 있다. 春秋시대에서 戰國시대에 이르기까지 기습이나 복병 등 변화와 속임수 병법이 함께 적용되었다.

漢이 건국되며 張良(장량)[652]과 韓信(한신)은 兵法書 182家의 병법을 정리하면서 없애거나 선택하여 35개 병법을 편찬하였다. 나중에 呂氏(呂后) 일족이 권력을 잡으면서 이를 몰래 차지하였다. 武帝 때, 軍政이던 楊僕(양복)은[653] 흩어진 병서를 주워 모아[654] 兵書 목록을

---

650 《易 繫辭》下의 구절이다. 弧(활 호)는 木弓. 剡은 날카로울 섬.

651 원문 燿金爲刃, 割革爲甲 – 燿는 빛날 요. 녹이다. 鑠(녹일 삭), 銷(녹일 소)와 同.

652 張良(장량. ? – 前 185) – 漢初 三傑의 한 사람. 張良의 字는 子房인데, 그 선조는 韓人이다. 조부 張開地(장개지)와 부친 張平(장평)은 韓 5대에 걸친 재상이었다. 장량이 진시황을 저격, 실패한 뒤 下邳(하비)에 숨었고, 그 다리에서 어떤 노인한테서 《太公兵法》을 받았다. 장량은 소중히 여기면서 언제나 늘 읽고 외웠다. 반고는 張良의 智勇을 알고서는 체구가 장대하고 특별한 위엄이 있는 사람으로 생각했지만 그 모습은 오히려 부녀자와 같았다고 한다. 高祖는 여러 번 곤경을 당했었고 그때마다 장량은 큰 역할을 하였으니 어찌 하늘의 뜻이 아니 하겠는가? 40권, 〈張陳王周傳〉에 입전.

653 軍政은 軍正. 軍營의 司法官. 무제 때 楊僕(양복)은 무제 때 수군을 지휘하는 樓船(누선) 장군이었다. 위만조선 정벌에 나서 공을 세웠지만 좌장군 荀彘(순체)와 불화하여 귀국 후 爭功하다가 순체는 투기와 병력 다수

상주하였으나 제대로 다 완비하지 못했다. 孝成帝에 이르러 任宏(임굉)에게 兵書를 평의하며 편찬케 하였는데, 4종으로 분류하였다.[655]

상실한 죄로 誅殺되었고, 楊僕은 속전을 내고 庶人이 되었다.

654 원문 捃摭遺逸 – 捃摭(군척)은 수습, 취합하다. 捃은 주울 군. 摭은 주울 척. 遺逸(유일)은 버려진 것.

655 四種 – 〈兵權謀〉, 〈兵形勢〉, 〈兵陰陽〉, 〈兵技巧〉.

六. 數術略

1. 天文

原文

《泰壹雜子星》二十八卷.

《五殘雜變星》二十一卷.

《黃帝雜子氣》三十三篇.

《常從日月星氣》二十一卷.

《皇公雜子星》二十二卷.

《淮南雜子星》十九卷.

《泰壹雜子雲雨》三十四卷.

《國章觀霓雲雨》三十四卷.

《泰階六符》一卷.

《金度玉衡漢五星客流出入》八篇.

《漢五星彗客行事占驗》八卷.

《漢日旁氣行事占驗》三卷.

《漢流星行事占驗》八卷.

《漢日旁氣行占驗》十三卷.

《漢日食月暈雜變行事占驗》十三卷.

《海中星占驗》十二卷.

《海中五星經雜事》二十二卷.

《海中五星順逆》二十八卷.

《海中二十八宿國分》二十八卷.

《海中二十八宿臣分》二十八卷.

《海中日月彗虹雜占》十八卷.

《圖書祕記》十七篇.

右天文二十一家, 四百四十五卷.

【국역】

《泰壹雜子星(태일잡자성)》 28권.[656]

《五殘雜變星(오잔잡변성)》 21권.[657]

《黃帝雜子氣(황제잡자기)》 33편.[658]

---

656 《泰壹雜子星》 - 書亡. 太一星과 여러 星宿(성수)의 위치를 설명한 것 같다는 주석이 있다. 泰壹은 太一. 雜子星을 한 단어로 보아 '여러 星' 이란 뜻으로 풀이한 주석이 있다. 또 雜子를 '增益(증익)' 의 뜻으로 풀이한 주석도 있다.

657 《五殘雜變星》 - 書亡. 五殘(오잔)은 星名. 〈天文志〉에서는 '五殘星(오잔성)은 正東에 뜨는 東方의 星이다. 그 모습은 辰星(水星)과 비슷하고 지상에서 6丈(장)쯤 되는 天空에 출현하는 크고 누런 별이다.' 라고 했다. 그리고 또 '六賊星(육잔성), 司詭星(사궤성), 咸漢星(함한성)이 있는데, 이 4星은 출현한 방향에 응하지는 않지만, 해당 分野의 땅에서 병란이 일어나면 그 상대방에게 불리하다.' 고 하였다.

658 《黃帝雜子氣(황제잡자기)》 - 書亡. 黃帝에 가탁했고, 星宿(성수)와 雲氣

《常從日月星氣(상종일월성기)》 21권.[659]

《皇公雜子星(황공잡자성)》 22권.[660]

《淮南雜子星(회남잡자성)》 19권.[661]

《泰壹雜子雲雨(태일잡자운우)》 34권.[662]

《國章觀霓雲雨(국장관예운우)》 34권.[663]

《泰階六符(태계육부)》 1권.[664]

《金度玉衡漢五星客流出入(금도옥형한오성객류출입)》 8편.[665]

《漢五星彗客行事占驗(한오성혜객행사점험)》 8권.[666]

에 관한 책.

659 《常從日月星氣》 - 書亡. 常從(상종, 常樅, 樅은 전나무 종)은 老子의 스승이라는 주석 有.

660 《皇公雜子星》 - 書亡.

661 《淮南雜子星》 - 書亡.

662 《泰壹雜子雲雨》 - 書亡.

663 《國章觀霓雲雨》 - 書亡. 國章은 人名. 霓는 무지개 예.

664 《泰階六符》 - 書亡. 三台星(삼태성)은 三能星(삼태성, 能는 별이름 태). 삼태는 모두 큰곰자리에 들어있다. 能에는 '곰 능' 이라는 뜻도 있다. 2개씩 짝을 지어 계단 모양이다. 이 총 6개의 별의 色이 변하는 것을 보아 君臣 간의 吉凶을 판단할 수 있다. 그래서 符(부)라 한다는 주석이 있다.

665 《金度玉衡漢五星客流出入》 - 書亡. 金度玉衡은 천문 관측기구. 五星은 歲星(木星), 熒惑星(형혹성, 火星), 太白(金星) 辰星(水星), 塡星(전성, 土星). 客流星이 五星 사이에 운행하며 어느 星宿에 진입하고 나가는 것. 곧 이 책은 五星의 운행에 관한 기록이라는 주석이 있다.

666 《漢五星彗客行事占驗》 - 書亡. 五星과 彗星(혜성)의 출현에 관한 기록. 彗는 빗자루 혜. 혜성. 客은 客星. 규칙적인 운행이 아닌 수시로 출현하는 별. 占驗(점험)은 점치기.

《漢日旁氣行事占驗(한일방기행사점험)》 3권.[667]

《漢流星行事占驗(한유성행사점험)》 8권.[668]

《漢日旁氣行占驗(한일방기행점험)》 13권.[669]

《漢日食月暈雜變行事占驗(한일식월훈잡변행사점험)》 13권.[670]

---

667 《漢日旁氣行事占驗》 - 書亡. 日旁氣는 햇무리. 日暈(일훈)과 同. 햇무리로 길흉을 예측하는데 〈天文志〉에 다음과 같은 설명이 있다.

兩軍이 對峙(대치)할 경우, 햇무리(日暈, 日旁之氣, 暈은 무리 훈)와 戰力이 같다 하여도, 햇무리가 두텁고 장대한 편이 승리하고, (햇무리가) 얇고 短小하다면 승리는 없다. 햇무리가 여러 겹이면(重抱) 적을 대파하여 패망시킨다. 해무리가 태양을 감싼 것은 和合이고, 등진 것은 不和이며 분리하여 서로 멀어질 징조이다. 해무리가 곧게 섰다면(直) 自立이니, 군사로 적을 격파하거나 때로는 적장을 죽일 징조이다. 햇무리가 에워싸거나 또는 태양 위에 생기면(抱且戴, 戴 머리 위에 일 대) 기쁜 일이 있을 것이다(有喜). 햇무리 내부에 雲氣가 있다면(圍在中), 성안의 군사가 이기고(中勝), (雲氣가) 햇무리 밖을 에워쌌다면, 城外의 군사가 승리한다(外勝). 햇무리의 밖이 청색이고 안쪽이 적색이라면(青外赤中), 和戰하고 서로 돌아가나 밖이 적색, 안에 청색의 기운이라면(赤外青中), 서로 증오하며 떠나간다.

668 《漢流星行事占驗》 - 書亡. 流星으로 길흉을 점치는 내용. 流星은 우주공간의 流星體(우주 먼지 입자나 덩이리 등 부피가 있는 물질)가 星球나 지구 대기권에 들어오면서 연소할 때 나타나는 빛의 자취(光跡). 單線流星(偶發流星), 火流星, 流星雨의 3종으로 구분할 수 있다.

669 《漢日旁氣行占驗》 - 書亡.

670 《漢日食月暈雜變行事占驗》 - 書亡. 日食, 日暈(일훈) 기타 천문현상에 의한 길흉 판단. 〈天文志〉에는 '《春秋》의 기록인 242년간에 日食이 36회, 彗星(혜성)이 3번 출현했고, 밤에 常星(항성)이 안 보이거나 한밤에 隕石(운석)이 비오듯 쏟아진 일이 각 1번씩이었다. 그럴 때마다 禍亂(화란)이 곧 일어났고, 周室은 미약했고, 上下 간에 원한만 쌓여 殺君(시군)이 36회, 亡國이 52번이었고, 諸侯가 도망 나가 그 사직을 보존하지 못

《海中星占驗(해중성점험)》 12권.[671]

《海中五星經雜事(해중오성경잡사)》 22권.[672]

《海中五星順逆(해중오성순역)》 28권.[673]

《海中二十八宿國分(해중이십팔수국분)》 28권.[674]

《海中二十八宿臣分(해중이십팔수신분)》 28권.[675]

《海中日月彗虹雜占(해중일월혜홍잡점)》 18편.[676]

《圖書祕記(도서비기)》 17편.[677]

이상 天文類는 21(22)家에 445(419)권이다.

原文

天文者, 序二十八宿, 步五星日月, 以紀吉凶之象, 聖王所以參政也. 《易》曰, 「觀乎天文, 以察時變.」 然星事凶悍, 非

한 자는 이루 셀 수도 없었다.' 고 하였다.

671 《海中星占驗》 - 書亡.

672 《海中五星經雜事》 - 書亡.

673 《海中五星順逆》 - 書亡. 五星 운행의 順逆은 〈律曆志〉 참고. 五星의 운행에서 順逆(순역), 遲疾(지질, 느리기와 빠름), 伏(복)과 留(류) 등 운행 정황을 五步라 한다.

674 《海中二十八宿國分》 - 書亡. 海上에 적용한 二十八宿(이십팔수)의 분야에 어떤 나라를 어떻게 배치했는지 그 내용은 미상.

675 《海中二十八宿臣分》 - 書亡. 二十八宿와 관직을 연계.

676 《海中日月彗虹雜占》 - 書亡. 虹은 무지개 홍.

677 《圖書祕記》 - 書亡. 讖緯書(참위서).

湛密者弗能由也.

夫觀景以譴形, 非明王亦不能服聽也. 以不能由之臣, 諫不能聽之王, 此所以兩有患也.

〖국역〗

天文家는 二十八宿(이십팔수)[678]의 배열과 五星과 日月[679]의 운행(步)을 관찰하여 그 吉凶의 형상을 기록한 것이라서 聖王은 이를 政事에 참작하였다. 《易》에서는 「天文을 관찰하고, 時變을 살핀다.」[680]고 하였다. 그러나 星事는 흉하고 사납기에 아주 박통한 사람이 아니라면 그런 사람들의 말을 그대로 적용할 수가 없다.

이는 그림자를 보고서 그 본 형체를 견책하는 것과 같아서,[681] 聖明한 王者가 아니라면 (천문에 의한 길흉의 판단을) 그대로 따를 수

678 二十八宿(수, xiù) – 天球上의 黃道와 하늘의 赤道 부근에 둘러있는 28개 星座(或稱 星官). 이십팔수의 이름은 東宮(東方) – 角, 亢, 氐(저), 房, 心, 尾, 箕(기)의 7星. 北宮 – 斗, 牛, 女, 虛, 危, 室, 壁의 7星. 西宮 – 奎, 婁(루), 胃(위), 昴(묘), 畢(필), 觜(자), 參(삼)의 7星. 南宮 – 井, 鬼, 柳, 星, 張, 翼(익), 軫(진)의 7星이다. 이 28수는 각 1개의 항성을 기준으로 정한 천문좌표이며 태양과 달, 5대 행성, 彗星(혜성) 등의 운행 위치 및 항성을 관측하는 기초가 된다. 二十八舍, 二十八星, 二十八次 등으로도 표기한다.

679 五星과 日月 – 이를 七政이라 한다.

680 《易 賁卦》의 彖辭(단사) – 賁卦는 ☶☲(山火賁). 賁는 꾸밀 비(裝飾, 修飾). 그 彖辭는 '剛柔交錯, 天文也. 文明以止, 人文也. 觀乎天文, 以察時變. 觀乎人文, 以化成天下.'

681 원문 夫觀景以譴形 – 景(영)은 그림자 영(影과 同). 譴形은 형체를 꾸짖다. 譴은 꾸짖을 견. 나무라다. 形은 本形.

없을 것이다. 또 천문에 통달한 신하가 아니라면 (천문 현상으로) 주군에 간언을 올려 따르라고 할 수도 없으니, 이는 주군과 신하 모두에게 危害(위해)가 되는 일이다.

2. 曆譜

原文

《黃帝五家曆》三十三卷.

《顓頊曆》二十一卷.

《顓頊五星曆》十四卷.

《日月宿曆》十三卷.

《夏殷周魯曆》十四卷.

《天曆大曆》十八卷.

《漢元殷周諜曆》十七卷.

《耿昌月行帛圖》二百三十二卷.

《耿昌月行度》二卷.

《傳周五星行度》三十九卷.

《律曆數法》三卷.

《自古五星宿紀》三十卷.

《太歲謀日晷》二十九卷.

《帝王諸侯世譜》二十卷.

《古來帝王年譜》五卷.

《日晷書三》十四卷.

《許商算術》二十六卷.

《杜忠算術》十六卷.

右曆譜十八家, 六百六卷.

〖국역〗

《黃帝五家曆(황제오가력)》 33권.[682]

《顓頊曆(전욱력)》 21권.[683]

《顓頊五星曆(전욱오성력)》14권.[684]

《日月宿曆(일월수력)》 13권.[685]

《夏殷周魯曆(하은주노력)》 14권.[686]

---

682 《黃帝五家曆》 - 書亡. 五家는 五紀. 歲, 月, 日, 星辰, 曆數를 전문으로 학습했기에 五家라 한다는 주석이 있다. 또 黃帝, 高陽(顓頊), 高辛, 唐堯, 虞舜을 五家라 한다는 주석도 있다. 〈律曆志〉에서 黃帝, 顓頊(전욱), 夏, 殷, 周의 曆法을 五家曆法이라 하였다.

683 《顓頊曆(전욱력)》 - 書亡. 顓頊(전욱, 顓은 마음대로 할 전. 頊은 삼갈 욱)은 전설적 인물로 五帝의 한 사람. 黃帝의 손자. 高陽氏로 호칭. 黃帝 死後 聖德이 있다 하여 20세에 제위에 올랐다. 古 六曆의 하나인 顓頊曆(전욱력)을 만들었고, 전욱력은 秦에서 사용되었다(四分曆).

684 《顓頊五星曆》 - 顓頊曆(전욱력)을 바탕으로 관찰한 五星의 운행에 관한 기록.

685 《日月宿曆》 - 書亡. 宿는 별 수.

686 《夏殷周魯曆》 - 書亡. 夏, 殷, 周. 魯曆의 대조.

《天曆大曆(천력대력)》 18권.[687]

《漢元殷周諜曆(한원은주첩력)》 17권.[688]

《耿昌月行帛圖(경창월행백도)》 232권.[689]

《耿昌月行度(경창월행도)》 2권.[690]

《傳周五星行度(전주오성행도)》 39권.[691]

《律曆數法(율력수법)》 3권.[692]

《自古五星宿紀(자고오성수기)》 30권.[693]

《太歲謀日晷(태세모일귀)》 29권.[694]

《帝王諸侯世譜(제왕제후세보)》 20권.[695]

《古來帝王年譜(고래제왕년보)》 5권.[696]

《日晷書(일구서)》 34권.[697]

---

687 《天曆大曆》 - 書亡.

688 《漢元殷周諜曆》 - 書亡. 漢 역법을 근거로 殷과 周曆의 대조.

689 《耿昌月行帛圖》 - 書亡. 耿壽昌(경수창)이 비단에 그린 달(月亮)의 운행도.

690 《耿昌月行度》 - 書亡.

691 《傳周五星行度》 - 書亡. 傳周(전주)는 傅周(부주, 人名)의 착오일 것이라는 주석이 있다.

692 《律曆數法》 - 書亡. 曆法과 관련한 계산법을 설명.

693 《自古五星宿紀》 - 書亡. 五星 운행 관련 기록.

694 《太歲謀日晷》 - 書亡. 謀는 諜(염탐할 첩, 문서 첩)의 오류라는 주석이 있다. 日晷(일구)는 해시계. 晷는 그림자 구, 햇빛 구(原音은 귀).

695 《帝王諸侯世譜》 - 書亡. 世譜는 族譜. 年表.

696 《古來帝王年譜》 - 書亡.

697 《日晷書》 - 書亡.

《許商算術(허상산술)》 26권.[698]

《杜忠算術(두충산술)》 16권.[699]

이상 曆譜類(역보류) 18가에, 606(566)권이다.

原文

曆譜者, 序四時之位, 正分至之節, 會日月五星之辰, 以. 故聖王必正曆數, 以定三統服色之制, 又以探知五星日月之會. 凶阸之患, 吉隆之喜, 其術皆出焉. 此聖人知命之術也, 非天下之至材, 其孰與焉! 道之亂也, 患出於小人而强欲知天道者, 壞大以爲小, 削遠以爲近, 是以道術破碎而難知也.

〖국역〗

曆譜(역보, 曆法)는 이를 통하여 四季의 순환의 차서(序四時之位), 春分과 秋分, 그리고 夏至와 冬至의 바른 절기(正分至之節), 日月과 五星의 交會에 따른(會日月五星之辰) 寒暑(한서)와 생장소멸의 실제를 고찰할 수 있다(考寒暑殺生之實). 그래서 聖王은 必히 曆數(역수)를 바로잡고, (그에 따라) 三統曆(삼통력)[700]과 服色(복색)과 같은 법

698 《許商算術》 - 書亡. 許商(허상)은 人名. 許商(허상)은 《尙書》를 전공했고, 계산에도 밝은 博士라고 〈溝洫志(구혁지)〉에 보인다. 算術은 數學. 중국 수학의 최고봉은 《九章算術》이다.

699 《杜忠算術》 - 書亡. 杜忠은 수학자.

700 三統曆(삼통력) - 夏, 殷, 周 三代의 歲首(세수, 1월)는 서로 달랐다. 夏는

도를 제정했으며, 또 五星과 日月의 운행을 탐지할 수 있었다. 凶阨(흉액)에 따른 걱정이나 안녕과 융성의 길조도 역보를 통해 알 수 있다. 이처럼 曆法은 聖人이 天命을 알 수 있는 法術이니, 천하의 뛰어난 인재가 아니라면 누가 이를 알 수 있겠는가!

도덕이 붕괴된 이후로, 天道를 억지로 알려고 하는 소인들이 역법을 담당하면서 正道가 혼란하여 환난이 일어났고, 역법의 大道는 붕괴되어 小道로 전락했으며, 원대한 용도를 비천하게 적용하면서 역법의 大道를 알 수 없게 되었다.[701]

寅月(今 陰 正月)이 歲首였다. 殷은 丑月(今 陰 12월)이 세수였고, 周는 子月(今 陰 11월)이 세수였다. 곧 天統曆은 子月, 地統曆은 丑月, 人統曆은 寅月이 세수였다. 이렇게 夏, 殷, 周가 人統曆, 地統曆, 天統曆을 적용했기에, 이를 종합하여 三統曆이라 했다. 왕조가 바뀌면 曆法과 服色은 당연히 바뀌는 것으로 생각했다. 지금 우리로서는 이해하기 어려울 것이다.

701 天道 전체는 아주 至遠至大한 것이다. 그러니 거기에서 얼마나 많은 갈림이 있겠는가? 여러 갈래 중 그 一端만을 잡고 窮究(궁구)한다면, 그것은 方術이다. 그 전체를 통째로 다 파악하려 한다면, 그것은 道術이다. 비근한 예를 들어, 어떤 한 사람에 대하여 그 얼굴 생김새만 보고서 '이렇게 생겼으니 이럴 것이다.' 라고 말하는 觀相(관상)은 하나의 方術이다. 그런데 전체를 보려 하지 않고 일단만을 내세우면, 곧 遠大가 아닌 近小를 고집하는 것이 바로 方術의 폐단이다. 星辰에 인간의 운명을 연결 지어 길흉을 판단하려는 星命家는 바로 방술을 하는 소인일 것이다. 그런 소인이 천문학을 말한다면, 곧 능력도 안 되는데 억지로 天道를 알려 하고, 그런 소인의 이런저런 말이 결국 天道를 더욱 알 수 없게 만든다. 이것이 바로 班固의 생각이었다.

3. 五行

原文

《泰一陰陽》二十三卷.

《黃帝陰陽》二十五卷.

《黃帝諸子論陰陽》二十五卷.

《諸王子論陰陽》二十五卷.

《太元陰陽》二十六卷.

《三典陰陽談論》二十七卷.

《神農大幽五行》二十七卷.

《四時五行經》二十六卷.

《猛子閭昭》二十五卷.

《陰陽五行時令》十九卷.

《堪輿金匱》十四卷.

《務成子災異應》十四卷.

《十二典災異應》十二卷.

《鍾律災異》二十六卷.

《鍾律叢辰日苑》二十三卷.

《鍾律消息》二十九卷.

《黃鍾》七卷.

《天一》六卷.

《泰一》二十九卷.

《刑德》七卷.

《風鼓六甲》二十四卷.

《風后孤虛》二十卷.

《六合隨典》二十五卷.

《轉位十二神》二十五卷.

《羨門式法》二十卷.

《羨門式》二十卷.

《文解六甲》十八卷.

《文解二十八宿》二十八卷.

《五音奇胲用兵》二十三卷.

《五音奇胲刑德》二十一卷.

《五音定名》十五卷.

右五行三十一家, 六百五十二卷.

〖국역〗

《泰一陰陽(태일음양)》 23권.[702]

《黃帝陰陽》 25권.[703]

《黃帝諸子論陰陽》 25권.[704]

---

702 《泰一陰陽》 - 書亡. 泰一(太一)을 중심으로 陰陽의 변화를 설명.

703 《黃帝陰陽》 - 書亡.

704 《黃帝諸子論陰陽》 - 書亡. 黃帝와 諸子의 陰陽論. 후인의 假託(가탁).

《諸王子論陰陽》25권.[705]

《太元陰陽》26권.[706]

《三典陰陽談論》27권.[707]

《神農大幽五行(신농대유오행)》27권.[708]

《四時五行經》26권.[709]

《猛子閭昭(맹자여소)》25권.[710]

《陰陽五行時令》19권.[711]

《堪輿金匱(감여금궤)》14권.[712]

《務成子災異應(무성자재이응)》14권.[713]

《十二典災異應(십이전재이응)》12권.[714]

---

705 《諸王子論陰陽》- 書亡.

706 《太元陰陽》- 書亡. 太元은 本元.

707 《三典陰陽談論》- 書亡. 三典의 의미 未詳.

708 《神農大幽五行》- 書亡. 大幽의 뜻은 未詳.

709 《四時五行經》- 書亡. 四季와 五行의 연관을 설명했을 것으로 추정.

710 《猛子閭昭》- 書亡. 閭昭(여소)가 저자 이름.

711 《陰陽五行時令》- 書亡. 時令은 계절, 月에 따른 행사. 月令.

712 《堪輿金匱(감여금궤)》- 書亡. 堪은 견딜 감. 하늘. 天道. 輿는 수레 여. 싣다. 땅. 地道. 堪輿는 天地. 神名也. 堪輿는 風水, 風水地理의 뜻으로도 쓰인다. 金匱는 청동으로 만든 궤. 귀중한 물건을 보관하는 青銅 상자. 書名을 쓰일 때는 소중하게 보관해야 할 책. 天象의 변화와 地上의 吉凶을 언급한 책.

713 《務成子災異應》- 書亡. 務成子는 堯의 스승. 僞托(위탁)일 것임. 小說家에 《務成子》 11편이 있다.

714 《十二典災異應》- 書亡. 十二典의 내용 未詳.

《鍾律災異(종율재이)》 26권.[715]

《鍾律叢辰日苑(종률총신일원)》 23권.[716]

《鍾律消息(종율소식)》 29권.[717]

《黃鍾》 7권.[718]

《天一》 6권.[719]

《泰一》 29권.[720]

《刑德》 7권.[721]

《風鼓六甲(풍고육갑)》 24권.[722]

---

715 《鍾律災異(종율재이)》 - 書亡. 鍾律은 陰律. 음악. 봄에 秋律을 연주하면 百花가 지고, 가을에 春律을 연주하면 만물이 움트려 한다. 여름에 冬律을 연주하면 우박이 쏟아지고, 겨울에 夏律을 연주하면 천둥번개가 친다는 말이 있다. 그렇다면 분명 음률에 따른 災異(재이)이다. 劉歆은 《鐘律書》를 저술하여 前漢 말에 음률 이론을 집대성하였다.

716 《鍾律叢辰日苑》 - 書亡. 叢辰(총신)의 뜻 미상.

717 《鍾律消息》 - 書亡. 消息(소식)은 消滅(소멸)과 增殖(증식). 鐘律의 消長(소장)과 변화를 논한 책으로 추론.

718 《黃鍾》 - 書亡. 黃鐘(황종)은 音律의 이름인데, 12律(六律六呂)의 기본음(표준음)이다. 律은 길이가 다른 12개의 竹管을 불어 12개의 音高를 내어, 이를 12律이라 했다. 낮은 음에서 높은 음으로의 순차는 黃鐘 - 大呂 - 太簇(태주) - 夾鐘(협종) - 姑洗(고세) - 仲呂(중려) - 蕤賓(유빈) - 林鐘(임종) - 夷則(이칙) - 南呂(남여) - 無射(무역) - 應鐘(응종)이다. 이를 음양으로 나누면 위에 밑줄을 그은 것이 陽律이고, 밑줄이 없는 음이 六呂(육려)이다. 일반적으로 六律이라면 六呂를 포함한 12律을 의미한다.

719 《天一》 - 書亡. 天一은 天神 중 제일 고귀한 지위.

720 《泰一》 - 書亡. 泰一은 太壹. 太乙.

721 《刑德》 - 書亡. 刑罰과 德化.

722 《風鼓六甲》 - 書亡. 風鼓는 의미 미상. 六甲은 甲子, 甲戌, 甲申, 甲午,

《風后孤虛(풍후고허)》 20권.[723]

《六合隨典(육합수전)》 25권.[724]

《轉位十二神》 25권.[725]

《羨門式法(선문식법)》 20권.[726]

《羨門式(선문식)》 20권.[727]

《文解六甲》 18권.[728]

《文解二十八宿(문해이십팔수)》 28권.[729]

《五音奇胲用兵(오음기해용병)》 23권.[730]

甲辰, 甲寅으로 10干 12支의 60組合을 의미. 여기서는 方術이란 의미.

723 《風后孤虛》 – 書亡. 우리가 日辰(일진)이라 할 때 日은 甲, 乙 ~ 壬, 癸이고 辰은 子, 丑에서 ~ 戌, 亥를 말한다. 그런데 甲子 旬(순, 열흘, 10일)에는 戌, 亥가 없다. 이때 戌, 亥를 孤(외로울 고)라고 하고, 戌, 亥의 상대가 되는 辰과 巳를 虛(빌 허)라고 한다. 이를 '日辰不全하여 故有孤虛라.' 고 한다.

724 《六合隨典》 – 書亡. 陰陽家들은 月建과 日辰의 相合하는 것을 吉日로 인식하는데, 子와 丑이 合하고, 寅과 亥가 合하며, 卯(묘)와 戌(술), 辰과 酉(유), 巳(사)와 申이, 午와 未가 合하니, 이를 六合이라 한다. 隨典(수전)은 수시로 취하여 활용할 수 있다는 뜻.

725 《轉位十二神(전위십이신)》 – 書亡.

726 《羨門式法(선문식법)》 – 書亡. 羨門은 고대의 仙人. 式은 栻(점치는 기구 식).

727 《羨門式》 – 書亡. 바로 위와 동일한 제목이라 일부러 글자 한 字를 삭제하여 구분했다는 주석이 있다.

728 《文解六甲》 – 書亡. 文解의 뜻 未詳.

729 《文解二十八宿》 – 書亡.

730 《五音奇胲用兵(오음기해용병)》 – 五音은 宮, 商, 角, 徵(치), 羽. 오음은 여기서는 1, 2~5로 대신할 수 있다. 胲는 엄지발가락 해, 갖출 해. 軍中의 約條(약조)라는 주석이 있다.

《五音奇胲刑德(오음기해형덕)》 21권.[731]
《五音定名》 15권.[732]

이상 五行 31家에, 652(653)권이다.

原文

五行者, 五常之形氣也. 《書》云, 「初一日五行, 次二日羞用五事.」 言進用五事以順五行也. 貌,言,視,聽,思心失, 而五行之序亂, 五星之變作, 皆出於律曆之數而分爲一者也. 其法亦起五德終始, 推其極則無不至. 而小數家因此以爲吉凶, 而行於世, 漸以相亂.

【국역】

五行(金, 木, 水, 火, 土)은 五常(仁, 義, 禮, 智, 信)이 외형으로 나타나는 기운(形氣)이다. 《書 周書 洪範》에서는, 「처음에 一日 五行이고, 다음에 二日 羞用五事(수용오사)이다.」[733]라고 하였으니, 이는 五事를 실천하여 五行을 순조롭게 한다는 뜻이다. 용모(貌), 正言(言), 正視(視), 正聽(聽), 正思(思)인데,[734] (이를 실천할) 마음이(心

731 《五音奇胲刑德》 - 書亡.

732 《五音定名》 - 書亡. 五音의 음률에 맞추는 作名書라는 주석이 있다.

733 羞用五事(수용오사) - 羞는 바칠 수. 음식을 올리다. 여기서는 進의 뜻. 적극 실천하다.

734 태도는 공경해야 하고(貌日恭), 말하기는 조용해야 하며(言日從), 보기

志) 없어지면, 五行의 次序가 혼란하고 五星의 운행이 바뀌게 되는데, 이 모두가 律曆의 數로 나타나거나 分化하여 일부분으로 존재하게 된다. 오행의 法道에서 五德이 終始한다는 주장이 나오고,[735] 이를 끝까지 추론하면 적용되지 않는 곳이 없다. 소수의 학자들은 이를 바탕으로 길흉을 언급하고 그런 주장이 세상에서 받아들여지면서 점차 혼란에 빠졌다.

4. 蓍龜

原文

《龜書》五十二卷.

《夏龜》二十六卷.

《南龜書》二十八卷.

《巨龜》三十六卷.

《雜龜》十六卷.

는 명철해야 하고(視曰明), 듣기는 총명해야 하며(聽曰聰), 생각은 깊어야 한다(思曰睿). 공경하면 엄숙하고(恭作肅), 조용하면 일을 잘하고(從作艾), 밝게 보면 명철하고(明作悊), 잘 들으면 지모가 있고(聰作謀), 深思하면 聖明하다(睿作聖).

735 五德終始 – 오행이 相生하고 相剋(상극, 相克)하며, 또 시작과 끝이 계속 순환한다는 이론인데, 왕조의 興起와 交替(교체)를 합리화하는 이론으로 변형되었다.

《蓍書》二十八卷.

《周易》三十八卷.

《周易明堂》二十六卷.

《周易隨曲射匿》五十卷.

《大筮衍易》二十八卷.

《大次雜易》三十卷.

《鼠序卜黃》二十五卷.

《於陵欽易吉凶》二十三卷.

《任良易旗》七十一卷.

《易卦八具》.

右蓍龜十五家, 四百一卷.

〖국역〗

《龜書 (귀서)》 52권.[736]

《夏龜(하귀)》 26권.[737]

《南龜書》 28권.[738]

---

736 《龜書(귀서)》 - 書亡. 《史記 龜策列傳》을 통해 그 대략을 알 수 있다. 龜는 거북 귀. 지명에 쓰이면 구〔예 : 龜尾市, 龜는 나라 이름 구〕, 거북등이 갈라진다는 뜻이면 균〔예 : 龜裂(균열), 龜은 틀 균〕.

737 《夏龜》 - 書亡. 〈太史公自序〉에 '三王不同龜. ~' 란 말이 있다. 이때 龜는 점치는 방법이란 뜻.

738 《南龜書》 - 書亡. 龜에 속하는 다양한 생물이 있다. 옛사람은 六龜를 생

《巨龜(거귀)》 36권.[739]

《雜龜(잡귀)》 16권.[740]

《蓍書(시서)》 28권.[741]

《周易》 38권.[742]

《周易明堂》 26권.[743]

《周易隨曲射匿(주역수곡사닉)》 50권.[744]

《大筮衍易(대서연역)》 28권.[745]

《大次雜易(대차잡역)》 30권.[746]

각했는데, 天龜, 地龜, 東, 西, 南, 北龜가 있다고 하였으며, 南龜는 붉은 색이라는 주석도 있다.

739 《巨龜》 – 書亡.

740 《雜龜》 – 書亡.

741 《蓍書》 – 書亡. 蓍는 점치는 풀 시. 길이가 6寸 되는 蓍로 점을 친다. 나중에는 대나무 쪽(筮는 점대 서)으로 교체되었다.

742 《周易》 – 書亡. 六經의 《易》이 아니라 卜筮를 위한 《周易》이니, 별개의 책.

743 《周易明堂》 – 書亡. 六藝略의 《禮》에 《明堂陰陽》 33권처럼, 여기 《周易明堂》도 《易》과 유관하나 占卜 내용이 많아 六藝略에 들어가지 못했다는 주석이 있다.

744 《周易隨曲射匿(주역수곡사닉)》 – 書亡. 射匿(사닉)은 숨겨진 물건을 알아맞히기. 〈東方朔傳〉에는 도마뱀을 상자에 넣어두고 이를 동방삭이 周易 풀이로 알아맞히는 과정을 기록했다. 당시에 보편적인 유희였던 것 같다. 아마 이와 관련한 책이라 볼 수 있다.

745 《大筮衍易(대서연역)》 – 書亡. 筮는 점대 서. 衍은 넘칠 연. 衍繹(연역). 뜻을 넓혀 풀이하다.

746 《大次雜易(대차잡역)》 – 書亡.

《鼠序卜黃(서서복황)》 25권.[747]

《於陵欽易吉凶(어릉흠역길흉)》 23권.[748]

《任良易旗(임량역기)》 71권.[749]

《易卦八具(역괘팔구)》[750]

이상 蓍龜(시귀) 15家에, 401(485)권이다.

原文

蓍龜者, 聖人之所用也. 《書》曰, 「女則有大疑, 謀及卜筮.」《易》曰, 「定天下之吉凶, 成天下之亹亹者, 莫善於蓍龜.」「是故君子將有爲也, 將有行也, 問焉而以言, 其受命也如嚮, 無有遠近幽深, 遂知來物. 非天下之至精, 其孰能與於此!」

---

747 《鼠序卜黃(서서복황)》 – 書亡. 쥐(鼠)가 100년을 살면 흰색 쥐가 되는데, 사람을 대신하여 점을 친다는 이야기가 있다. 〈郊祀志 下〉에 '粵巫(월무)를 불러 사당을 짓고 祈祝(기축)하게 하였는데, 사당에는 壇(단)을 쌓지 않았고 天帝神과 百鬼를 제사하며 닭(鷄骨)으로 점을 쳤다. 무제는 그런 俗信을 신뢰했기에 粵祠(월사)와 雞卜(계복)이 이때부터 (漢朝에) 알려졌다.' 라는 기록이 있다. 이처럼 닭이나 쥐 등 동물을 이용한 占卜이 있었다.

748 《於陵欽易吉凶》 – 書亡. 於陵(어릉)은 성씨. 欽(흠)이 名. 지명을 성씨로 삼은 경우이다.

749 《任良易旗》 – 書亡. 任良(임량)은 前漢 소제 때 京房의 제자. 易旗(역기)는 術數之學.

750 《易卦八具》 – 書亡.

及至衰世, 解於齊戒, 而婁煩卜筮, 神明不應. 故筮瀆不告,《易》以爲忌. 龜厭不告,《詩》以爲刺.

〖국역〗

聖人도 시초점(蓍)이나 거북점(龜)으로 길흉을 점쳤다. 그래서《書 洪範》에서도「네가(女, 汝) 할 일에 큰 의문이 있거든 거북점(卜)이나 시초점(筮)으로 결정하라.」고 하였다.[751]

《易 繫辭 上》에서는「天下의 吉凶을 판단하는데, 또 천하에 深遠한 일을 성취하는데,[752] 시초점이나 거북점(蓍龜)보다 더 좋은 것이 없다.」

그리고「이에 君子는 뜻하는 바가 있어 실천하게 되며, (易에) 물으면 답을 얻게 된다. 그리고 천명을 받으면 (그 호응은) 메아리와 같아서[753] 즉시 원근과 깊고 으슥한 곳까지라도 호응하니, 장래를 알 수 있다. 천하의 지극히 정성스런 사람이 아니라면 어느 누구가 이와 같겠는가!」라고 하였다.

(正道가) 쇠락한 시대가 되어 (점치는 사람은) 齋戒(재계)를 게을리하고[754] 자주 번잡하게 점을 치면 神明도 불응한다.[755] 그래서 점

751 원문 謀及卜筮 – 거북점(龜)은 卜(복)이고, 筮(점대 서)는 시초로 치는 점(蓍).

752 원문 成天下之亹亹者 – 亹는 힘쓸 미. 문채가 있는 모양. 亹亹(미미)는 深遠이라는 주석에 따랐다.

753 원문 其受命也如嚮 – 嚮(향할 향)은 響(울림 향, 메아리)과 同.

754 원문 解於齊戒 – 解는 懈(게으를 해). 齊는 齋. 齋戒(재계)하다. 점을 치기 전에 필히 재계해야 한다. 곧 정성이 있어야 점이 잘 맞는다.

을 치며 경솔 나태하면 신령이 알려주지 않기에 《易》에서도 이를 禁忌(금기)로 여긴다.[756] 거북 신령도 싫어하며 不告하는데 (그런 행위를) 《詩》에서도 비판하였다.[757]

5. 雜占

原文

《黃帝長柳占夢》 十一卷.

《甘德長柳占夢》 二十卷.

《武禁相衣器》 十四卷.

《嚏耳鳴雜占》 十六卷.

《禎祥變怪》 二十一卷.

《人鬼精物六畜變怪》 二十一卷.

《變怪誥咎》 十三卷.

《執不祥劾鬼物》 八卷.

---

755 원문 婁煩卜筮 – 婁는 屢. 점괘가 마음에 들지 않는다고 점을 자꾸 치면 효과가 없다는 뜻.

756 원문 筮瀆不告 – 筮는 점대 서. 瀆은 더러울 독, 물도랑 독. 《易 蒙卦》(☶☵ 山水蒙)에서도 「初筮告, 再三瀆, 瀆則不告.」라 하였다.

757 《詩 小雅 小旻(소민)》 – 「我龜旣厭, 不我告猶.」

《請官除訞祥》十九卷.

《禳祀天文》十八卷.

《請禱致福》十九卷.

《請雨止雨》二十六卷.

《泰壹雜子候歲》二十二卷.

《子贛雜子候歲》二十六卷.

《五法積貯寶臧》二十三卷.

《神農教田相土耕種》十四卷.

《昭明子釣種生魚鱉》八卷.

《種樹臧果相蠶》十三卷.

右雜占十八家, 三百一十三卷.

〖국역〗

《黃帝長柳占夢(황제장류점몽)》 11권.[758]

《甘德長柳占夢(감덕장류점몽)》 20권.[759]

《武禁相衣器(무금상의기)》 14권.[760]

758 《黃帝長柳占夢》 – 書亡. 黃帝는 꿈을 꾼 뒤에 신하 風后(풍후)와 力牧(역목)을 맞이했으며《占夢經》 11권을 저술했다.

759 《甘德長柳占夢》 – 書亡. 甘德은 人名.

760 《武禁相衣器》 – 書亡. 武禁(무금)은 人名. 옷도 吉日에 制衣해야 福을 받는다고 믿었다.

《嚔耳鳴雜占(체이명잡점)》 16권.[761]

《禎祥變怪(정상변괴)》 21권.[762]

《人鬼精物六畜變怪(인귀정물육축변괴)》 21권.[763]

《變怪誥咎(변괴고구)》 13권.[764]

《執不祥劾鬼物(집불상핵귀물)》 8권.[765]

《請官除訞祥(청관제요상)》 19권.[766]

《禳祀天文(양사천문)》 18권.[767]

《請禱致福(청도치복)》 19권.[768]

《請雨止雨(청우지우)》 26권.[769]

《泰壹雜子候歲(태일잡자후세)》 22권.[770]

---

761 《嚔耳鳴雜占(체이명잡점)》 - 書亡. 嚔는 재채기 체. 噴嚔(분체) 耳鳴(이명)은 占卜의 書名.

762 《禎祥變怪》 - 書亡. 禎祥(정상)은 吉兆(길조).

763 《人鬼精物六畜變怪》 - 書亡. 사람에 귀신이 있고, 만물에 영혼에 있으며, 六畜의 변괴도 존재한다고 믿었다.

764 《變怪誥咎(변괴고구)》 - 書亡. 變怪는 자연재해나 變化, 怪異. 誥는 天地의 神鬼에게 告하다. 咎는 허물 구. 罪責.

765 《執不祥劾鬼物》 - 書亡. 도사가 부적이나 문서로 雜鬼나 재앙을 불러올 수 있는 물건(鬼物)을 통제하거나 제압할 수 있다는 내용으로 추정.

766 《請官除訞祥》 - 書亡. 神仙을 불러(請官) 요상한 일이나 조짐을 제거한다는 뜻. 訞는 요사할 요. 妖(괴이할 요, 아리따울 요)와 同.

767 《禳祀天文(양사천문)》 - 書亡. 禳은 재앙을 없애는 제사 양(除災). 푸닥거리.

768 《請禱致福(청도치복)》 - 書亡. 기도로 복을 불러온다는 제목.

769 《請雨止雨》 - 書亡. 董仲舒의 《春秋繁露(춘추번로)》에도 〈求雨篇〉과 〈止雨篇〉이 있다.

《子贛雜子候歲(자공잡자후세)》 26권.[771]

《五法積貯寶臧(오법적저보장)》 23권.[772]

《神農教田相土耕種(신농교전상토경종)》 14권.[773]

《昭明子釣種生魚鼈(소명자조종생어별)》 8권.[774]

《種樹臧果相蠶(종수장과상잠)》 十三卷.[775]

이상 雜占(잡점) 18家, 313권이다.

---

770 《泰壹雜子候歲》 – 書亡. 候世(후세)는 1년의 豊凶과 安否를 점치다. 冬至는 음양의 순환에서 끝이며 시작이다. 正月은 王者에게 1년의 시작이고, 立春은 四季의 시작이라고 보았다.

771 《子贛雜子候歲》 – 書亡. 자공에게 假託(가탁). 子贛(자공 子貢)은 공자의 제자. 본명은 端木賜(단목사). 賜(사)로도 표기. 子貢(子贛)은 그의 자(字), 孔門十哲 중 言語에 뛰어났다. 공자의 제자로서 다방면에 유능했는데, 특히 구변이 뛰어나 외교 분야에도 활약하였다. 공자는 顔回와 子貢을 자주 비교하였는데 안회는 극도로 가난했으나, 자공은 처음에 가난했으나 나중에는 큰 부자가 되었고 공자의 재정적 후원자 역할을 다했다. 공자를 지성으로 섬기었고, 공자 사후에 6년간이나 服喪(복상)했다. 자공의 스승에 대한 존경은 끝까지 변함이 없었다.

772 《五法積貯寶臧》 – 書亡. 제목으로는 農書 같으나 占卜에 관한 내용이라 여기에 분류.

773 《神農教田相土耕種(신농교전상토경종)》 – 書亡. 不入農書. 神農占이란 말도 있다. 농사에 풍흉을 점치는 내용.

774 《昭明子釣種生魚鼈》 – 昭明子가 누구인지는 미상. 釣는 낚시 조. 魚鼈(어별)은 물고기. 수생생물. 鼈은 자라 별. 물속을 기어다닐 수 있는 생물.

775 《種樹臧果相蠶》 – 書亡. 나무를 심거나 과일을 거두고 養蠶(양잠)하면서 필요한 점치기.

原文

雜占者, 紀百事之象, 候善惡之徵. 《易》曰, 「占事知來.」 衆占非一, 而夢爲大, 故周有其官. 而《詩》載熊羆虺蛇衆魚旐旟之夢, 著明大人之占, 以考吉凶, 蓋參卜筮. 《春秋》之說訞也, 曰, 「人之所忌, 其氣炎以取之, 訞由人興也. 人失常則訞興, 人無釁焉, 訞不自作.」 故曰, '德勝不祥, 義厭不惠.' 桑穀共生, 大戊以興, 鴝雉登鼎, 武丁爲宗. 然惑者不稽諸躬, 而忌訞之見, 是以《詩》刺「召彼故老, 訊之占夢.」 傷其舍本而憂末, 不能勝凶咎也.

〖국역〗

雜占(잡점)은 온갖 表象(표상)과 선악에 따른 길흉을 기록한 것이다.[776] 《易》에서도 「占事하여 앞일을 알 수 있다.」고 하였는데,[777] 점의 징조는 한 가지가 아니지만 (그중에서) 꿈은 아주 중요하기에 周에서는 꿈 해몽을 담당하는 관리를 두었다.[778] 또 《詩》에서는 곰(熊羆, 웅비)과 뱀(虺蛇, 훼사), 여러 물고기(衆魚), 깃발(旐旟, 조여) 등 大人의 꿈에 보인 것을 서술하여 길흉을 짐작하였는데,[779] 모두가

776 원문 候善惡之徵 – 候는 기다리다. 결과. 善惡은 선행, 악행. 徵은 證. 증명(師古曰, '徵, 證也.').

777 원문《易》「占事知來.」–《易 繫辭 下》의 구절.

778 夢의 해몽을 담당하는 大卜 아래 中士 2인이 있었는데, 모두 春官의 속관이었다.

779 《詩 小雅 斯干(사간)》에 큰 곰꿈은 아들이고, 살모사와 뱀은 여자(딸)를

점을 참고로 하였다. 《春秋》[780]에서는 訞祥(요상)한 징조에 대하여, 「사람이 싫어하는 물건이 있는데 그 기운(氣炎, 氣焰)을 받게 되면 妖氣(요기)가 사람에게 작용하게 된다. 사람이 정상을 잃으면(失常, 反五常之德) 요기가 일어나며, 사람이 잘못이 없으면(釁, 瑕也) 요기가 생기지 않는다.」고 하였다. 그래서 '道德은 不祥을 극복하고, 仁義는 不順을 극복한다.' 고 하였으며,[781] 뽕나무와(桑) 닥나무(穀)가 왕궁 뜰에 자랐는데도(이는 변괴이지만) 大戊(태무, 商朝 君王, 中宗)[782]는 흥성했고, 꿩(鴝雉, 구치)이 (종묘 제사용) 솥의 귀(鼎耳, 손잡이)에 날아와 앉았지만 武丁(무정, 商의 王)은 (중흥을 이룩하고) 高宗이 되었다. 그러나 미혹한 사람은 자신을 되돌아보지 못하여(잘못을 고치지 않아) 괴이한 이변이 나타났기에, 이를 《詩 小雅 正月》에서는 「元老를 불러 길흉의 점괘를 물어보네.」라고 풍자하였으니, 이는 근본을 버려두고 지엽적인 일을 걱정하여 그 흉한 허물을 극복하지 못한 것이다.

낳을 것이라 풀이했다. 〈無羊〉의 詩에 여러 물고기 꿈은 풍년이고, 깃발은 가문이 번성할 꿈이라 해몽했다.

780 《春秋》 莊公 14年의 기사.

781 원문 義厭不惠 - 不惠는 不順.

782 殷나라 8代 太戊(태무)가 재위 중에 뽕나무(桑)와 닥나무(穀, 곡)가 王廷에서 자랐는데 하룻밤 사이에 아름드리나무로 커지자 모두가 두려워하였다. 이에 伊陟〔이척, 太戊(태무)의 신하, 伊尹(이윤)의 아들〕이 말했다. "요괴(祆)는 德을 이길 수 없습니다." 太戊(태무)가 修德하자 뽕나무와 닥나무는 저절로 죽었다. 〈郊祀志〉 참고.

6. 形法

原文

《山海經》十三篇.

《國朝》七卷.

《宮宅地形》二十卷.

《相人》二十四卷.

《相寶劍刀》二十卷.

《相六畜》三十八卷.

右形法六家, 百二十二卷.

〖국역〗

《山海經》13편.[783]

---

783 《山海經》- 書存. 《山海經》의 내용에 대해서 司馬遷도 언급하지 않을 수 없다고 하였다. 《山海經》에 秦代의 郡縣 名이 나타나는데, 이는 《山海經》이 진대까지 계속 보완이 되었다는 뜻으로 해석할 수 있다. 《山海經》은 기이하고 진기한 博物(박물)을 수록한 지리서이다. 四庫全書에서는 《山海經》을 子部 小說家로 분류했다. 이에 앞서 《隋書 經籍志》에서는 地理類로 분류했다. 문학 쪽에서 보면 巫書(무서)이고 方術의 儀典이며, 神話쪽에서 본다면 상고시대의 신화이며, 무한한 상상력이 보태진 환상의 세계이다. 《山海經》에는 온갖 민간 전설과 함께 인간이 상상할 수 있는 요괴와 금수가 있어 허망한 내용이라서, 가벼이 믿을 수도 없지만 그렇다고 그 가치를 부정할 수도 없다. 《山海經》의 근본은 그림이

《國朝》 7권.[784]

《宮宅地形(궁택지형)》 20권.[785]

《相人》 24권.[786]

《相寶劍刀(상보검도)》 20권.[787]

《相六畜(상육축)》 38권.[788]

이상 形法 6家에 122권이다.

原文

形法者, 大擧九州之勢以立城郭室舍形, 人及六畜骨法之度數, 器物之形容, 以求其聲氣貴賤吉凶. 猶律有長短, 而各徵其聲, 非有鬼神, 數自然也. 然形與氣相首尾, 亦有有其形而無其氣, 有其氣而無其形, 此精微之獨異也.

〖국역〗

形法이란, 대체로 九州의 지세에 따라 성곽과 궁궐과 주택을 건

다. 거기 그림에 약간의 설명을 추가하였다. 지금 우리가 보는 《山海經》 그림은 明朝 胡文煥(호문환) 本과 蔣應鎬(장응호) 本이라고 한다.

784 《國朝》 – 書亡. 하천에 대한 설명에 지리적 내용과 풍속 등을 추가한 地理書로 추정.

785 《宮宅地形》 – 書亡. 風水, 方位를 설명.

786 《相人》 – 書亡. 相은 관찰하다. 人骨에 따른 吉凶과 貴賤에 관한 내용.

787 《相寶劍刀》 – 書亡. 보검에 관한 議論.

788 《相六畜》 – 漢代에 《牛經》이나 《馬經》 같은 책이 있었다.

럽하거나 인간과 六畜의 骨相과 度數, 또는 器物의 形容에 따라 그 形氣의 貴賤과 吉凶을 논하는 것이다. 이는 마치 음률의 長短에 따라 그 소리가 다르듯이 귀신이 있어서가 아니라 그 형세나 생김새에 따라 저절로 그런 것이다. 그러나 형체(形)와 기세(氣)는 서로 머리와 꼬리이듯(首尾), 그 형체가 좋으나 기운이 나쁘거나, 그 기세는 좋으나 형체가 나쁜 것이 있으니, 이는 아주 精妙(정묘) 微細(미세)한 특별한 차이일 뿐이다.

原文

數術百九十家, 二千五百二十八卷.

數術者, 皆明堂羲和史卜之職也. 史官之廢久矣, 其書既不能具, 雖有其書而無其人.

《易》曰, 「苟非其人, 道不虛行.」 春秋時魯有梓愼, 鄭有裨竈, 晉有卜偃, 宋有子韋. 六國時楚有甘公, 魏有石申夫. 漢有唐都, 庶得麤觕. 蓋有因而成易, 無因而成難, 故因舊書以序數術爲六種.

〖국역〗

數術略은, 총 190家에 2,528卷이다.

數術은 모두 조정의 天文(羲和), 曆法(史), 太卜(卜史)의 직분에서 유래되었다. 史官은 오래 전에 폐지되었기에 그 서적이 다 갖춰질 수가 없고 그런 책이 있더라도 저자가 누구인지는 모른다.

《易 繫辭 下》에서는 「그 적임자가 아니라면 道가 虛行하지 않을 수 없다.」고 하였다.[789] 春秋 시대에 魯에는 梓愼(재신),[790] 鄭나라에는 裨竈(비조), 晉나라에는 卜偃(복언), 宋에는 子韋(자위) 같은 大家가 있었다. 六國 시대에는 楚나라에 甘公(감공), 魏나라에 石申夫(석신부)가 있었다. 漢代에는 唐都(당도)가 대략을 거의 터득했었다.[791] 이들은 거의 어떤 원인이 있어(前代에 이뤄진 성과) 쉽게 예측할 수 있었고, 원인이 없으면 성취도 어려웠을 것이다. 그래서 옛 도서에 바탕을 두어 數術略을 6種으로 분류하였다.

---

789 결국 道는 사람에 따라 실행된다. 적임자가 없다면 道는 실천되지 않는다.

790 梓愼(재신) – 魯 昭公 때 천문의 변화를 人事를 여천했었다. 아래에 나오는 사람들은 모두 천문학자이다.

791 원문 漢有唐都, 庶得麤觕 – 사마천의 부친 司馬談은 唐都(당도)에게 천문을 배웠다. 麤는 거칠 추, 觕도 거칠 추(粗略).

七. 方技略

1. 醫經

原文

《黃帝內經》十八卷.

《黃帝外經》三十九卷.

《扁鵲內經》九卷.

《扁鵲外經》十二卷.

《白氏內經》三十八卷.

《白氏外經》三十六卷.

《旁篇》二十五卷.

右醫經七家, 二百一十六卷.

〖국역〗

《黃帝內經》18권.[792]

《黃帝外經》39권.[793]

792 《黃帝內經》- 書存.

793 《黃帝外經》- 書亡. 醫科에서 內經, 外經의 구분. 《春秋》나 《韓詩》에도 內, 外傳이 있고, 《莊子》나 《淮南訓》에도 內, 外篇이 있다. 대체로 內篇

《扁鵲內經(편작내경)》 9권.[794]

《扁鵲外經》 12권.[795]

《白氏內經》 38권.[796]

《白氏外經》 36권.[797]

《旁篇(방편)》 25권.[798]

이상 醫經類 7家, 216권이다.

에는 원리나 요지 등 주요 내용이, 外篇에는 각론이나 기타 부록 등이 포함된다.

794 《扁鵲內經(편작내경)》 - 書亡. 扁鵲(편작, 前 401? - 310년)은 姓秦, 名은 越人(월인) 一名은 緩(원), 扁鵲은 綽號(작호). 戰國 시대의 醫師이다. 姜齊의 勃海郡 莫州(今 河北省 任丘市 鄚州鎭) 사람이라 알려졌다. 扁鵲은 中醫學에서 脈을 짚어 진단하는 방법을 개척한 사람으로 알려졌다. 《漢書 藝文志》에는 《內經》과 《外經》을 저술했으나 失傳되었고 《難經》이 扁鵲의 저서로 알려졌다. 扁鵲이 秦國 武王(재위 前 310 - 307년)을 치료했으나, 太醫令 李醯(이혜)의 투기를 받아 驪山(여산, 今 陝西省 西安市 臨潼區) 북쪽을 지나다가 자객에게 피살되었다고 한다. 黃帝 시대에는 神醫를 扁鵲이라 불렀다고 한다. 華佗(화타, 145 - 208), 董奉(동봉), 張仲景(장중경, 150 - 219년. 名은 機, 字는 仲景)을 '(後漢) 建安三神醫'라 칭한다. 또 전설상의 扁鵲(편작), 후한의 華佗와 張仲景, 明朝의 李時珍(이시진)을 古代 四大名醫라고 부른다. 宋代 이후 醫員의 스승을 보통 扁鵲이라 통칭했다. 《史記 扁鵲倉公列傳》 참고.

795 《扁鵲外經》 - 書亡.

796 《白氏內經》 - 書亡.

797 《白氏外經》 - 書亡.

798 《旁篇(방편)》 - 書亡.

原文

醫經者, 原人血脈經絡骨髓陰陽表裏, 以起百病之本, 死生之分, 而用度箴石湯火所施, 調百藥齊和之所宜. 至齊之得, 猶慈石取鐵, 以物相使. 拙者失理, 以瘉爲劇, 以生爲死.

〖국역〗

醫經(의경, 의학 저술)은 사람의 신체에서 온갖 병을 일으키고 生死를 판가름하는 血脈(혈맥)과 經絡(경락), 骨髓(골수)와 陰陽(음양) 등 신체의 內外(表裏)를 탐구하고 鍼石(침석, 箴石)[799]과 湯火(탕화, 탕약과 뜸)로 치료하며, 온갖 약을 적절히 조제한다.[800] 병을 치료하는 데에는 慈石(자석)이나 鐵針(철침)이 서로 작용하게 된다. 그러나 서투른 자가 치료를 잘못하면 나을 병을 심하게 만들거나 산 사람을 죽게 한다.

2. 經方

原文

《五藏六府痹十二病方》三十卷.

799 원문의 箴(바늘 잠, 아마 대나무 꼬챙이 같았을 것이다)은 병(患部)을 자극한다는 뜻(刺病). 石은 돌침(砭石, 砭은 돌침 폄), 곧 石箴. 箴과 砭은 이미 사라졌다.

800 藥齊는 藥劑.

《五藏六府疝十六病方》四十卷.

《五藏六府癉十二病方》四十卷.

《風寒熱十六病方》二十六卷.

《泰始黃帝扁鵲俞拊方》二十三卷.

《五藏傷中十一病方》三十一卷.

《客疾五藏狂顚病方》十七卷.

《金創瘲瘛方》三十卷.

《婦人嬰兒方》十九卷.

《湯液經法》三十二卷.

《神農黃帝食禁》七卷.

右經方十一家, 二百七十四卷.

〖국역〗

《五藏六府痺十二病方(오장육부비십이병방)》 30권.[801]

《五藏六府疝十六病方(오장육부산십육병방)》 40권.[802]

《五藏六府癉十二病方(오장육부단십이병방)》 40권.[803]

---

801 《五藏六府痺十二病方》 - 書亡. 五臟六腑는 中醫에서 內臟(내장)의 總稱. 肝臟(간장), 心臟, 脾臟(비장, 지라). 肺(폐, 허파), 腎臟(신장, 콩팥). 五臟은 주로 소화와 精氣를 생산. 六腑(육부)는 膽(담, 쓸개), 小腸(소장), 胃(위), 大腸(대장), 膀胱(방광), 三焦(삼초, 횡경막 등). 痺는 저릴 비, 뻣뻣할 비. 小兒痲痺(소아마비). 方은 處方(처방).

802 《五藏六府疝十六病方(오장육부산십육병방)》 - 書亡. 疝은 배 아픈 병 산.

803 《五藏六府癉十二病方(오장육부단십이병방)》 - 書亡. 癉은 앓을 단. 황달

《風寒熱十六病方(풍한열십육병방)》 26권.[804]

《泰始黃帝扁鵲兪拊方(태시황제편작유부방)》 23권.[805]

《五藏傷中十一病方(오장상중십일병방)》 31권.[806]

《客疾五藏狂顚病方(객질오장광전병방)》 17권.[807]

《金創瘲瘛方(금창종계방)》 30권.[808]

《婦人嬰兒方(부인영아방)》 19권.[809]

《湯液經法(탕액경법)》 32권.[810]

《神農黃帝食禁(신농황제식금)》 7권.[811]

이상 經方類 11家, 274(295)권이다.

병(黃病, 당뇨병).

804 《風寒熱十六病方》 - 書亡.

805 《泰始黃帝扁鵲兪拊方(태시황제편작유부방)》 - 書亡. 兪拊(유부)는 黃帝 때 醫員. 岐伯(기백)과 같은 시대의 사람.

806 《五藏傷中十一病方》 - 書亡.

807 《客疾五藏狂顚病方(객질오장광전병방)》 - 書亡. 狂顚病(광전병)은 失性한 병. 미친 병.

808 《金創瘲瘛方(금창종계방)》 - 書亡. 金創은 칼이나 화살에 의한 상처. 瘲瘛(종계)는 소아병. 驚氣(경기, 경끼). 순간 발작. 瘲은 경풍 종. 瘛는 경련 계.

809 《婦人嬰兒方(부인영아방)》 - 書亡. 嬰兒(영아)는 어린아이. 젖을 뗀 어린 아이.

810 《湯液經法(탕액경법)》 - 書亡.

811 《神農黃帝食禁》 - 書亡.

原文

經方者, 本草石之寒溫, 量疾病之淺深, 假藥味之滋, 因氣感之宜, 辯五苦六辛, 致水火之齊, 以通閉解結, 反之於平. 及失其宜者, 以熱益熱, 以寒增寒, 精氣內傷, 不見於外, 是所獨失也. 故諺曰, '有病不治, 常得中醫.'

〖국역〗

經方이란[812] 본래 藥草와 藥石의 차거나(寒) 따뜻한(溫) 성질을 이용하는데, 疾病(질병)의 輕重(淺深)을 헤아리고, 藥性의 강약을 달리하며, 體力(氣)의 감당 여부에 따라, (藥材의) 五苦(오고)와 六辛(육신)[813]을 가리고(辯은 辨), 탕약이나 乾劑(건제)로 복용케 하여(水火之齊), 막힌 곳을 소통케 하고(通閉), 맺힌 곳을 풀리게 하여(解結) 평상 상태로 돌아가게 하는 것이다. 그러나 그 적절한 처방을 잃게 되면, 열이 날 때 더 열을 내고, 오한에 더욱 춥게 하여 精氣가 내상을 입으니 겉으로는 나타나지 않아도 실수는 실수이다. 그래서 속언에 '병이 낫지 않는 것은 어중간한 醫員을 만났기 때문이다.' 라고 하였다.

---

812 經方 - 上古에서부터 전해 내려온 처방.

813 五苦(오고)는 黃連, 苦蔘(고삼), 黃芩(황잠), 黃柏, 大黃.
六辛(육신)은 乾薑(건강), 附子(부자), 肉桂(육계), 吳黃, 蜀椒(촉초), 細辛(세신).

3. 房中

原文

《容成陰道》二十六卷.

《務成子陰道》三十六卷.

《堯舜陰道》二十三卷.

《湯盤庚陰道》二十卷.

《天老雜子陰道》二十五卷.

《天一陰道》二十四卷.

《黃帝三王養陽方》二十卷.

《三家內房有子方》十七卷.

右房中八家, 百八十六卷.

〖국역〗

《容成陰道》 26권.[814]

---

814 《容成陰道》 - 書亡. 容成은 인명. 容成公. 房中書는 남녀 음양 교합의 기교에 관한 도서이다. 물론 여기에 여성의 生理나 위생, 보건에 관한 내용도 있겠지만 그 중심은 남성 위주의 성적 쾌락이었다. 올바른 남녀 交接으로 延年益壽한다는 말은 표면적인 구호였을 것이다. 적어도 前, 後漢 시대에는 남녀 성생활이 識者 계층의 禁忌(금기)나 忌諱(기휘)가 아니었던 것만은 확실하다. 어찌 보면 성생활은 상당히 개방적이었다. 이와 직접적인 연관이라 단정하기 어려워도, 前, 後漢에서는 미천한 신분에서 황후가 된 경우가 아주 많았다. 미모와 歌舞, 性愛의 조건만 맞

《務成子陰道》 36권.[815]

《堯舜陰道》 23권.[816]

《湯盤庚陰道(탕반경음도)》 20권.[817]

《天老雜子陰道(천로잡자음도)》 25권.[818]

《天一陰道》 24권.[819]

《黃帝三王養陽方(황제삼왕양양방)》 20권.[820]

《三家內房有子方》 17권.[821]

으면 아무리 천한 신분이었어도 황후에 오르는데 아무 장애도 없었다. 그만큼 性愛는 중요한 역할을 했다. 《後漢書 方術傳》에는 "漢世에는 도술에 특별한 사람이 매우 많았는데, 그들이 일반상식에 맞지는 않지만 그렇다고 허황되지도 않기에 그런 사람 중 특별한 경우를 골라 열전 뒤에 기록했다. 冷壽光(냉수광), 唐虞(당우), 魯女生(노여생) 3인은 모두 화타와 같은 시대 사람이었다. 냉수광은 연령이 거의 150-60세 정도로 容成公의 御婦人法(어부인법)을 행하고, 늘 목운동에 꿩처럼 호흡을 하여 수염이나 두발은 백발이었지만 안색과 피부는 3, 40세와 같았는데 (南郡) 江陵縣에서 죽었다."라고 하였으니, 그 유행의 정도를 짐작할 수 있다.

815 《務成子陰道》 - 書亡.

816 《堯舜陰道》 - 書亡.

817 《湯盤庚陰道》 - 書亡.

818 《天老雜子陰道》 - 書亡.

819 《天一陰道》 - 書亡. 天一은 天乙. 湯王의 이름.

820 《黃帝三王養陽方》 - 書亡. 이는 邪術(사술)이나 전한 말에 유행하였다는 주석이 있다. 도교의 일파인 丹鼎派(단정파)에서는 방중술을 수련했다고 한다. 그러나 오해와 방탕해질 소지가 있어 대부분이 종파에서는 공식적으로 수련하지 않는다. 전설에 의하면, 黃帝는 素女(소녀)와 함께 방중술에 정통하였다고 한다.

821 《三家內房有子方》 - 書亡. 不姙(불임) 여성을 위한 房中術.

이상 房中類 8家, 186권.

原文

房中者, 性情之極, 至道之際, 是以聖王制外樂以禁內情, 而爲之節文. 傳曰, '先王之作樂, 所以節百事也.' 樂而有節, 則和平壽考. 及迷者弗顧, 以生疾而隕性命.

【국역】

남녀 房中之事는 性的 愛情의 최고이니,[822] 그 性愛의 道에 관하여 聖王은 外樂을 제약하고 房內의 情事를 자제하는 節度를 지키게 하였다. 경전에서는 '先王이 作樂하니, 이는 百事에 절도를 지키는 것이다.' 라고 하였다. 즐기더라도 절도를 지킨다면[823] 和平하여 장

822 道家에서는 남녀의 交合을 음양의 和合으로 인식한다. 만약 음양이 화합하지 않는다면 육체적 생리적 질병을 유발하고 수명장수에 오히려 장애가 된다고 생각했다. 그러나 반대로 색욕에 빠져 절제하지 않으면 元氣를 손상케 하여 인간의 수명을 크게 단축한다고 믿었다. 본래 食과 色은 인간의 본성이기에 신선이라 하여 미인을 무관하게 대할 수는 없을 것이다. 남녀의 교접을 그저 꽃을 탐하거나 희롱하는 것이 아닌 陰氣를 받아들여 陽氣를 보충한다는 採陰補陽(채음보양)하는 修養의 방법으로 생각했다. 남녀의 交合으로 부족한 것을 보양한다는 採補(채보)의 이론은 女色에 탐닉하는 것을 합리화할 수 있는, 비록 도교의 정통교리는 아니지만 널리 인정되고 있는 左道傍門(좌도방문)의 하나이다.

823 房事의 節制로 房中 三忌(삼기)가 있다. 첫째, 아주 춥거나 더운 날, 비바람이 심한 이상 기후, 또는 일식이나 월식 등 자연계의 강렬한 변화가 있는 날은 방사를 꺼린다는 것이 天忌이다. 크게 취했거나 격렬한 희로

수를 누릴 것이다. 성애의 쾌락에 빠져 자신을 돌아보지 않는다면 병이 나거나 생명을 잃을 것이다.

4. 神僊

原文

《宓戲雜子道》二十篇.

《上聖雜子道》二十六卷.

《道要雜子》十八卷.

《黃帝雜子步引》十二卷.

《黃帝岐伯按摩》十卷.

《黃帝雜子芝菌》十八卷.

《黃帝雜子十九家方》二十一卷.

《泰壹雜子十五家方》二十二卷.

《神農雜子技道》二十三卷.

《泰壹雜子黃冶》三十一卷.

애락에 휩싸였을 때, 또는 장기간의 우수나 비애, 두려움이나 공포를 겪었거나, 오랫동안 여행하고 귀가한 첫 날이나, 여인의 월경 기간을 피하는 人忌가 있다. 세 번째로 사당 안이나 우물가 또는 부뚜막이나 묘지 옆 등 좋은 장소가 아닌 곳에서는 교접하지 않는다는 地忌가 있다.

右神僊十家, 二百五卷.

〖국역〗

《宓戲雜子道(복희잡자도)》 20편.[824]

《上聖雜子道》 26권.[825]

《道要雜子》 18권.[826]

《黃帝雜子步引(황제잡자보인)》 12권.[827]

《黃帝岐伯按摩(황제기백안마)》 10권.[828]

824 《宓戲雜子道》 - 書亡. 宓戲(복희)는 伏羲(복희). 假託書.

825 《上聖雜子道》 - 書亡.

826 《道要雜子》 - 書亡.

827 《黃帝雜子步引》 - 書亡. 步引은 導引. 導引은 道士 養生法의 하나. 일종의 맨손체조(肢體運動)를 위주로 거기에 呼吸(호흡) 방법을 가미했다. 廣陵郡의 吳普(오보)는 화타의 치료법을 그대로 따라 많은 사람을 구제하였다. 화타가 오보에게 말했다. "人體는 힘들여 움직여야 하나, 다만 지나쳐서는 안 된다. 움직이면 穀氣(곡기)가 점차 소진되고 혈맥이 돌아 병이 생기지 않으니, 마치 문의 지도리(戶樞, 호추)와 같아 절대로 썩지 않는다. 때문에 옛 神仙들은 이를 導引(도인)이라 하였으니, 곰이 매달리고 솔개가 뒤를 보듯, 허리나 몸을 당기고 모든 관절을 움직이면 늙지 않을 것이다. 나도 한 가지 術法을 생각해 냈는데, 이를 五禽戲(오금희)라 하였으니, 첫째는 호랑이, 둘째는 사슴, 셋째는 곰, 넷째는 원숭이, 다섯째는 새(鳥)이다. 이 오금희를 통해 질병을 없애고 발을 유연하게 하여 導引의 효과를 볼 수 있다. 몸이 무거울 때 그 한 가지 동작을 행하면 적당히 땀이 나고, 그리고서 분을 몸에 바르면 신체가 가벼워지며 식욕이 증대된다." 오보는 오금희를 익혀 행하여 나이가 90여 세였어도 귀와 눈이 밝았고 치아가 모두 튼튼하였다. 《後漢書 方術傳》 참고.

828 《黃帝岐伯按摩(황제기백안마)》 - 書亡. 黃帝의 신하 岐伯(기백). 岐伯(기

《黃帝雜子芝菌(황제잡자지균)》 18권.[829]

《黃帝雜子十九家方》 21권.[830]

《泰壹雜子十五家方(태일잡자십오가방)》 20권.[831]

《神農雜子技道》 23권.[832]

《泰壹雜子黃冶》 31권.[833]

이상 神僊(신선) 10家, 205권.

백)은 黃帝의 太醫.《本草》와《素問》등 醫書를 지었다고 한다.

按摩〔안마, Massage, 推拿(추나)〕는 身體의 각 부분을 接觸(접촉)하여 피부 아래의 근육을 풀어주거나 屈伸(굴신)시켜 經絡(경락)을 유통케 하고 關節(관절)을 원활케 하여 血氣의 운행과 臟器(장기)의 기능을 강화하는 의료 활동. 鍼灸(침구)와 按摩(안마, 推拿)가 보통 함께 이루지기에, 이를 간단히 針推(침추)라 한다.

829 《黃帝雜子芝菌》 - 書亡. 芝菌(지균)은 靈芝(영지) 버섯.

830 《黃帝雜子十九家方》 - 書亡.

831 《泰壹雜子十五家方(태일잡자십오가방)》 - 書亡. 泰壹은 太一.

832 《神農雜子技道》 - 書亡.

833 《泰壹雜子黃冶》 - 書亡. 31권. 黃冶(황야)는 仙人의 煉丹術(연단술). 黃白之術(황백지술)은 仙丹(선단)을 조제하는 방법, 즉 煉丹術(연단술)이다. 하얀 水銀을 어미(母)로, 朱砂(주사)를 아비(父)로 하고, 黑鉛(흑연)을 자식으로 하여 日月爐(일월로)에 함께 넣고 文武火(문무화)로 달구어 일곱 번 돌리고 아홉 번 뒤집어 선단을 조제한다고 하였다. 연단은 外丹과 內丹의 구분이 있다. 외단은 丹砂(단사)나 鉛(연, 납), 雄黃(웅황) 등의 여러 약재를 넣고 고열로 가열해 仙丹을 만드는 것이다. 이 선단을 복용하면 장생불로할 수 있다. 고대의 방사들이 이를 연구하고 일부의 황제가 이 방법에 흥미를 가졌었다. 그리고 내단이란 인체의 精과 氣를 잘 보존하고 더욱 강하게 연마하는 수련법으로 宋, 金(금) 이후 세력을 얻은 全眞教에서 주로 강조하였다.

原文

神僊者, 所以保性命之眞, 而游求於其外者也. 聊以盪意平心, 同死生之域, 而無怵惕於胸中. 然而或者專以爲務, 則誕欺怪迂之文彌以益多, 非聖王之所以敎也. 孔子曰, "索隱行怪, 後世有述焉, 吾不爲之矣."

〖국역〗

神僊(신선)[834]이란 인간의 본성을 지키며 장생불로 하며 外界에도 유람할 수 있는 자이다. 오로지(聊) 평소에 心意를 淨化(盪意)하여 死生의 영역이 동일하며, 마음에 아무런 두려움이 없다. 그러나 미혹한 자는 신선이 되고자 專心으로 애쓰기에 (이 세상에는) 황당하고 不實하며 괴이하고 또 터무니없는 글이 더욱 많아졌으니, 이는 聖王이 가르침이 될 수 없었다. 그래서 孔子는 "보이지도 않는 도를 얻으려 하거나, 괴이한 행동을 후세 사람이 祖述(조술)할지라도 나는 아니하겠다."고 하였다.[835]

---

834 神僊(신선) - 神仙. 僊은 춤출 선. 神仙 선. 神仙은 神과 仙의 합칭. 지금은 道敎에서 강조하는 이상적 인물이니, 得道하여 長生不老하며 마음대로 형체를 변화시킬 수 있고, 강력한 法力이 있어 인간이 도달할 수 없는 이상세계에 유람하거나 생활하는 사람이다. 신선은 時空을 초월하며 하늘과 땅이나 바다 어디에서든 자유롭기에 인간에게는 憧憬(동경)의 대상이면서 희망이었다. 장생불로를 실현한 신선에 대한 개념은 道敎 성립 훨씬 이전부터 널리 퍼져 있었다. 도교가 성립 발전하면서 이는 모두 도교에 수용되었다.

835 이는《禮記》에 수록되었다. 신선과 같은 그런 황당한 일을 추구하지 않겠다는 뜻이다. 그만큼 공자는 현실적이었다.

原文

凡方技三十六家, 八百六十八卷.

方技者, 皆生生之具, 王官之一守也. 太古有岐伯,兪拊, 中世有扁鵲,秦和, 蓋論病以及國, 原診以知政. 漢興有倉公. 今其技術晻昧, 故論其書, 以序方技爲四種.

〖국역〗

方技略은 36家에, 총 868권이다.

方技는 모두 살아있는 백성을 살리는 도구이며 天子의 관원의 한 몫이었다. 태고에 岐伯(기백)[836]과 兪拊(유부)라는 명의가 있었고, 中世(戰國시대)에는 扁鵲(편작), 秦나라에는 和(화)가 있었으니, 모두가 질병을 논의하여 국정을 도왔고, 질병의 진단으로 정사를 알 수 있었다. 漢이 건국된 뒤에는 倉公(창공)[837]이 있었다. 지금 그런 의술은

836 岐伯(기백) - 傳說 속의 上古時代 名醫. 약초와 藥性에 밝았고, 養生之道를 수련했으며, 經絡(경락)의 醫術에 통했다. 黃帝가 崆峒山(공동산)에서 수련할 때 황제를 만났고 뒷날 黃帝의 大臣이 되었다. 전설에서는 12마리 사슴이 끄는 絳雲車(강운거)를 타고 蓬萊山(봉래산)에 가서 不死之藥을 구해왔다고 한다.

837 倉公(창공) - (文帝) 즉위 13년(前 167), 齊國의 太倉令인 淳于意(순우의, 前 205 - 150년. 淳于는 복성)는 漢初 名醫. 일찍이 太倉令(태창령)을 역임하여 倉公이라 불렀다. 권문세가에 아부하지 않았기에 世家의 미움을 받아 長安에서 처형될 처지였다. 순우공은 아들이 없고 딸만 5명이었는데, 출발에 앞서 묶인 채로 딸들에게 푸념을 했다. "자식을 두며 아들이 없으니 이런 큰일에 도움이 안 된다!" 그러자 막내딸 緹縈(제영)은 마음이 아파 울면서 부친을 따라 장안에 와서 官婢(관비)가 될 터이니 부친을 살려달라고 상서했고 文帝가 감동했다. 成語 '緹縈救父(제영구

어둠 속에 묻혔지만 그 醫書를 논하여, 方技를 4종으로 편찬하였다.

原文

大凡書, 六略三十八種, 五百九十六家, 萬三千二百六十九卷.

〖국역〗

본 〈藝文志〉 전체는[838] 六略에 38種, 596家에 13,269권이다.[839]

부)' 의 유래. 司馬遷은《史記 扁鵲倉公列傳》에서 '緹縈의 상소가 통하여, 부친은 그 뒤에 평안했다.(緹縈通尺牘, 父得以後寧.)' 고 하였다.

838 大凡書 – 각 略마다 凡이라 하여 각 略의 총수를 기록했는데, 여기서는 〈藝文志〉 전체라서 大凡書라 하였다.

839 班固의 〈藝文志〉 통계에는 劉歆의《七略》보다 3家(劉向, 揚雄, 杜林) 50篇을 추가했고(入三家, 五十篇), 兵家 10家를 생략했다(省兵十家)는 주석이 있다.

〈藝文志〉기록	38 種	596 家	13,269 卷
실제 통계	38 種	614 家	12,990 卷
증감		+ 18 家	– 279 卷

※ 現存 圖書 統計 (陳國慶《漢書藝文志註釋滙篇》의 통계 인용)

六藝略	諸子略	詩賦略	兵書略	數術略	方技略	合計
28家	26家	20家	3家	4家	3家	84家
권수로는 2,315권						

저자 약력

陶硯 진기환陳起煥

서울 대동세무고등학교 교장을 역임하였다.

주요 저서로는 《正史 三國志》 全 6권 (2019년), 《완역 後漢書》 全 10권 (2018-2019년), 《완역 漢書》 全 10권 (2016-2017년), 《十八史略》 5권 중 3권 (2013-2014년), 《史記人物評》 (1994년), 《史記講讀》 (1992년)

《唐詩大觀》 全 7권 (2020년), 《三國演義》 원문 읽기 (2020년), 《新譯 王維》 (2016년), 《唐詩絶句》 (2015년), 《唐詩逸話》 (2015년), 《唐詩三百首 (上·中·下)》 (2014년. 공역), 《金甁梅 評說》 (2012년), 《上洞八仙傳》 (2012년), 《三國志 人物 評論》 (2010년), 《水滸傳 評說》 (2010년), 《中國人의 俗談》 (2008년), 《儒林外史》 (抄譯) 1권 (2008년), 《三國志 故事名言 三百選》 1권 (2001년), 《三國志 故事成語 辭典》 1권 (2001년), 《東遊記》 (2000년), 《聊齋誌異(요재지이)》 (1994년), 《神人》 (1994년), 《儒林外史》 (1990년)

《孔子聖蹟圖》 (2020년), 《論語名言三百選》 (2018년), 《論述로 읽는 論語》 (2012년), 《중국의 神仙 이야기》 (2011년), 《아들을 아들로 키우기 / 가정교육론》 (2011년), 《三國志의 지혜》 (2009년), 《三國志에서 배우는 인생의 지혜》 (1999년), 《中國人의 土俗神과 그 神話》 (1996년)

E-mail : jin47dd@hanmail.net

原文 註釋 國譯

漢書(十五) {藝文志}
한 서

초판 인쇄 2021년 5월 17일
초판 발행 2021년 5월 25일

역　주 | 진기환
발행자 | 김동구
디자인 | 이명숙 · 양철민
발행처 | 명문당(1923. 10. 1 창립)
주　소 | 서울시 종로구 윤보선길 61(안국동)
우체국 010579-01-000682
전　화 | 02)733-3039, 734-4798(영), 733-4748(편)
팩　스 | 02)734-9209
Homepage | www.myungmundang.net
E-mail | mmdbook1@hanmail.net
등　록 | 1977. 11. 19. 제1~148호

ISBN 979-11-90155-80-9 (04910)
ISBN 979-11-85704-78-4 (세트)
20,000원